房屋买卖合同
法律操作指导

主　编　金　鹰

执行主编　金德聪

浙江工商大学出版社
ZHEJIANG GONGSHANG UNIVERSITY PRESS
·杭州·

图书在版编目(CIP)数据

房屋买卖合同法律操作指导 / 金鹰主编. — 杭州：
浙江工商大学出版社，2019.6(2021.4 重印)

ISBN 978-7-5178-3266-9

Ⅰ. ①房… Ⅱ. ①金… Ⅲ. ①房屋－买卖合同－合同
法－法律解释－浙江 Ⅳ. ①D927.550.365

中国版本图书馆 CIP 数据核字(2019)第 111349 号

房屋买卖合同法律操作指导
FANGWU MAIMAI HETONG FALV CAOZUO ZHIDAO

金　鹰 主编

金德聪 执行主编

责任编辑	沈敏丽
责任校对	穆静雯
封面设计	林朦朦
责任印制	包建辉
出版发行	浙江工商大学出版社
	（杭州市教工路 198 号　邮政编码 310012）
	（E-mail：zjgsupress@163.com）
	（网址：http://www.zjgsupress.com）
	电话：0571—88904980,88831806(传真)
排　　版	杭州朝曦图文设计有限公司
印　　刷	杭州高腾印务有限公司
开　　本	787mm×1092mm　1/16
印　　张	13.25
字　　数	260 千
版印次	2019 年 6 月第 1 版　2021 年 4 月第 3 次印刷
书　　号	ISBN 978-7-5178-3266-9
定　　价	42.00 元

作者简介

金鹰，一级律师，1989 年执业至今。

◎ 浙江东鹰律师事务所创始人、首席合伙人

◎ 浙江省房地产业协会常务理事、副秘书长、法律
  与维权专业委员会主任；杭州市房地产业协会副会长

◎ 中华全国律师协会第九届仲裁专业委员会副主任

◎ 杭州市律师协会第八届理事会副会长

◎ 浙江大学房地产研究中心高级研究员

　　金鹰律师及其团队致力于房地产与建设工程领域内重大法律风险的控制与处理，曾成功办理浙江省律师协会办公楼产权登记纠纷，获浙江省律师协会嘉奖；成功处理杭州市火车东站枢纽东、西广场BT合同纠纷案（获评2012—2016年杭州市律师十大影响力案件）。金鹰律师及其团队迄今已处理数百件商品房买卖合同纠纷，所获经验先后于2003年、2008年编撰成《商品房买卖合同操作指导》《商品房买卖合同操作指南》。

作者简介

金德聪，2008 年执业至今。

◎ 浙江东鹰律师事务所二级合伙人

◎ 浙江省房地产业协会法律与维权
　专业委员会秘书长

◎ 杭州市律师协会第九届房地产专业
　委员会委员

◎ 专注于房地产并购重组、开发运营、
　公司法律事务等领域的法律服务

❧ 序 ❧

金鹰律师是浙江大学管理学院杰出的 EMBA 校友。他长期从事房地产相关领域法律问题的实践探索和调查研究,并积极参与政府部门、行业协会和社会团体相关活动,致力于房地产法律法规的宣传和应用,承担法律服务大众、推动"依法治国"、促进社会进步的专业责任。他们事务所组织编写并及时修订更新《房屋买卖合同法律操作指导》,体现了金鹰律师孜孜不倦的职业追求和敬业精神,值得赞赏。

商品房买卖的具体对象是具有物理空间特征的"房屋",但买卖的实质内容是房屋所承载的"权利"。实践中许多交易参与者更注重"房屋"本身,如面积大小、户型结构、所处位置、配套服务等,但容易忽视,或者无法准确掌握"权利"状态,如土地性质和用途、房屋开发建设过程是否合法合规、房屋是否存在"他项权利"等,这是产生买卖纠纷的重要原因。同时,商品房买卖具有交易标的非标准化、交易金额高、交易过程复杂、交易主体信息不对称、交易频率低、交易经验和知识欠缺等突出特点,使得法律服务显得十分重要。从发达国家和地区的经验来看,房地产交易一般要在律师协助下才能顺利完成。

我国房地产市场还不够规范和成熟,社会法律意识和能力还有待提高。为了促进房地产市场健康发展,政府发布《商品房买卖合同示范文本》,对合同基本要素和内容做出一般规定,对保护买卖双方的合法权利有重要意义。但是,在实践中仍然存在许多当事人对合同条款设置不理解、对合同内容表达不仔细斟酌、对合同权利责任不重视等问题,也存在一些企业、中介和个人利用合同条款设置和意思表达损害他人权益的情况,造成不少法律纠纷和经济损失。

浙江东鹰律师事务所发挥专业特长,在以往积累的基础上,针对最新版本的《浙江省商品房买卖合同示范文本》,编写了《房屋买卖合同法律操作指导》(以下简称《操作指导》),对规范合同进行逐条解释,说明其设置的目的和用意,分析其法律依据和签约过程中需要注意的具体事项,加上必要的专业术语解释,便于买卖双方正确理解、沟通和签订合同,实用性很强。同时,《操作指导》还针对容易发生纠纷的相关条款,配置了生动的实践案例,增加了可读性和说服力。

编写一本好的房屋买卖合同法律操作指导,需要法律服务社会的理念,需要房地产相关法律体系的系统知识,需要丰富的房地产法律实践经验,还需要相当大的人力资本投入,感谢金鹰律师的长期坚持和不懈努力。相信本《操作指导》的推出,将会在维护商品房买卖双方权利方面发挥积极作用。希望浙江东鹰律师事务所再接再厉,为提升商品房买卖参与各方的法律意识和法律能力做出更大贡献。

贾生华　博士
浙江大学管理学院　教授
浙江大学房地产研究中心　主任
2019 年 3 月 1 日于浙江大学紫金港校区

前　言

　　2000 年 9 月,建设部(现住房和城乡建设部)与国家工商行政管理总局(现国家市场监督管理总局)共同制定了《商品房买卖合同示范文本》(下文对各版商品房买卖合同示范文本均简称"合同示范文本"),该合同示范文本推行后,我们立即组织律师团队编撰了《商品房买卖合同操作指南》(以下简称《操作指南》),对合同示范文本做逐条解读。其后,在 2004 年、2008 年,在原《操作指南》基础上,律师团队结合新法规、市场情况进行了两次修订。2014 年 4 月住建部与国家工商总局联合发布了《商品房买卖合同示范文本》,因该版合同示范文本的市场普及率较低,故我们未重新组织编写。2018 年 2 月 6 日,浙江省住房和城乡建设厅发布了《关于推行使用 2018 版〈浙江省商品房买卖合同示范文本〉的通知》(浙建〔2018〕2 号),其中明确规定:"自 2018 年 3 月 15 日起(含当日),签订商品房(含全装修住宅)预售合同、现售合同推行使用合同示范文本。"事实上,浙江省版合同示范文本是以 2014 年国家版合同示范文本为底稿制作的。而浙江省住建厅发文之际,适逢浙江东鹰律师事务所成立。浙江东鹰律师事务所由原浙江腾飞金鹰律师事务所与原浙江东辰律师事务所合并后组建,两所均为建筑工程与房地产领域内杰出的专业律师事务所,趁此机会,东鹰所组织了专业律师团队,在原《操作指南》的基础上进行了重新编撰,推出本书,力求满足市场需求。

　　本书的编撰荟萃了业内精英力量。本书由金鹰律师担任主编,王建东教授担任顾问,金德聪律师担任执行主编。编写组的成员包括:杨国锋、吴浙玲、陈丽平、窦颖东、张颖、李思余、蔡辉、杜静逸、李齐等律师。

　　本书撰写的过程中,继承了原版《操作指南》编写中积累的经验,结合了当前法律、政策与社会背景的变化,也把司法实践中的一些新的判决囊括在内。此外,房地产行业自身也发生了较大的变化。房地产行业是一个人才密集、资金密集、法律政策密集的行业,"三大密集"需要房地产开发企业具备与之对应的三种能力:运营能力、融资能力、法律政策的把握能力。同时，房地产开发企业也普遍存在着决策盲目随意、组织不匹配不稳定、成本控制过度、档案管理缺失这四大问题。上述房地产行业的特点及存在的问题，我们都在编撰的过程中予以关注。购房者的需求也在发生变化，十九大提出我国社会主要矛盾已经转化为人民日益增长的美好生活需要和不平衡不充分的发展之间的矛盾。在住房领域，居住条件业已成为衡量人们生活质量的重要指标之一。从以前的"四世同堂挤一屋"，到现在宽敞明亮的单元楼以及日益完善的社区服务，人们的居住环境得到极大改善，同时，人们对居住的期待也越来越向着更宽敞、更舒适、更便捷、更环保的方向发展。房子的一砖一瓦筑起的已经不仅仅是为人民群众遮风挡雨的居所，更承载了人民群众不断奔向幸福生活的美好希望。在本书的编撰过程中，我们也把消费者对房屋品质的要求考虑了进去。值得一提的是，尽管本次推出的 2018 版合同示范文本已经表明了行政主管部门进一步促进房地产市场法治化、规范化的决心，但需要指出的是，该版示范合同的推出与适用本身即具有浓厚的行政色彩。2018 年 5 月 5 日，国务院办公厅曾发布《国务院办公厅关于开展涉及产权保护的规章、规范性文件清理工作的通知》(国办发〔2018〕29 号)，其中规定"不当限制企业生产经营、企业和居民不动产交易等民事主体财产权利行使的"规章、规范性文件均属应被清理之列。习近平总书记在十九大报告中提到"全面依法治国是国家治理的一场深刻革命"，由 2018 版浙江省合同示范文本的推广适用可见实现依法治国依然任重道远。

　　作为法律人，浙江东鹰律师事务所的成员致力于建筑工程与房地产领域的法律风险控制和危机处理，在提供法律专业服务的同时，东鹰人也在尽力让服务对象更加尊重法律，更加愿意用法律的方法解决问题，从而促进社会法治进步。本书的编撰，一方面是为广大消费者及房地产行业的从业人员提供一本工具书，另一方面也是为法治理念的传播尽自己的一分力量。本所秉持"守法、诚信、规范"的理念，守法是规范的前提，规范是守法的保证，而诚信则是贯穿守法、规范的原则。本所认为在房地产市场中，消费者、开发商、行政主管部门均需要切实做到"守法、诚信、规范"，唯有如此，才能提升房地产领域的法治水平。

金　鹰

2019 年 2 月

目　录

《房屋转让合同示范文本》条文释义

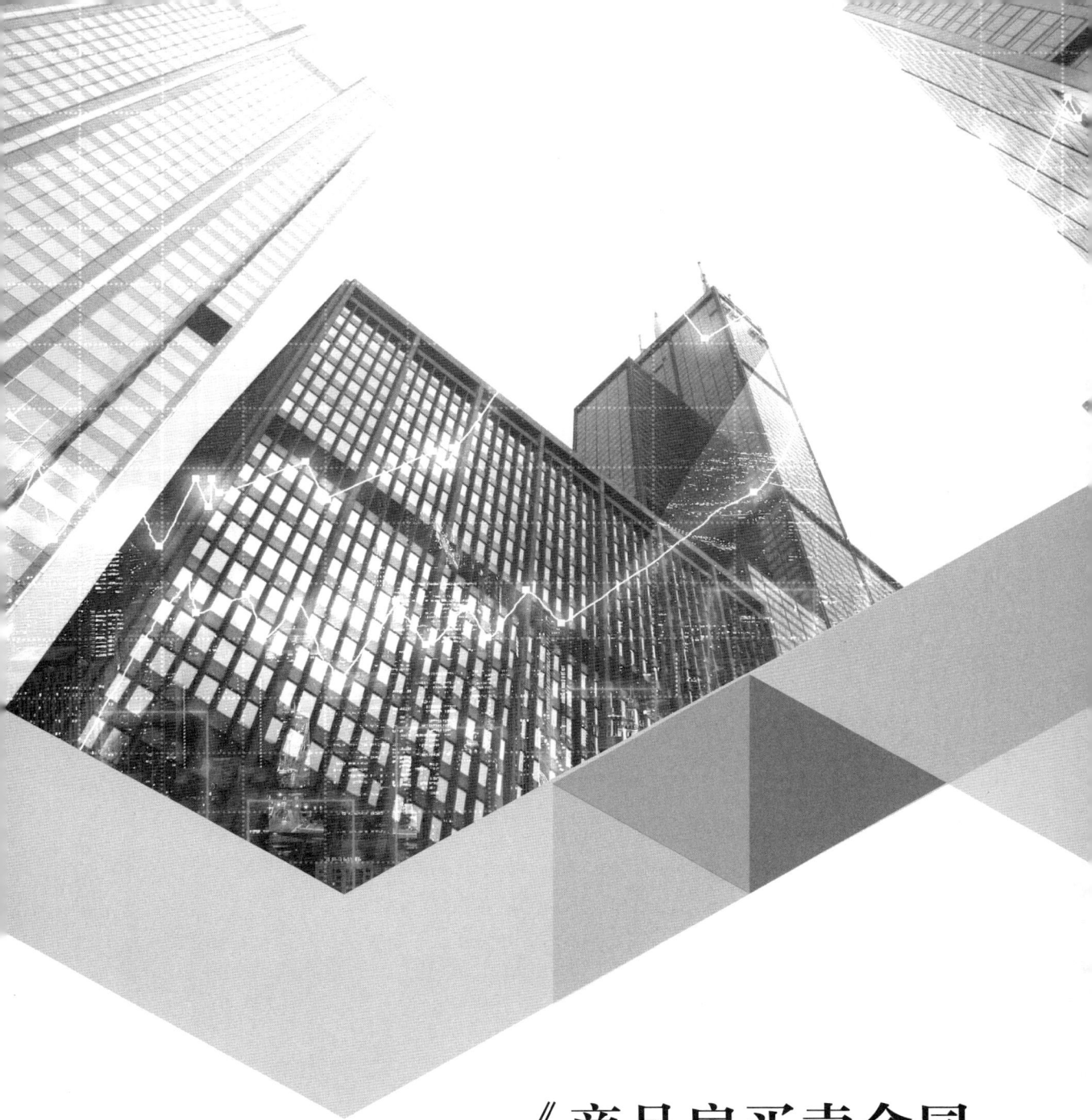

《商品房买卖合同（预售）示范文本》条文释义

商品房买卖合同说明

一、本合同文本为示范文本,由浙江省住房和城乡建设厅、浙江省工商行政管理局在国家版(2014 年,GF-2014-0171)的基础上根据省实际情况共同研究制定。各地可在有关法律法规、规定的范围内,结合实际情况调整合同相应内容。

【概要】

本款规定了合同文本的使用性质。

【说明】

商品房买卖是一种民事法律行为,涉及标的额大,专业性较强,法律规范较多。住房和城乡建设部、国家工商行政管理总局为体现合同各方的权利义务平等,充分保护买受人的合法权益,根据《中华人民共和国合同法》(以下简称《合同法》)、《中华人民共和国城市房地产管理法》(以下简称《城市房地产管理法》)等相关法律、行政法规和部门规章的规定,制定了《商品房买卖合同示范文本》(2014 年,GF-2014-0171)。根据现房销售和期房预售的不同特点,《商品房买卖合同示范文本》包括预售合同和现售合同两个版本的示范文本。

国家发展房地产市场的二十多年来,一些地方制定了一系列规范房地产市场发展,保护买受人权益的地方性法律,为将相关内容体现在商品房买卖合同中,这些地方的行政主管部门根据国家示范文本制定了适合当地使用的签约使用文本。

浙江省住房和城乡建设厅、浙江省工商行政管理局在 GF-2014-0171 示范文本的基础上,根据省实际情况共同研究制定了本示范文本。本示范文本内容充分兼顾了出卖人与买受人的利益,反映了在商品房买卖活动过程中,各环节必须明确的买卖双方权、责、利关系,有利于当事人了解、掌握有关法律规定,减少商品房买卖合同纠纷,促进合同纠纷的解决。因此,买卖双方可以直接将本示范文本作为商品房买卖的签约使用文本。

【注意事项】

由于商品房买卖合同条款多,专业术语多,所涉法律规范多,买卖双方特别是买受人在签订合同前一定要仔细阅读合同文本以及对方提供的补充协议,读懂其中的权利义务内容,对合同条款及专业用词不理解的,应及时向房地产行政主管部门或法律服务人员咨询。

二、签订本合同前，出卖人应当向买受人出示《商品房预售许可证》及其他有关证书和证明文件。

【概要】

本款明确了出卖人出示《商品房预售许可证》及其他有关证书和证明文件的义务。

【说明】

我国施行商品房预售许可制度。根据《商品房销售管理办法》第三条的规定，"商品房销售包括商品房现售和商品房预售。本办法所称商品房现售，是指房地产开发企业将竣工验收合格的商品房出售给买受人，并由买受人支付房价款的行为。本办法所称商品房预售，是指房地产开发企业将正在建设中的商品房预先出售给买受人，并由买受人支付定金或者房价款的行为。"根据《城市房地产管理法》第四十五条的规定："商品房预售，应当符合下列条件：（一）已交付全部国有建设用地使用权出让金，取得国有建设用地使用权证书；（二）持有建设工程规划许可证；（三）按提供预售的商品房计算，投入开发建设的资金达到工程建设总投资的百分之二十五以上，并已经确定施工进度和竣工交付日期；（四）向县级以上人民政府房产管理部门办理预售登记，取得商品房预售许可证明。"根据《城市房地产开发经营管理条例》第二十六条第一款、《城市商品房预售管理办法》第九条的规定，房地产开发企业预售商品房时，应当向预购人出示商品房预售许可证明。

消费者的知情权是《中华人民共和国消费者权益保护法》（以下简称《消费者权益保护法》）所规定的消费者基本权利之一。商品房作为消费者的大宗消费项目，更应享有充分的知情权，以确保买卖双方在平等的条件下进行交易，防范合同欺诈。从这个角度出发，本条要求出卖人应当在签订合同前将能证明其经营资质和所售商品房合法性的有关证书、证明文件向买受人出示，以便买受人了解出卖人的签约主体资格以及合同标的物的合法性。

除了《商品房预售许可证》外，根据《商品房销售管理办法》第二十三条、《住房和城乡建设部关于进一步加强房地产市场监管完善商品住房预售制度有关问题的通知》（建房〔2010〕53号）、《中华人民共和国节约能源法》（以下简称《节约能源法》）等规定，开发企业在订立本合同前还应向买受人明示《商品房销售管理办法》、《城市商品房预售管理办法》、商品住房预售方案、开发建设单位资质、代理销售的房地产经纪机构备案情况、所售房屋的节能措施、保温工程保修期等信息。

【注意事项】

如果出卖人提供的证书和证明文件系复印件，买受人可要求出卖人提供原件，以便审查相关证书及证明文件的真实性。

三、出卖人应当就合同重大事项对买受人尽到提示义务。 买受人应当审慎签订合同，在签订本合同前，要仔细阅读合同条款，特别是审阅其中具有选择性、补充性、修改性的内容，注意防范潜在的市场风险和交易风险。

【概要】

本款明确了合同签订过程中买卖双方对条款的注意义务。

【说明】

合同一经签订即对买卖双方均有约束力。作为需经过备案的示范文本合同，本合同在签订前已经过房地产主管部门及工商行政主管部门备案，除少部分供双方填写、补充内容外，大部分内容系预先拟定、重复使用的格式条款。出卖人应当按照法律规定尽到提示义务。出卖人对格式条款中免除或者限制其责任的内容，在合同订立时应当采用足以引起买受人注意的文字、符号、字体等特别标识，并按照买受人的要求对该格式条款予以说明。买受人也应当仔细阅读合同条款，在双方均同意的情况下，再签订本合同。

【注意事项】

除本合同外，购房时出卖人还可能提供一些补充协议要求买受人签署，买受人在签订补充协议前应当仔细阅读相关内容，注意防范潜在的市场风险和交易风险。

四、本合同文本【 】中选择内容、空格部位填写内容及其他需要删除或添加的内容，双方当事人应当协商确定。 【 】中选择内容，以划√方式选定；对于实际情况未发生或双方当事人不作约定时，应当在空格部位打×，以示删除。

【概要】

本款是关于如何约定"【 】"中及空格部位内容的说明。

【说明】

本款是技术性说明，买卖双方应按照说明进行填写。

【注意事项】

买卖双方应当按照本条所定的方式、符号填写双方经协商后确定的内容，请勿用非本条所定的符号表示。

五、出卖人与买受人可以针对本合同文本中没有约定或者约定不明确的内容，根据所售项目的具体情况在相关条款后的空白行中进行补充约定，也可以另行签订补充协议。

【概要】

本款强调了合同自愿、平等协商原则。

【说明】

合同是当事人在平等基础上经自愿协商达成的权利义务约定。在合同订立过程中,当事人应以自己的真实意思来充分表达自己的意愿,以此设立、变更和终止相互之间的权利义务关系。

在商品房买卖法律关系中,出卖人与买受人的合同主体地位平等,任何一方都不能倚仗自己的优势地位强迫另一方接受自己提出的要求,也不能以合同文本是国家有关部门制定为由,拒绝另一方提出的修改合同条款的提议。在签订商品房买卖合同时,经协商一致,可以对示范文本条款的内容进行修改、增补或删减,也可以签订补充协议,对本示范文本没有涉及的内容做出约定。

当然,订立合同还应符合诚实信用,不损害国家、集体、第三人利益,不损害社会公共利益的要求,遵守国家的法律、行政法规的强制性规定。根据《合同法》第五十二条的规定:"有下列情形之一的,合同无效:(1)一方以欺诈、胁迫的手段订立合同,损害国家利益;(2)恶意串通,损害国家、集体或者第三人利益;(3)以合法形式掩盖非法目的;(4)损害社会公共利益;(5)违反法律、行政法规的强制性规定。"

【注意事项】

(1)买受人签约时应特别注意合同相关条款空白处补充约定的内容及补充协议的内容,如果发现合同内容对买受人不利,甚至损害买受人权利的,买受人有权拒绝。买受人也可以自己或在专业人员的指导下,对合同、补充协议内容提出修改、增补或删减。

(2)如买卖双方在空格部位填写的手写文字与印刷文字内容不一致时,应认为当事人对合同示范文本的内容做了修改,以手写文字的内容为准,同时应将该部分印刷文字标注删除符号。商品房买卖合同一式数份,当事人应注意各份合同手写内容的一致性。

六、双方当事人可以根据实际情况决定本合同原件的份数,并在签订合同时认真核对,以确保各份合同内容一致;在任何情况下,出卖人和买受人都应当至少持有一份合同原件。

【概要】

本条是对合同原件份数的说明。

【说明】

合同原件内容对当事人来说至关重要。如果发生争议,双方需依据合同原件条款定纷止争。根据《中华人民共和国民事诉讼法》(以下简称《民事诉讼法》)第六十四条第一款的规定:"当事人对自己提出的主张,有责任提供证据。"因此,确保各份合同内容一致且自己至少留有一份合同原件,有助于将来在纠纷出现时减少化解矛盾的障碍,并维护自身合法权益。

【注意事项】

买受人在订立合同时须关注自己持有的合同原件是否与出卖人持有的以及提交给有关单位的合同原件一致。如买卖双方在房地产主管部门备案的商品房买卖合同业经变更的,或者提交两次以上合同备案的,应特别注意买受人所持合同原件是否与最终备案合同内容一致;若发现不一致的,应及时提出,维护自身合法权益。

专业术语解释

●**商品房预售**:是指房地产开发企业将正在建设中的取得《商品房预售许可证》的商品房预先出售给买受人,并由买受人支付定金或房价款的行为。

●**法定代理人**:是指依照法律规定直接取得代理权的人。

●**套内建筑面积**:是指成套房屋的套内建筑面积,由套内使用面积、套内墙体面积、套内阳台建筑面积三部分组成。

●**房屋的建筑面积**:是指房屋外墙(柱)勒脚以上各层的外围水平投影面积,包括阳台、挑廊、地下室、室外楼梯等,且具备上盖,结构牢固,层高2.20m以上(含2.20m)的永久性建筑。

●**不可抗力**:是指不能预见、不能避免并不能克服的客观情况。

●**民用建筑节能**:是指在保证民用建筑使用功能和室内热环境质量的前提下,降低其使用过程中能源消耗的活动。民用建筑是指居住建筑,国家机关办公建筑和商业、服务业、教育、卫生等其他公共建筑(包括工业用地范围内用于办公、生活服务等用途的建筑)。

●**房屋交易手续**:是指房屋交易双方依法持相关证明材料到主管部门进行交易确认、领取交易告知单的过程。

●**不动产登记**:是指不动产登记机构依法将房屋、土地等不动产权利归属和其他法定事项记载于不动产登记簿的行为。

●**分割拆零销售**:是指房地产开发企业将成套的商品住宅或者主管部门规定的最小不可分割单元的其他商品房分割为数部分分别出售给买受人的销售方式。

●**返本销售**:是指房地产开发企业以定期向买受人返还购房款的方式销售商品房的行为。

●**售后包租**:是指房地产开发企业以在一定期限内承租或者代为出租买受人所

购该企业商品房的方式销售商品房的行为。

●**全装修住宅**：在住宅交付使用前，户内所有功能空间的固定面全部铺装或粉刷完毕，给水排水、燃气、通风与空调、照明供电以及智能化等系统基本安装到位，厨房、卫生间等基本设施配置完备，满足基本使用功能的住宅。

商品房买卖合同

合同当事人

出卖人：_____

通讯地址：_____

邮政编码：_____ **电子邮箱**：_____

统一社会信用代码：_____

企业资质证书号：_____

法定代表人：_____ **联系电话**：_____

【概要】

以上是关于出卖人主体名称及其基本情况的填写栏目。

【说明】

根据《合同法》的相关规定,在商品房买卖合同中,居于卖方地位的房地产开发企业称为出卖人,居于买方地位的购房人称为买受人。

根据《城市房地产管理法》第三十条的相关规定:"房地产开发企业是以营利为目的,从事房地产开发和经营的企业。"此处的出卖人应为所售商品房的建设单位。

根据《房地产开发企业资质管理规定》第三条、第五条、第六条的相关规定,房地产开发企业应当按照本规定申请核定企业资质等级,并按照核定的资质等级,承担相应的房地产开发项目。未取得房地产开发资质等级证书(以下简称"资质证书")的企业,不得从事房地产开发经营业务。房地产开发企业按照企业条件分为四个资质等级。

房地产开发企业的各资质等级条件如下:

(一)一级资质

(1)从事房地产开发经营5年以上;

(2)近3年房屋建筑面积累计竣工30万平方米以上,或者累计完成与此相当的房地产开发投资额;

（3）连续5年建筑工程质量合格率达100％；

（4）上一年房屋建筑施工面积15万平方米以上，或者完成与此相当的房地产开发投资额；

（5）有职称的建筑、结构、财务、房地产及有关经济类的专业管理人员不少于40人，其中具有中级以上职称的管理人员不少于20人，持有资格证书的专职会计人员不少于4人；

（6）工程技术、财务、统计等业务负责人具有相应专业中级以上职称；

（7）具有完善的质量保证体系，商品住宅销售中实行了《住宅质量保证书》和《住宅使用说明书》制度；

（8）未发生过重大工程质量事故。

（二）二级资质

（1）从事房地产开发经营3年以上；

（2）近3年房屋建筑面积累计竣工15万平方米以上，或者累计完成与此相当的房地产开发投资额；

（3）连续3年建筑工程质量合格率达100％；

（4）上一年房屋建筑施工面积10万平方米以上，或者完成与此相当的房地产开发投资额；

（5）有职称的建筑、结构、财务、房地产及有关经济类的专业管理人员不少于20人，其中具有中级以上职称的管理人员不少于10人，持有资格证书的专职会计人员不少于3人；

（6）工程技术、财务、统计等业务负责人具有相应专业中级以上职称；

（7）具有完善的质量保证体系，商品住宅销售中实行了《住宅质量保证书》和《住宅使用说明书》制度；

（8）未发生过重大工程质量事故。

（三）三级资质

（1）从事房地产开发经营2年以上；

（2）房屋建筑面积累计竣工5万平方米以上，或者累计完成与此相当的房地产开发投资额；

（3）连续2年建筑工程质量合格率达100％；

（4）有职称的建筑、结构、财务、房地产及有关经济类的专业管理人员不少于10人，其中具有中级以上职称的管理人员不少于5人，持有资格证书的专职会计人员不少于2人；

（5）工程技术、财务等业务负责人具有相应专业中级以上职称，统计等其他业务负责人具有相应专业初级以上职称；

(6)具有完善的质量保证体系,商品住宅销售中实行了《住宅质量保证书》和《住宅使用说明书》制度；

(7)未发生过重大工程质量事故。

(四)四级资质

(1)从事房地产开发经营1年以上；

(2)已竣工的建筑工程质量合格率达100%；

(3)有职称的建筑、结构、财务、房地产及有关经济类的专业管理人员不少于5人,持有资格证书的专职会计人员不少于2人；

(4)工程技术负责人具有相应专业中级以上职称,财务负责人具有相应专业初级以上职称,配有专业统计人员；

(5)商品住宅销售中实行了《住宅质量保证书》和《住宅使用说明书》制度；

(6)未发生过重大工程质量事故。

对于新设立的房地产开发企业,由房地产开发主管部门核发《暂定资质证书》。《暂定资质证书》有效期1年。房地产开发主管部门可以视企业经营情况延长《暂定资质证书》有效期,但延长期限不得超过2年。

买受人在购买商品房时可以对出卖人的诚信度、履约能力等情况进行全面考察。房地产形势发展迅猛,住房制度改革进一步深化,但相关立法尚不完善,市场机制也不健全,因此,房地产市场不规范问题在一些地区还比较突出。有些房地产开发企业存在违反诚实信用原则的情况。主要表现为:制作虚假广告、设置定金圈套、面积"短斤缺两"、随意变更规划设计、商品房质量问题严重,甚至一房多售、利用商品房买卖合同欺诈买受人等,为此,买受人应当引起高度警惕。

【注意事项】

买受人须注意核对营业执照和企业资质证书上的企业名称是否为出卖人。目前,许多地方已完成"五证合一、一照一码"的工作,营业执照注册号已被统一社会信用代码所替代。

委托代理人：＿＿＿＿＿＿＿＿＿＿＿＿　　**联系电话：**＿＿＿＿＿＿＿＿＿＿＿＿

委托销售经纪机构：＿＿＿＿＿＿＿＿＿＿＿＿＿＿＿＿＿＿＿＿＿＿＿＿＿＿＿＿＿

通讯地址：＿＿＿＿＿＿＿＿＿＿＿＿＿＿＿＿＿＿＿＿＿＿＿＿＿＿＿＿＿＿＿＿＿

邮政编码：＿＿＿＿＿＿＿＿＿＿＿＿＿＿＿＿＿＿＿＿＿＿＿＿＿＿＿＿＿＿＿＿＿

经纪机构统一社会信用代码：＿＿＿＿＿＿＿＿＿＿＿＿＿＿＿＿＿＿＿＿＿＿＿＿＿

法定代表人：＿＿＿＿＿＿＿＿＿＿＿＿　　**联系电话：**＿＿＿＿＿＿＿＿＿＿＿＿

【概要】

以上是关于出卖人委托的代理人或代理机构及其基本情况的填写栏目。

【说明】

《商品房销售管理办法》第四条规定,房地产开发企业可以自行销售商品房,也可以委托房地产中介服务机构销售商品房。委托代理制度是民法中的基本制度。《中华人民共和国民法总则》(以下简称《民法总则》)第一百六十一条、一百六十二条规定,民事主体可以通过代理人实施民事法律行为。依照法律规定、当事人约定或者民事法律行为的性质,应当由本人亲自实施的民事法律行为,不得代理。代理人在代理权限内,以被代理人名义实施的民事法律行为,对被代理人发生效力。因此,委托代理销售的,合同主体仍是买受人和出卖人,代理人以出卖人的名义与买受人签订合同,代理人的行为对出卖人发生效力。

在委托代理销售中,受托机构应当是依法设立并取得工商营业执照的房地产中介服务机构。根据《商品房销售管理办法》第二十六条的规定:"受托房地产中介服务机构销售商品房时,应当向买受人出示商品房的有关证明文件和商品房销售委托书。"在房地产代理销售活动中,存在着个别中介机构为增加业务量,超越代理权限向买受人做出承诺,事后又因无法兑现而引发纠纷的情况。因此,出卖人委托中介机构销售商品房的,应当与受托的中介服务机构订立书面委托合同,在委托合同中明确委托事项、委托期限、委托权限以及委托和被委托人的权利义务。中介机构在签订购房合同前应向买受人出示委托书,买受人在签订购房合同前应注意审查中介机构的受托权限、期限等内容。

受托中介服务机构作为出卖人的代理人,代理佣金由出卖人支付,买受人不必向中介服务机构支付任何费用。

在商品房买卖活动中,还有一种特殊的委托代理销售,即委托人并不具有开发资格,但其与房地产开发企业签订合作协议,在开发项目中投入资金,以具有相应资质的房地产开发企业的名义进行销售,在销售收入中分取利润。

20世纪90年代,随着商品房市场的进一步开放,商品房包销的销售方式也从中国香港、中国台湾等地传入中国内地。商品房包销是房地产开发企业与包销人之间订立商品房包销合同,约定房地产开发企业以包销基价,将其开发建设的已建成并符合出售条件的房屋或者尚未建成但符合预售条件的期房,交由包销人以房地产开发企业的名义进行销售,包销期满,对包销人未销售的房屋由包销人按照合同约定的包销价格购买的行为。根据上述定义,商品房包销具有如下特征:首先,包销行为具有代理性质,在销售期限内,商品房的出售方是房地产开发企业,包销人只能以房地产开发企业的代理人身份出现,但不能简单地认定其为代理行为,因为包销商所销售的价格并非其与房地产开发企业约定的价格,一般高于该约定的价格,此价格由包销商决定;其次,包销期限届满,包销人必须按照约定的包销价格购入尚未售出的房屋,此时包销人的地位等同于买受人的地位;最后,包销人与买受人之间虽然没有直接的买卖关系,但由于买卖行为是由包销人与房地产开发企业共同完成的,即包销人推销房屋、联系买受人,包销人将房屋买卖所获得的房屋价款中的包销基价部分支付给房地产开发企业,剩余的超出包销基价的差额部分按比例分给自己,因此,包销人仍然是买卖合同实际的和重要的参与人。

【注意事项】

(1)买受人在与出卖人的代理人签订合同前,一定要注意受托房地产中介服务机构销售商品房时是否出示商品房的有关证明文件和商品房销售委托书,要仔细审查出卖人的委托书,特别要注意委托权限和委托期限。

(2)对于代理人做出的超越代理权限的承诺内容,应由被代理的房地产开发企业书面确认。

(3)如果房地产开发企业没有授权委托中介服务机构代为收取购房款,买受人不可以将购房款直接支付给中介服务机构。

(4)如以包销方式销售的,根据最高人民法院法释〔2003〕7 号《最高人民法院关于审理商品房买卖合同纠纷案件适用法律若干问题的解释》(以下简称"法释〔2003〕7号《解释》")的规定,对于买受人因商品房买卖合同与出卖人发生的纠纷,人民法院应当通知包销人参加诉讼;出卖人、包销人和买受人对各自的权利义务有明确约定的,按照约定的内容确定各方的诉讼地位。因此,买受人可以选择将包销人作为共同被告。如买受人仅起诉出卖人,法院应通知包销人参加诉讼,并将其列为无独立请求权的第三人。

买受人: _____

【法定代表人】【负责人】: _____

【国籍】【户籍所在地】: _____

证件类型:【居民身份证】【护照】【营业执照】【_____】,证号: _____

出生日期: _____年_____月_____日,性别: _____

通讯地址: _____

邮政编码: _____ **联系电话:** _____

【概要】

以上是合同当事人中买方主体买受人的名称及基本情况的填写栏目。

【说明】

买受人可以是法人,也可以是自然人;可以是一人,也可以是多人。

现在很多买受人在签订购房合同时在买受人栏中填写自己和子女的姓名,表示共同购买,在办理产权证时共同拥有这份产权。共有人也可以在购买房屋时约定产权比例,产权证上标明各自所占的份额,这可以避免在共有人之间发生产权继承时缴纳全额的税额。

也有人直接以未成年孩子的名义购房,以期避免将来产权过户的麻烦,同时也可以免交过户费、契税以及将来开征的遗产税。未成年人虽可以单独购置物业,但因其不具有完全民事行为能力,所以目前一些城市的各大银行不办理房屋唯一产权人是未成年人的按揭贷款申请,若申请住房贷款只能由未成年人的法定代理人共同来申请。

合同中的买受人是谁就意味着将来商品房的产权登记在谁名下。如果以他人名义购房,合同中的买受人非出资一方,即便实际购房人与名义购房人签订了合同,该合同也仅能约束双方,对外来讲,商品房的产权归属于名义购房人。如果名义购房人在购房后对商品房做出出售或抵押或出租等处分的,或者名义购房人离婚、死亡导致财产分割、继承的,或者商品房被名义购房人的债权人申请法院查封、强制执行的,实际购房人将面临巨大的法律风险。

买受人委托他人代理购房的,应当出具相应的授权委托书,明确授权权限、授权期限。授权代理人签订的合同对买受人具有法律效力。

【注意事项】

(1)如果拟采取隐名购房方式的,实际购房人需深入了解名义购房人的资信状况及个人婚姻家庭等情况,并签订相关的协议保障合法权益,必要时可委托专业律师参与。

(2)如果委托他人代理购房的,买受人应特别关注授权权限及授权期限,尽量避免出现全权委托的情况,防范代理人未经买受人同意擅自做出不利于买受人的行为产生的法律风险。

(3)多人购房的情况下,商品房归多个买受人共有。依据《中华人民共和国物权法》(以下简称《物权法》)第一百零三条、一百零四条的规定:"共有人对共有的不动产或者动产没有约定为按份共有或者共同共有,或者约定不明确的,除共有人具有家庭关系等外,视为按份共有。按份共有人对共有的不动产或者动产享有的份额,没有约定或者约定不明确的,按照出资额确定;不能确定出资额的,视为等额享有。"所以,买受人之间可通过协议形式约定共有关系及份额,如果没有约定且推定为按份共有的,应保留好相关的购房出资证明资料。

(4)买受人的地址栏应当填写买受人实际居住地,如果地址发生变化的,应当以书面形式及时通知出卖人,以免出卖人寄送的有关材料无法送达,影响合同的履行。由于地址变更导致邮件无法送达的纠纷比较多,特别是在出卖人寄送收房通知等邮件时,因为地址变更导致邮件无法及时送达,造成买受人与出卖人在是否逾期交房上发生争议,因此出卖人应在商品房买卖合同中约定地址变更的通知方式以及一方未及时通知所应承担的法律后果等内容。

(5)若买受人为多人的,在变更、解除合同时也应征得全体买受人同意。

(6)处置未成年人名下的房屋产权不但受《合同法》的制约,同时还受《中华人民共和国未成年人保护法》(下简称《未成年人保护法》)的制约,即为保护未成年人的合法权益,未成年人名下的房屋转让、交易必须是有利于未成年人的利益,如为了孩子出国留学、给孩子治疗疾病等。否则,如孩子提出异议,监护人应承担相应的赔偿责任。

【委托代理人】【法定代理人】: ＿＿＿＿＿＿＿＿＿＿＿＿＿＿＿＿＿＿＿＿

【国籍】【户籍所在地】: ＿＿＿＿＿＿＿＿＿＿＿＿＿＿＿＿＿＿＿＿

证件类型:【居民身份证】【护照】【营业执照】【＿＿＿＿】,证号: ＿＿＿＿＿＿

出生日期: ＿＿＿＿＿＿**年**＿＿＿＿＿＿**月**＿＿＿＿＿＿**日,性别:** ＿＿＿＿＿＿＿＿

通讯地址: ＿＿＿＿＿＿＿＿＿＿＿＿＿＿＿＿＿＿＿＿＿＿＿＿＿＿＿＿

邮政编码: ＿＿＿＿＿＿＿＿＿＿＿＿ **联系电话:** ＿＿＿＿＿＿＿＿＿＿＿＿

(买受人为多人时,可相应增加)

【概要】

以上是关于买受人委托代理人基本情况的填写栏目。

【说明】

买受人委托代理人购买房屋的,应当签订书面的委托代理合同,约定委托事项、委托权限、委托期限等内容。委托代理人应当以委托人的名义与出卖人签订合同。

如果购房者以自己未成年子女的名义购房,则应当注明法定代理人并填写法定代理人的身份事项。

【注意事项】

买受人委托他人或中介机构购买房屋的,委托事项一般为代为签订合同;如果受托人有权变更、解除合同,验收、接收房屋的,应当在委托代理合同和授权委托书中明确授权的具体事项、权限。出卖人在签订、变更、履行合同时应对上述内容进行审查。

第一条 商品房性质

该商品房为【全装修住宅】【其他类型商品房】。

【概要】

本条为买卖双方约定商品房性质的条款。

【说明】

2018 年 3 月 15 日起施行的《浙江省商品房买卖合同(预售)示范文本》,系依据住房和城乡建设部、国家工商行政管理总局于 2014 年 4 月 9 日印发的《商品房买卖合同(预售)示范文本》(GF-2014-0171)修订而来。GF-2014-0171 示范文本中没有关于全装修住宅的专门条款。本条是《浙江省商品房买卖合同(预售)示范文本》的新增内容,系浙江省推进住宅全装修工作内容之一,其中所涉全装修住宅的相关约定,及时有效地规范了全装修住宅买卖、质量查验、交付验收等环节出卖人与买受人的各项权利义务。

(一)全装修住宅的理解

1. 全装修住宅的定义

根据浙江省住房和城乡建设厅颁布的《全装修住宅室内装饰工程质量验收规范》(DB33/T1132—2017),全装修住宅是指在住宅交付使用前,户内所有功能空间的固定面全部铺装或粉刷完毕,给水排水、燃气、通风与空调、照明供电以及智能化等系统基本安装到位,厨房、卫生间等基本设施配置完备,满足基本使用功能,可直接入住的住宅。同时,根据该规范 19.0.1 的规定,全装修住宅室内装饰装修工程的质量验收,应在住宅工程竣工验收之前进行。

从上述文件可以看出,买受人购买的全装修住宅,在房屋交付时,该房屋就应当满足基本使用功能,业主可以直接入住。虽然市场上,有的开发商与买受人将某些住宅称为"精装修住宅",但是全装修与精装修还是存在区别,两者不能等同。全装修是指硬装,即不可移动的部分,主要包括四大部分:厨卫、水电、信息通信和燃气。而精装修是业主或开发商行为,要比全装修范围更大。

2. 浙江省全装修住宅的发展

2006 年,浙江省建设厅(现浙江省住房和城乡建设厅)在《关于加快推进我省住宅产业现代化的通知》(建房发〔2006〕61 号)中提出,积极推广住宅一次性全装修或菜单式装修模式,到 2007 年,全省城镇新建住宅一次性装修到位率达到 10% 左右,其中实施国家康居示范工程项目装修到位率不得低于 30%;到 2010 年,新建住宅一次性装修到位率力争达 50% 以上。

2016 年 5 月 1 日,《浙江省绿色建筑条例》施行,浙江在全国率先建立全装修成品住宅推广机制。

2016 年 8 月,浙江省人民政府办公厅发布了《关于推进绿色建筑和建筑工业化发展的实施意见》,首次明确浙江省住宅全装修的实施时间及范围,即"2016 年 10 月 1 日起,全省各市、县中心城区出让或划拨土地上的新建住宅,全部实行全装修和成品交付"。而在确定"中心城区"范围的问题上,实施意见将该权利赋予各地政府,具有一定的弹性空间。

2016 年 11 月 18 日,浙江省人民政府办公厅发布《关于加快推进住宅全装修工作的指导意见》。

2017 年 1 月 22 日,浙江省住房和城乡建设厅发布《全装修住宅室内装饰工程质量验收规范》,规范于 2017 年 7 月 1 日开始施行。

2017 年 8 月 16 日,浙江省人民政府办公厅发布《关于加快建筑业改革与发展的实施意见》,意见指出全力推行装配式建筑和住宅全装修。

2018 年 2 月 6 日,2018 版《浙江省商品房买卖合同示范文本》发布。浙江省住房和城乡建设厅、浙江省工商行政管理局通知,自 2018 年 3 月 15 日起(含当日),签订商品房(含全装修住宅)预售合同、现售合同推行使用合同示范文本。2018 年 3 月 15 日前(不含当日)已部分预售的同一商品房项目(以建设工程规划许可证为准)分批预售的,仍可延用原预售合同文本;达到现售条件后,使用现售合同示范文本。

3. 全装修住宅推行的影响与意义

上述历史沿革以及浙江省人民政府的相关文件显示,浙江省推行住宅全装修,实行成品交房,具有以下实际的影响及意义:

(1)从宏观上看,推动全装修住宅符合供给侧结构性改革,顺应新时期住房需求。

购买住宅是当前消费者极为巨大的一笔支出,而当前住宅装修市场的混乱,不仅导致住宅装修质量的参差不齐,也导致大量的建材浪费等情况发生。从宏观上推动住宅全装修,扩展住宅建设的广度和深度,有助于从源头上规范住宅装修市场,解决之前住宅装修所带来的问题,符合当前绿色住宅、环保型住宅、集约型住宅的价值取向。

(2)从微观上看,推动全装修住宅减少建材浪费、建材垃圾,有助于建筑品质的提升。

全装修住宅的推进,住宅装修的责任主体由消费者转变为开发商。对于开发商而言,不再仅仅是向消费者交付"毛坯房"就完成了合同义务,还要基于相关的合同约定,指定相关施工单位对"毛坯房"进行装修。全装修工程的主体转换,使消费者减少因装修问题带来的烦恼,减少了建材成本的采购浪费,而优秀的开发商,如果对相关项目用心装修,有助于品牌口碑、商誉的提升。

(3)全装修住宅将对装修市场产生重大的影响。

以往房屋交付后,消费者的头件大事便是对于其所购的商品房进行装修。但是全装修房屋推行后,新建商品房的装修市场将会发生极大改变。而家装市场的装修公司也将面临优胜劣汰,甚至于为了控制全装修部分的房屋交付质量,开发商将会通过控股、设立公司等形式,满足开发商对全装修住宅交付的相关要求。

（二）其他类型商品房的理解

本条示范文本对于商品房性质，区分为全装修住宅与其他类型商品房。此处"其他类型商品房"应当指的是非全装修住宅，具体包括以毛坯交付的住宅、以全装修或者毛坯交付的商住房、商办房等。对此，该示范文本似乎仅仅关注全装修住宅，对于以非全装修交付的商品房并未进行明确约定，此类商品房在使用本示范文本时，并不贴合，且存有疑问。

例如，目前"单身公寓"类的商住两用房，如果在使用本示范文本时，会出现在选择商品房类别时，只能选择其他类型商品房。而本示范文本第十一条商品房相关设施设备交付条件、第十六条设计变更中针对全装修住宅的条款内容，均无法适用于这类型商住两用房，而关于商住两用房对于装修的交付标准，哪些装修的设计变更将赋予业主主张赔偿金、解除合同等，存在漏洞或者空白。

【注意事项】

（1）房地产开发企业在对楼盘进行宣传时，应当用词严谨，建议使用全装修的描述，并向买受人做好全装修住宅概念的说明和解释工作。如以全装修或者精装修进行交付，除要符合双方的合同约定以外，还应当关注当地的政策性文件。如杭州市房地产市场持续健康发展协调小组办公室在 2018 年 9 月，就针对商品房销售现场公示和代理销售的问题，要求开发企业、经纪机构，对在售商品房为全装修销售的，应公开装修价格、装修预算明细，以及装饰装修的主要材料和设备的品牌、产地、规格、级别、数量等。

（2）房地产开发企业在制作商品房买卖合同前，应首先确定其所开发的房地产项目在土地出让条件中是否要求按全装修方式进行建设，如有该要求，则本条中应当选择"全装修住宅"；如未有该要求，房地产开发企业可以按毛坯方式进行建设并在本条中选择"其他类型商品房"，或者自主选择按全装修方式进行建设。

（3）购房消费者在签订本合同前，需要关注所购商品房是否属于全装修交付，若是全装修交付的房屋，要在阅读开发商所公布的项目买卖合同的示范文本时，注意全装修住宅交付的条款内容、补充协议、附件等，更有必要参观和了解样板房，仔细阅读和查看开发商所公布的全装修标准明细、楼盘模型、户型图、项目不利因素等公示材料。

第二条　项目建设依据

1.出卖人以【出让】【划拨】【_____】方式取得坐落于_____

_____地块的建设用地使用权。 该地块【国有土地使用证号】【_____】

为_____，土地使用权面积为_____平方米。 买受人购买的商品房(以下简称该商品房)所占用的土地用途为_____，土地使用权终止日期为_____年_____月_____日。

2.出卖人经批准，在上述地块上建设的商品房项目核准名称为_____，建设工程规划许可证号为_____，施工许可证号为_____。

3.全装修住宅对装修部分单独领取施工许可证的，装修部分的施工许可证号为_____。

【概要】

本条是关于项目合法建设相关的用地、规划、施工的依据。

【说明】

(一)国有建设用地使用权的取得方式

根据《城市房地产管理法》的规定,房地产开发用地的取得有出让和划拨两种方式。

(1)出让方式。它是指国家将国有建设用地使用权(《物权法》实施后,"国有土地使用权"改称为"国有建设用地使用权")在一定年限内出让给土地使用者,由土地使用者向国家支付土地出让金的行为。国有建设用地使用权的出让有拍卖、招标、协议三种方式,随着房地产市场的规范,用于房地产开发的经营性用地必须采取拍卖、招标、挂牌形式出让。出让国有建设用地使用权,应当签订国有建设用地使用权出让合同。土地所有者或者其代表(一般为市、县土地管理部门)是出让方,国有建设用地使用权人是受让方。普通商品房的国有建设用地使用权应当通过出让方式取得。

根据《物权法》第一百三十六条的规定,国有建设用地使用权可以在土地的地表、地上或者地下分别设立。新设立的国有建设用地使用权,不得损害已设立的用益物权。该规定为国有建设用地使用权分层出让提供了法律依据,即从《物权法》实施后,土地出让部门可以在土地的地表、地上或地下分别设立国有建设用地使用权,并可依法分别出让。

国有建设用地使用权分层出让引入了空间权的概念,在传统的土地法律理论和制度中,不存在独立的空间权概念。以往一块国有建设用地使用权的权利范围,主要是通过四至来确定,通过分层出让后,国家可将土地进行立体的纵向分割,即将土地分成不同高度的空间,既可以在同一宗土地上为一个人设立一个国有建设用地使用权,也可以为两个以上的人分别设立若干个相互之间不冲突的国有建设用地使用权,平面概念转为立体概念。国有建设用地分层出让,可以避免资源的浪费,更加节约和集约利用土地,是土地管理的又一创新。但是,其中有一些问题需要解决,比如如何避免各个国有建设用地使用权分层设立后,使用权人之间的权利冲突;如何确定国有建设用地使用权分层设立后的出让金标准;等等。这些问题仍待深入研究,在实践过程中找出解决方法。另外,需要注意的是并非所有出让土地上建设的房屋均可以销售,只有经营性房地产开发用地上建设的房屋才是商品房,其他如单位自建房、村级保留出让用地建设房屋均不能分割作为商品房销售。

(2)划拨方式。它是指经县级以上人民政府批准,在土地使用者缴纳补偿、安置等费用后,将该块土地交付其使用,或者将国有建设用地使用权无偿交付给土地使用者使用的行为。

经济适用住房作为享受国家优惠政策的商品房,其国有建设用地使用权一般通过划拨方式取得。土地使用者取得划拨土地无须支付国有建设用地出让金,但在一般情况下,仍须支付土地补偿费和安置费。也正是由于经济适用住房的国有建设用地使用权是通过划拨方式取得的,故经济适用住房转让前需补交国有建设用地出让金。根据《杭州市区经济适用住房管理办法》,经济适用住房所有权人在取得房屋所有权证之日起,满5年后允许上市交易;上市交易时,按照届时的销售价与当时购买经济适用住房(包括超过享受面积部分的经济适用商品房)差价的55%向政府缴纳土地收益等价款。北京市京建住〔2008〕225号、京建住〔2009〕255号、京建发〔2010〕237号等文件就已购经济适用住房上市出售问题规定,2008年4月11日起签订经济适用住房购房合同的家庭取得契税完税凭证或房屋所有权证满5年后,可以按市场价出售住房,产权人应按原购房价格和出售价格价差的70%补交土地收益等价款。2008年4月11日(含)前签订购房合同的已购经济适用住房家庭和京建住〔2009〕255号中第一条所列的重点工程被拆迁家庭取得契税完税凭证或房屋所有权证满5年后,可以上市出售,产权人应按出售价格的10%补交土地收益等价款。

房地产开发企业也可以通过转让方式取得划拨国有建设用地的使用权。划拨国有建设用地使用权的转让,是指国有建设用地使用权人将其通过行政划拨获得的国有建设用地使用权单独或者随同地上建筑物、其他附着物转移给他人的行为。划拨国有建设用地使用权转让须经市、县人民政府批准。

(二)土地规划用途和土地使用年限

土地规划用途是根据城市规划确定的该地块的用途。未经规划部门批准,土地使用者不得擅自改变土地用途。土地使用者确因建设需要,改变土地用途的,应报经城市规划等部门批准,重新签订国有建设用地使用权出让合同或重新办理国有建设用地使用权划拨手续,补交国有建设用地出让金。不同用途的国有建设用地使用权出让金和国有建设用地使用最高年限是不同的。规划用途应按城市规划部门批准的用途填写。

国有建设用地使用权均具有一定的年限且不得超过法定最高年限。国有建设用地使用权出让的最高年限为:居住用地,70年;工业用地,50年;教育、科技文化、卫生体育用地,50年;商业、旅游、娱乐用地,40年;综合或其他用地,50年。使用期届满,住宅用地的,国有建设用地使用权人无须进行续期申请,在国有建设用地使用权期限届满时,自动续期。自动续期后,是否重新签订出让合同,并缴纳出让金,目前尚无具体规定;对于非住宅建设用地,应在使用期限届满前一年提出申请,报经原出让国有建设用地使用权的相关政府管理部门批准,未经批准的,无权继续使用土地,除非公共利益需要,续期申请应获批准。非住宅国有建设用地使用权续期,国有建设用地使用权人应与有关部门重新签订国有建设用地使用权出让合同,并按规定缴纳国有建设用地出让金,出让金的支付标准,法律法规没有做出明确规定。国有建设用地使用权期限届满后,如果国有建设用地使用权人没有申请续期,或续期申请未获批准,国有建设用地使用权将依法被收回,涉及地上房屋及其他不动产的归属时,首先按双方合同约定处理,也可在期满时就地上房屋等的处理经协商达成协议。如双方无约定,或约定不明、协商不成,则依据法律法规的规定办理。按现行法律法规的处理原则,国有建设用地使用权因期限届满被收回时,地上建筑物、构筑物及附属设施无偿由国家取得。

(三)建设工程规划许可证

根据《中华人民共和国城乡规划法》的规定,在城市、镇规划区内进行建筑物、构筑物、道路、管线和其他工程建设的,建设单位或者个人应当向城市、县人民政府城乡规划主管部门或者省、自治区、直辖市人民政府确定的镇人民政府申请办理建设工程规划许可证。申请办理建设工程规划许可证,应当提交使用土地的有关证明文件、建设工程设计方案等材料。需要建设单位编制修建性详细规划的建设项目,还应当提交修建性详细规划。对符合控制性详细规划和规划条件的,由城市、县人民政府城乡规划主管部门或者省、自治区、直辖市人民政府确定的镇人民政府核发建设工程规划许可证。建设单位或者个人在取得建设工程规划许可证件和其他有关批准文件后,方可申请办理开工手续。建设工程规划许可证是建设项目最终的规划许可文件,证明开发的商品房规划手续合法。在取得规划许可证之前,建设单位在建设项目申请立项时应提供规划部门出具的选址意见书,在申请用地时提供建设用地规划许可证,选址意见书、建设用地规划许可证、建设工程规划许可证统称规划的"一书两证"。选址意见书、建设用地规划许可证是取得建设工程规划许可证的前提。

建设工程规划许可证一般包括下列内容:①许可证编号;②发证机关名称和发证日期;③建设单位;④建设项目名称、位置、宗地号,以及子项目名称、建筑性质、栋数、层数、结构类型;⑤计容积率面积及各分类面积;⑥附件,包括总平面图、各层建筑平面图、各向立面图和剖面图。

根据《商品房销售管理办法》第二十四条的规定,房地产开发企业应当按照批准的规划、设计建设商品房。商品房销售后,房地产开发企业不得擅自变更规划、设计。确需变更的,必须向城市、县人民政府城乡规划主管部门提出申请。变更内容不符合控制性详细规划的,城乡规划主管部门不得批准。城市、县人民政府城乡规划主管部门应当及时将依法变更后的规划条件通报同级土地主管部门并公示。建设单位应当及时将依法变更后的规划条件报有关人民政府土地主管部门备案。经规划部门批准的规划变更、设计单位同意的设计变更导致商品房的结构形式、户型、空间尺寸、朝向变化,以及出现合同当事人约定的其他影响商品房质量或者使用功能情形的,房地产开发企业应当在变更确立之日起 10 日内,书面通知买受人。买受人有权在通知到达之日起 15 日内做出是否退房的书面答复。买受人在通知到达之日起 15 日内未作书面答复的,视同接受规划、设计变更以及由此引起的房价款的变更。房地产开发企业未在规定时限内通知买受人的,买受人有权退房;买受人退房的,由房地产开发企业承担违约责任。

(四)施工许可证

根据《中华人民共和国建筑法》的规定,从事各类房屋及其附属设施的建造、装修装饰和与之配套的线路、管道、设备的安装以及城镇市政基础配套设施工程的施工,建设单位在开工前应向工程所在地县级以上建设主管部门申请领取施工许可证。施工许可证是施工行为合法的依据。建筑工程施工许可证的主要内容有:建设单位、工程名称、建设地址、建设规模、设计单位、施工单位、监理单位、开竣工日期等。

根据浙江省住房和城乡建设厅《关于进一步明确住宅全装修项目施工许可有关问题的通知》,装修工程施工许可证适用于国有建设用地使用权出让合同或者国有建设用地划拨决定书中载明以全装修方式进行建设的住宅项目,以及建设单位自主选择以全装修方式进行建设的住宅项目。

住宅全装修项目的主体结构和装修部分可以统一设计,统一进行施工图设计文件审查和办理施工许可;也可以分阶段设计,分别进行施工图设计文件审查和办理施工许可。住宅全装修项目的主体结构和装修部分统一办理施工许可的,应当具备《中华人民共和国建筑法》《建筑工程施工许可管理办法》规定的条件并提交相应的证明文件,核发一个建筑工程施工许可证,装修部分内容记载于备注栏。主体结构和装修部分分别办理施工许可的,可以在主体结构部分具备建筑法、施工许可办法规定的条件时提交相应的证明文件,办理施工许可;装修部分施工图设计文件审查合格并确定施工企业后,可以提交装修部分的施工图设计文件审查合格书、施工合同以及已办理工程质量安全监督手续的证明文件,办理施工许可变更,由发证机关在已核发的建筑工程施工许可证备注栏内增加装修部分内容,其他内容保持不变。

根据《城市房地产开发经营管理条例》《城市商品房预售管理办法》,取得施工许可证是商品房预售许可的必要条件,对于主体结构和装修部分分阶段领取施工许可证的全装修住宅项目,应当在装修部分也取得施工许可证后方可预售。分阶段的施工许可证有关信息应在合同中载明。

【注意事项】

(1)普通商品房的国有建设用地使用权应通过出让方式取得,一般情况下,商品房预售或现售时,出卖人已经取得了国有建设用地使用权证书,因此,《商品房买卖合同》将国有建设用地使用权证号作为合同内容。如果在出卖人提供的《商品房买卖合同》签约使用文本中,没有有关国有建设用地使用权证的内容,买受人可以要求出卖人在空格部位填写国有建设用地使用权证书的情况,并出示国有建设用地使用权证书的原件。买受人在审查国有建设用地使用权证书真实性的同时,还应当特别注意审查"他项权"一栏,是否有关于国有建设用地使用权抵押的记录。如果国有建设用地使用权已经抵押,可能会给买受人带来一定的风险。

(2)目前出现一种"小产权房","小产权房"通常指的就是"乡产权房"。"乡产权房"是指购买农民集体土地上建设的房屋,有乡镇政府颁发权属证书的房产,乡产权房没有国家发的国有建设用地使用权证。"小产权房"是不能向非本集体成员的第三人转让或出售的。因此,作为农村集体以外的公民,购买乡产权房的行为是不能为法律认可的,其行为是无效的。这种"乡产权房"的集体所有制土地使用形式不具备房屋转让、买卖、收益等权利,而且不能办理房屋过户手续。"小产权房"不是真正意义上的商品房,没有"三证",所以在实际操作中购房者无法使用贷款和公积金购买。如果一旦遇到国家征地拆迁,由于购房人并非合法的产权人,作为实际使用人所得到的拆迁补偿与产权补偿相比要少很多。

(3)只有经营性房地产开发用地,才能办理分割产权证。有些以科研大楼、酒店、商业设施名义立项的项目不一定能办理分割产权证。

(4)经济适用住房的国有建设用地使用权如果是通过划拨方式取得的,出卖人应据实填写国有建设用地使用权划拨批准文件号或划拨国有建设用地使用权转让批准文件号。如果出卖人只填写划拨国有建设用地使用权转让合同号,则出卖人的国有建设用地使用权合法性有待进一步审查,因为划拨国有建设用地使用权的转让须得到市、县人民政府的批准。

(5)合同中的土地使用年限应当与国有建设用地使用权出让合同或划拨文件所示年限一致,且与土地用途相对应。

(6)规划许可文件"一书两证"不能互相代替,选址意见书和建设用地规划许可证不能代替建设工程规划许可证。

(7)买受人在审查出卖人提供的以上文件、证书时,要注意"证证"是否合一、"证人"是否合一,即所有证书上登记的房地产开发企业或权利人是否为同一人且均为出卖人。如果出卖人在多个场所销售商品房,提供以上文件、证书的原件确有难度,出卖人可以对所提供的复印件进行公证,以证明其所提供的证书、文件的复印件与原件一致,并将公证书原件向买受人出示(但对国有建设用地使用权证仍应当审查原件,主要是审查他项权情况)。如果买受人对出卖人提供的证明文件的真实性有疑虑或出卖人拒不提供证明文件原件而买受人又不愿放弃购买的,买受人可以自己或者委托律师到有关部门进行调查,以核对出卖人所提供的证明文件的真实性。

◎ **案 例 一** 城郊某村与某建设单位签订了联建协议,协议约定该村提供集体建设用地,建设单位提供资金,合作建造6幢楼房,房屋竣工后,合作双方各分得3幢楼房。双方均按约履行了协议。建设单位将自己分得的房屋向社会出售,共有30多人先后向建设单位购买该处房屋。但由于房屋使用的土地是集体建设用地,产权证一直无法办理。2001年,因建设单位拖欠邻省某公司的建材款,该处房屋被法院查封,30多位住户被要求搬出。

案例提示:国有建设用地使用权的合法性是所建房屋合法的前提,不能取得产权证的房屋多数是由于没有按照法律规定的方式取得国有建设用地使用权,以致所建房屋不合法或不能作为商品房流通。本案中建设单位所使用的土地是集体建设用地,根据我国有关法律规定,集体土地所有权不能直接进入市场流转,在集体土地上建造的房屋也不能作为商品房出售、交易,当然也无法办理以买受人为产权人的产权证。

◎ **案 例 二** 2006年1月,张先生因其经营的设计公司扩大规模,就在市中心某高档写字楼购买了两间共600多平方米的房屋。购房合同约定,在房屋交付后2年内,出卖人协助买受人办理产权登记,但如因政策原因致使不能按期办理产权证的,出卖人不承担责任。2008年3月,合同约定的办证期限到了,但产权证还是没有办下来。经过张先生多方打听,才知道该项目所在地块使用权原为当地一家电器公司所拥有,电器公司因经营效益不好,就向政府申请利用其闲置土地建设科技孵化器大楼。在政府批准其申请后,该电器公司与某房地产开发企业合作,一方出地,一方出资,以建科技孵化器大楼的名义建设了该幢写字楼。由于该项目是以电器公司自建房名义立项的,当地国土资源部门不同意办理土地分割登记,张先生当然也无法取得产权证。张先生还了解到,在他所在城市,还有20多个以科技孵化器、软件园等名义立项的项目,正在以房屋转让或长期租赁的形式招商。

案例提示：并非所有利用出让国有建设用地建设的房屋均为商品房，那些以单位自建房名义建设的写字楼、酒店、员工宿舍等不能进入房地产市场销售。因此，消费者购买房屋时一定要分清商品房与单位自建房的区别。

◎ **案例三**　　王女士于 2004 年底与某房地产开发企业签订商品房买卖合同。2006 年初，某房地产开发企业向王女士交付商品房。王女士发现交付的小区房屋拥挤、绿化严重缩水。经查询获悉，在建设过程中，该项目建设工程规划许可证内容经过多次变更。与当初订立买卖合同时的规划相比，容积率增加，绿地率减少，也就是说将原先规划建设绿地的地方建设了商品房。由于该楼盘发布的广告、楼书中均没有承诺容积率等规划指标，王女士可以证明房地产开发企业曾变更过规划的唯一证据就是商品房买卖合同约定的《建设工程规划许可证》，遂以此为依据提起诉讼，要求房地产开发企业赔偿。房地产开发企业则认为，变更规划是事实，但《建设工程规划许可证》记载的内容并非商品房买卖合同的组成部分，不应将变更规划与违约等同。经过审理，一审法院最终认为商品房买卖合同中规定规划许可证编号，仅是为了说明开发项目的依据。因此，规划许可证的具体内容不属于买卖合同的一部分，并据此驳回了王女士的诉讼请求。王女士不服一审判决，提起上诉。在二审期间，合议庭对该焦点问题的认定产生了不同意见。在主审法官的主持下，房地产开发企业与王女士达成了调解协议。

案例提示：虽然该案件由调解结案，二审法院并没有对《建设工程规划许可证》内容是否构成合同内容做出认定，但该案件提醒房地产开发企业一定要慎重对待规划变更。作为买受人，为避免争议，可要求在《商品房买卖合同》或补充协议中约定将《建设工程规划许可证》记载的内容或主要内容作为合同的组成部分。

第三条　预售依据

该商品房已由_____批准预售，预售许可证号为_____。

【概要】

本条是商品房销售方式的约定和商品房可以合法销售的相关依据。

【说明】

根据《商品房销售管理办法》第三条的规定，商品房销售包括商品房现售和商品房预售。商品房现售，是指房地产开发企业将竣工验收合格的商品房出售给买受人，并由买受人支付房价款的行为。

商品房预售,是指房地产开发企业将正在建设中的商品房预先出售给买受人,并由买受人支付定金或者房价款的行为。

将商品房销售进行分类,主要目的是便于根据现售和预售的不同,确定不同的条件,进行分类管理。

(一)商品房现售

为了防止不合法商品房进入流通领域,避免出现现售商品房开发主体资格不合法、房屋质量不合格等问题,《商品房销售管理办法》第七条规定,商品房现售,应当符合以下条件:

(1)现售商品房的房地产开发企业应当具有企业法人营业执照和房地产开发企业资质证书。这主要是为了确保现售商品房的房地产开发主体资格合法。

(2)取得国有建设用地使用权证书或者使用土地的批准文件。这主要是为了确保现售商品房的用地合法。用地合法的依据是国有建设用地使用权证书,商品房现售时,房地产开发企业应当已经取得国有建设用地使用权证书。鉴于实践中存在的特殊原因导致少数地方国有建设用地使用权证书发放较晚的情况,《商品房销售管理办法》将取得使用土地的批准文件也作为商品房可以现售的条件之一。此处所说的使用土地的批准文件是指已经缴纳全部国有建设用地使用权出让金的证明文件。买受人不能因为《商品房销售管理办法》的这条规定而不再要求出卖人出示国有建设用地使用权证书,特别是位于大城市的现房,如果出卖人无法出示国有建设用地使用权证书,买受人应当引起高度重视,并到有关部门进行核实。

(3)持有建设工程规划许可证和施工许可证。这主要是为了确保现售商品房的规划、建设手续的合法性。

(4)已通过竣工验收。这主要是为了确保现售商品房符合工程质量标准,这也是现售与预售的主要区别之一。这里所指的竣工验收,是指县级以上人民政府房地产开发主管部门所组织的竣工验收。根据《房屋建筑工程和市政基础设施工程竣工验收备案管理暂行办法》的规定,建设单位应当自工程竣工验收合格之日起 15 日内,向工程所在地的县级以上地方人民政府建设行政主管部门备案。建设单位办理工程竣工验收备案应当提交下列文件:工程竣工验收备案表,工程竣工验收报告。工程竣工验收报告应当包括工程报建日期,施工许可证号,施工图设计文件审查意见,勘察、设计、施工、工程监理等单位分别签署的质量合格文件及验收人员签署的竣工验收原始文件,市政基础设施的有关质量检测和功能性试验资料以及备案机关认为需要提供的有关资料,法律、行政法规规定应当由规划、公安消防、环保等部门出具的认可文件或者准许使用文件,施工单位签署的工程质量保修书,等等。商品住宅还应当提交

《住宅质量保证书》和《住宅使用说明书》。

（5）拆迁安置已经落实。这主要是为了保障被拆迁人的合法权益。在2001年10月31日前，即现行的《城市房屋拆迁管理条例》实施以前，原地回迁或异地安置是拆迁安置补偿的基本形式，有的房地产开发企业为了能迅速回笼资金，进行滚动开发，将本来用于安置拆迁户的房屋也作为商品房出售，使被拆迁人长期得不到安置。2001年11月1日以后，货币补偿成了拆迁安置补偿的基本形式，此处的"拆迁安置已落实"，主要是指拆迁安置行为符合相关法律法规的规定，被拆迁人已得到了合理的补偿。

（6）供水、供电、供热、燃气、通信等配套基础设施具备交付使用条件，其他配套基础设施和公共设施具备交付使用条件或者已确定施工进度或交付日期。这一条主要是为了确保现售商品房能够达到基本使用条件。我国商品房开发建设实行"全面规划、合理布局、综合开发、配套建设"的方针，供水、供电、供热、燃气、通信等配套基础设施具备交付使用条件是现房达到基本使用条件的前提，而其他配套设施和公共设施则并不一定能在该商品房现售的同时也具备交付使用条件，但必须已经确定施工进度和交付日期。部分地区若根据当地气候、城市基础特点不需要或无法配备供热、燃气等基础设施和公共设施的，不在此条件之列。

（7）物业管理方案已经落实。这主要是为了避免房屋交付后产生物业管理纠纷。一般情况下，将物业管理分为两个阶段，即前期物业管理阶段和业主大会成立以后的物业管理阶段。前期物业管理由房地产开发企业选聘的物业服务企业负责，当入住业主达到一定比例或房屋交付一定时间以后，由业主或业主大会选聘物业管理企业，决定物业管理中的重大事项。这里所指的"物业管理方案已经落实"，指前期物业管理方案已经落实，主要包括确定物业管理的区域范围，已选定物业服务企业，已签订前期物业服务协议，已订立业主临时管理规约，已确定物业服务收费标准和费用的分担，物业服务的主要内容等。根据国务院《物业管理条例》第二十五条的规定，房地产开发企业与物业买受人签订的买卖合同中，应当包含前期物业服务合同约定的内容；根据《商品房销售管理办法》第十三条的规定，商品房销售时，房地产开发企业选聘了物业管理企业的，买受人应当在订立商品房买卖合同时与该物业管理企业订立有关物业管理的协议。

由于现房销售时，所买卖的房屋已客观存在，买受人所承担的风险相对较小，所以《商品房销售管理办法》直接对商品房的现售条件做了详细规定而没有规定实行许可证制度。但为了加强管理，《商品房销售管理办法》第八条还是规定了现房销售的登记备案制度，即房地产开发企业应当在商品房现售前将房地产开发项目手册及符合商品房现售条件的有关证明文件报送房地产开发主管部门备案。

现房买受人如果对所售现房的合法性存有疑虑，可以委托律师对该商品房是否达到现售的七项条件进行核查并在房地产开发主管部门备案，重点调查国有建设用地使用权证、建设工程规划许可证、施工许可证、竣工验收文件的真实合法性和备案情况。

现房的判断标准为房地产开发企业是否为出售房产办理初始登记,买受人购买房产后应能立即办理产权登记。

(二)商品房预售

在建房屋采用预先出售是国际上一种通行的筹集商品房建设资金的经营方式。出卖人通过出卖楼花,可以为房屋建设筹集资金,加速资金流动和周转。预售的商品房,房屋尚在建设之中,房屋产权尚未经登记设立,因此其实质是一种期房。商品房预售合同一经签订,买受人取得了在建商品房的产权期待权,房屋在约定的时间内完成,出卖人只能将房屋交付给预购的买受人,不得再卖给第三人。

买受人在购买预售商品房时存在相对较大的风险,如可能出现以下一些情况:房屋不能建成或不能按期建成,房屋质量低劣或者不符合买受人的要求,房屋面积"缩水",出卖人所承诺的基础配套设施和公共设施不能按期投入使用或者根本就没有落实,等等。因此,为了防范风险,更好地保护买受人的合法权益,我国对商品房预售实行了严格的许可证制度,对于没有取得预售许可证的商品房,规定不得销售。

根据《城市房地产管理法》第四十四条、《城市房地产开发经营管理条例》第二十三条和《城市商品房预售管理办法》的规定,预售商品房,应当符合以下条件:

(1)已交付全部国有建设用地使用权出让金,取得国有建设用地使用权证书;

(2)持有建设工程规划许可证和施工许可证;

(3)按提供预售的商品房计算,投入开发建设的资金达到工程建设总投资的25%以上,并已经确定施工进度和竣工交付日期;

(4)向县级以上人民政府房地产管理部门办理预售登记,取得商品房预售许可证明。

房地产管理部门在审查了房地产开发企业提供的营业执照,建设项目的投资立项、规划、用地和施工等批准文件、证件和工程施工进度计划、投入开发建设的资金证明等材料后,对符合条件的,发给《商品房预售许可证》。

一些地区为了更好地维护购房者的权益,在制定地方性法规时对商品房的预售规定了更为严格的条件。如《杭州市城市房地产开发经营管理若干规定》第十六条规定:房地产开发企业预售商品房的,除应当符合法律、法规已有规定外,房地产开发项目的工程形象进度应当符合以下条件:商品房地上建筑为十层以下的,已完成建筑主体结构的施工;十一层以上的,已完成建筑主体结构施工的二分之一以上(且不低于十层);一百米以上的(超高层),已完成建筑主体结构施工的三分之一以上(且不低于五十米)。

《商品房预售许可证》是商品房可以预售的唯一合法性文件,其主要内容有:预售许可证号、售房单位名称、项目名称、预售总建筑面积、房屋坐落、房屋用途、发证机关及发证日期等。

(三)商品住房价格备案

坚持"房子是用来住的、不是用来炒的"定位,落实稳房价目标任务,各地为此相继出台加强和完善商品房销售价格监管的政策,要求房地产经营者申请《商品房预售许可证》前,应向价格主管部门进行"一房一价"销售价格(包括装修价格)备案,并严格禁止房地产经营者的下列不正当行为:

(1)销售商品住房不明码标价,或不按规定的内容和方式明码标价的。

(2)在标价之外加价出售商品房,收取未标明费用的。

(3)销售商品房有价格承诺,不履行或不完全履行价格承诺的。

(4)以任何方式、任何名义向购房者收取超过备案价格(包括装修价格)以外的其他任何费用,包括改造费、第三方收取服务费、咨询费、中介费、居间费等。

(5)在销售商品房时采取强制搭售、捆绑销售等强迫购房者购买车位(库)、储藏间(室)等。

(6)利用虚假或使人误解的价格手段,诱骗购房者进行交易。

(7)在销售商品房时采取捏造、散布涨价信息,哄抬价格,导致房地产市场出现异常。

(8)以员工购房等名义,故意拉大房源之间的差价。

(9)违反"房地产广告中对价格有表示的,应当清楚表示为实际的销售价格,明示价格的有效期限"规定的。

(10)其他违法违规行为。

(四)房地产开发企业在取得《商品房预售许可证》前与购房人所签协议、合同的效力

前几年,由于一些地区的房地产市场需求持续旺盛,房价连连上涨,一些楼盘尚未取得预售许可证,甚至尚处于"蓝图"阶段,就被购房者预订一空。由此产生了不少法律纠纷。因此,有必要正确认识取得预售许可证前房地产开发企业与购房者签订的协议、合同的效力。

(1)商品房买卖合同。如前所述,根据《城市房地产管理法》第四十四条等法律条款的规定,出卖人预售商品房的,应当取得《商品房预售许可证》,这是法律的强制性规定。根据《合同法》第五十二条的规定,违反法律、行政法规的强制性规定的合同无效。因此,法释〔2003〕7号《解释》第二条规定,出卖人未取得《商品房预售许可证》,与买受人订立的商品房预售合同,应当认定无效。最高人民法院同时还强调,应当注意

区分司法审判权和行政管理权的不同职能,人民法院对出卖人预售资格的审查,主要是看其是否取得《商品房预售许可证》,对其他预售条件的审查主要是行政管理部门的权限。

为体现促进商品房市场健康发展和维护稳定的商品房交易秩序,法释〔2003〕7号《解释》第二条还规定,出卖人在起诉前取得《商品房预售许可证》的,与买受人订立的商品房预售合同可以认定有效。

法释〔2003〕7号《解释》规定补办取得的预售许可证具有追及力,并不表明我国法律对商品房预售许可制度的修改,出卖人在未取得预售许可证之前预售商品房的,仍应根据《商品房销售管理办法》第三十八条的规定承担相应的行政责任,即责令停止违法行为,没收违法所得;收取预付款的,可以并处已收取预付款1%以下的罚款。如果出卖人故意隐瞒没有取得《商品房预售许可证》的事实或者提供虚假的《商品房预售许可证》,导致合同无效或者被撤销、解除的,根据法释〔2003〕7号《解释》第九条的规定,买受人可以请求返还已付购房款及利息、赔偿损失,并可以请求出卖人承担不超过已付购房款1倍的赔偿责任。

(2)存款协议、投资协议、借款协议等。《商品房销售管理办法》第二十二条明确规定,不符合商品房销售条件的,房地产开发企业不得销售商品房,不得向买受人收取任何预订款性质费用。但目前仍有房地产开发企业在与购房人签订商品房买卖合同前向购房人收取"订金""预付款""诚意金"等款项,并且对这部分款项的返还问题往往没有明确规定,因房地产开发企业提前收取款项而产生的纠纷也不在少数。尽管各地房地产行政主管部门对此进行了多次整顿,也对一批违规房地产开发企业进行了处罚,但由于利益驱动,这种提前收费的现象仍未彻底禁绝,个别地区甚至出现楼盘未开盘就发"号子"、炒"号子"的现象。目前,为了规避法律风险,房地产开发企业常用的方法有:一是签存款协议,购房者在房地产开发企业指定的银行存入一定数额的定期存款后才能取得购房的"号子",如果购房者未到期就取出存款,则其预订"号子"即被取消。采用这种方法,开发企业虽不直接向购房者收款,但可以从吸收存款的该银行得到贷款。这种方法的实质,是把购房者的风险转嫁给银行,一旦房地产市场萎靡,银行的风险会非常大。二是签投资协议,协议约定,购房者自愿参加项目投资,房地产开发企业以某幢某室房屋作为购房者的投资抵押。由于房屋尚未建设,抵押物还不存在,更谈不上抵押登记,所谓"抵押",实际上是一纸空文,无法实现,一旦楼盘销售形势不好,购房者可能"财房"两空。三是借款协议,就是房地产开发企业直接向购房者借款。以上几种方式,对购房者来说,都存在风险:当房价上涨时,房地产开发企业可能会撕毁协议,将房屋出售给出价更高者;当房价下跌或房地产开发企业经营不善时,购房者则会承担风险。而且借款协议和投资协议都属于非法融资,违反法律、行政法规的强制性规定,是无效的。存款协议也往往由于没有书面协议或协议约定的权利义务不明确而不具有法律约束力。

(3)房屋认购协议书。房屋认购协议书是商品房买卖合同双方当事人在签署商品房预售合同或商品房销售合同之前所签订的法律文书,是对双方交易房屋有关事项的初步确认,又称认购书、订购书、定金合同等。认购协议书可在出卖人取得了《商品房预售许可证》后签订,也可在出卖人取得《商品房预售许可证》之前签订。

认购协议书一般包括以下一些基本条款:

①当事人双方的基本情况。包括房地产开发企业的名称、地址、电话以及购房者的姓名、地址、电话、身份证件等。

②所认购商品房的坐落、房号。

③所认购商品房的套型、面积、单位价格、总价款。

④付款方式。

⑤定金或预付款条款。

⑥商品房买卖合同的主要内容约定。

⑦签订商品房买卖合同的时间、签约地点。

⑧双方无法签订商品房买卖合同时定金或预付款的处理。

目前在司法实践中对认购协议书的性质界定存在争议。可归纳为以下三种观点:第一种观点认为,房屋认购协议书不是买卖合同而是一种预约合同,签订认购协议书的目的在于使双方签订正式的买卖合同,并为其做必要的准备,是独立有效的合同;第二种观点认为,认购协议书为意向书,不符合合同有效成立的要件,对双方当事人没有法律约束力;第三种观点认为,认购协议书为从合同,是将来所要签署的商品房买卖合同的从合同。

笔者认为认购协议书是一种预约合同。虽然认购协议书中明确了买卖双方的身份,明确了买卖的标的物、价款、付款方式及日期等内容,但是协议双方签订认购协议书并非各自承担买卖合同的债权债务。通过签订的认购协议书,双方主要的权利义务是:卖方负有为买方保留此套住房不得转卖他人的义务;买方负有在约定的日期内与卖方签订买卖合同的义务,并支付定金。因此,签订认购协议书的目的在于使协议双方签订买卖合同。因协议一方的原因导致买卖合同未能签订的,违约方应依法承担相应的违约责任。

认购协议书一般约定定金罚则。法释〔2003〕7号《解释》第四条专门就认购协议书的定金罚则做出了规定:出卖人通过认购、订购、预订等方式向买受人收受定金作为商品房买卖合同担保的,如果因当事人一方原因未能订立商品房买卖合同,应当按照法律关于定金的规定处理;因不可归责当事人双方的事由,导致商品房买卖合同未能订立的,出卖人应当将定金返还给买受人。根据该规定,因出卖人的原因导致商品房买卖合同未能签订的,如出卖人已经将预订的商品房另行处置,出卖人未在约定的时间内使商品房达到预售条件等,出卖人应当将收取的定金双倍返还;因买受人的原因导致商品房买卖合同未能签订的,如买受人未在约定的期限内到约定地点签订商品房买卖合同,买受人放弃认购等,出卖人有权没收买受人已经支付的定金;因不能归责买卖合同双方当事人的原因致使商品房买卖合同不能订立的,如因规划调整导致商品房开发项目被取消、缓建,因为金融机构的原因导致买受人无法获得预期的贷款,买卖双方就具体条款不能达成协议等,出卖人应当将定金返还给买受人。

如果房屋认购协议书具备了《商品房销售管理办法》第十六条规定的商品房买卖合同的主要内容,并且出卖人已经按照约定收受了购房款的,根据法释〔2003〕7号《解释》第五条的规定,该协议书应当认定为商品房买卖合同。《商品房销售管理办法》第十六条规定,商品房销售时,房地产开发企业和买受人应当订立书面商品房买卖合同。商品房买卖合同应当明确以下主要内容:①当事人名称或者姓名和住所;②商品房基本状况;③商品房的销售方式;④商品房价款的确定方式及总价款、付款方式、付款时间;⑤交付使用条件及日期;⑥装饰、设备标准及承诺;⑦供水、供电、供热、燃气、通信、道路、绿化等配套基础设施和公共设施的交付承诺和有关权益、责任;⑧公共配套建筑的产权归属;⑨面积差异的处理方式;⑩办理产权登记的有关事宜;⑪解决争议的方法;⑫违约责任;⑬双方约定的其他事项。

购房者在签订认购协议书时一定要注意以下事项:

(1)要按照签订买卖合同的要求审查房地产开发企业的资质、楼盘的国有建设用地使用权证书、建设工程规划许可证以及施工许可证等文件、证书,如果开发企业无法提供上述文件、证书的,认购协议所约定的购房者的权利可能会落空。

(2)认购协议书的内容力求详细。在房屋认购协议书中,应当约定房屋的具体情况(坐落、面积、质量要求、是否装修等)、价款、付款办法、交房时间及定金的数额等内容。

(3)注意定金和订金的区别。认购协议书中一般都有定金条款。定金是一个法律术语,其目的是对合同的成立、履行承担担保义务,给付定金的一方不履行债务的无权要求返还定金,接受定金的一方不履行债务的应当双倍返还定金。而订金对合同不起担保作用,支付订金的一方不履行债务的,可以要求返还订金。所以在认购协议书中一定要分清"定"与"订"的区别,一字之差,两者的法律后果是不一样的。

(4)要在认购协议书约定的期限内签订买卖合同。有些认购协议书约定,购房者未在协议约定的期限内签订房屋买卖合同的,定金不予退还。如有类似约定的,购房者务必在约定的期限内到指定地点签订合同。为防止双方就合同内容未达成合意而不能在约定的期限内完成正式签约,造成定金损失,购房者可以要求在认购协议书上约定:因双方就商品房买卖合同具体条款的内容不能达成一致意见或因其他非买受人的原因,导致未能签订商品房买卖合同的,出卖人应根据买受人的要求退还定金。

【注意事项】

(1)根据法释〔2003〕7 号《解释》的规定,因不可归责于当事人双方的事由,导致商品房买卖合同未能订立的,认购协议书解除,出卖人应当将定金返还买受人。为了防止合同一方利用该规定逃避惩罚,主要体现为无法就合同的主要条款达成协议,故建议在签订认购协议书时要对合同的主要内容进行确认。

(2)买受人应当核对《商品房预售许可证》的复印件与原件是否一致,防止出现开发企业通过拼凑、剪接等方式制作《商品房预售许可证》复印件的情况。根据《城市商品房预售管理办法》第九条的规定,出示《商品房预售许可证》是出卖人的法定义务,出卖人没有主动出示的,买受人有权要求出卖人出示。如果出卖人在多处地点销售同一楼盘或在外地销售,随带《商品房预售许可证》原件确有困难的,经过公证机关公证的《商品房预售许可证》复印件也具有与原件相同的可信度,但若买受人坚持要求出卖人提供原件的,出卖人应当提供原件。

(3)买受人应当核对《商品房预售许可证》所登记的房地产开发企业是否为合同出卖人。在一些联合开发的项目中,国有建设用地使用权是甲公司的,开发资金由乙公司提供,所建房屋按一定比例分配,自行销售。由于《商品房预售许可证》只能由国有建设用地使用权人申领,乙公司销售商品房时只能使用甲公司的《商品房预售许可证》,一旦两家公司发生矛盾,受损害的是买受人。

(4)买受人应当核对《商品房预售许可证》所登记的商品房建筑面积与实际销售的商品房建筑面积是否一致。同一个房地产项目,可能有一期工程、二期工程、三期工程,即使在同一期工程,也有可能分成不同标段进行建设。房地产开发企业为加速资金周转,可能会分批分次地办理《商品房预售许可证》,个别缺乏诚信的开发企业只办了部分商品房的《商品房预售许可证》,就进行整个项目的商品房预售。因此,买受人在查验《商品房预售许可证》时一定要核对许可证所示面积与实际销售面积是否一致,或者查验买受人所购买的房屋是否属于预售许可证所确定的范围之内。

◎ **案例一**　某机械厂为解决职工住宅困难,经上级主管部门和土地管理部门批准,与某房地产开发公司签订合作开发协议,利用机械厂的闲置土地合作开发住宅。根据开发公司与机械厂签订的协议,由机械厂提供土地,开发公司提供房屋建设资金;房屋建成后,开发公司、机械厂各分得 12000 平方米的房屋。开发公司按照规定向有关部门申报了 12000 平方米商品房开发计划,并办妥了其他开发手续,领取了《商品房预售许可证》。由于商品房价格持续上涨,机械厂想通过出售部分住宅获取利润,便与开发公司签订了委托销售合同,委托开发公司销售其能分得的其中 5000 平方米职工住宅。张某在一次房展上看中了该楼盘的一套房屋,遂与开发公司签订了买卖合同。在签订合同前,张某专门审查了开发公司提供的《商品房预售许可证》,认为没有问题。房屋交付后,张某要求办理产权证,开发公司先是找借口拖延,经再三催促才告知张某,其所购房屋是机械厂的职工住宅,要想办理产权证,只能参加机械厂的房改。原来,张某在签订合同时审查的是开发公司 12000 平方米商品房的《商品房预售许可证》,预售许可范围是 1～3 幢,而张某购买的是第 4 幢的房屋,不属于预售许可范围,而是机械厂的职工住宅。

案例提示:审查《商品房预售许可证》一定要仔细、全面,务必看清自己所购买的房屋是否在预售许可范围内。买受人遇到类似情况,也可以根据法释〔2003〕7 号《解释》的规定请求确认合同无效,返还已付购房款及利息、赔偿损失,并请求出卖人承担不超过已付购房款 1 倍的赔偿责任。

◎ 案例二

甲、乙两家房地产开发公司签订联合开发合同,约定由甲公司提供国有建设用地使用权并负责办理一切手续,乙公司负责商品房的建设、销售工作,项目完成后,双方按比例分配利润。李某等人要与乙公司签订商品房买卖合同,在签订合同前,李某等人注意到《商品房预售许可证》上登记的开发公司为甲公司,遂提出质疑,乙公司据实解释,并出示了甲公司与乙公司签订的合作开发协议。李某等人认为,《商品房预售许可证》和协议是真实的,房屋的合法性没有问题,于是就与乙公司签订了合同。房屋交付后,由于甲公司与乙公司产生矛盾,甲公司拒绝提供商品房销售发票,李某等人由于拿不到专用发票,产权证迟迟无法办理。

案例提示:买受人在审查《商品房预售许可证》时,一定要核对许可证上所登记的开发企业名称与企业法人营业执照上的名称、合同出卖人的名称是否一致。

◎ 案例三

张先生在 2003 年 1 月 3 日与某房地产开发公司签订《商品房认购协议书》,双方约定:张先生预订该公司开发的某楼盘 3 座 2 单元 402 室商品房 1 套,总价款为 54 万元,在协议签订当日支付购房定金 2 万元;张先生应在当月 10 日前到开发公司签订《商品房买卖合同》并支付首期购房款,否则开发公司有权没收张先生已交付的定金并另行销售该套商品房。2003 年 1 月 5 日,张先生携带首付款和有关资料前往售楼处签约。然而,在签订《商品房买卖合同》的过程中,张先生对开发公司提出的某两条补充条款不能接受,开发公司对张先生提出的补充协议全部不予认可。当日合同未能签订。此后双方互相发函,坚持各自立场,导致买卖合同无法签订。2003 年 1 月 20 日,张先生向法院起诉,认为开发公司拒绝签约,要求双倍返还定金。开发公司反诉,认为张先生没有在约定的期限内前来签订合同,要求没收定金。法院审查了双方签订的《商品房认购协议书》和往来信函后,认定双方均不违约,判决开发公司将 2 万元定金全额返还给张先生。

案例提示:合同双方就《商品房买卖合同》的具体条款不能达成一致意见导致合同未能签订的,合同各方均不承担违约责任。买受人遇到此类情况,应注意保留自己在约定期限内前去签订买卖合同以及合同未能签订的原因的相关证据,以利于法院认定责任。

第四条　商品房基本情况

1.该商品房的规划用途为【住宅】【办公】【商业】【_____】。

2.该商品房所在建筑物的主体结构为_____,建筑总层数为_____层,其中地上_____层,地下_____层。

3.该商品房为第二条规定项目中的_____【幢】【座】【_____】_____单元_____层_____号。 房屋竣工后,如房号发生改变,不影响该商品房的特定位置。 该商品房的平面图见附件一。

4.该商品房的房产测绘机构为_____,资质证书号:_____,其预测建筑面积共_____平方米,其中套内建筑面积_____平方米,分摊共有建筑面积_____平方米。 该商品房共用部位见附件二。

该商品房层高为_____米,有_____个阳台,其中_____个阳台为封闭式,_____个阳台为非封闭式。 阳台是否封闭以城乡规划主管部门审定的建设工程设计方案为准。

5.该商品房的施工图设计文件审查机构为_____,施工图设计文件审查合格证书编号:_____,绿色建筑等级为【一星】【二星】【三星】【_____】。

6.有出售(或赠送、出租)车位、车库或者停车设施的,有关该物业买卖、赠予、租赁合同事项,双方另行约定于附件十一。

7.有出售(或赠送、出租)储藏室、绿地或其他物业的,有关该物业买卖、赠予、租赁合同事项,双方另行约定于附件十二。

【概要】

本条是关于买受人所购商品房的坐落、层数、用途、面积等情况的描述,是合同最重要的条款之一。

【说明】

(一)房屋的坐落

房屋的坐落是指该商品房在所开发小区中的确切位置,包括商品房所在幢(座)号、层数、门牌号。这些指标应与出卖人所提供的规划、设计图的标注一致。

为了能够形象、直观地描述商品房所在位置,买受人在签订商品房买卖合同时可以要求将房屋的小区平面图作为合同附件,用来明确小区各建筑物、公共设施之间的间距等相邻关系。合同所附的小区平面图上,应详细标明各幢楼的编号。如果平面图是按比例绘制的,应明示比例;如果不是按比例绘制的,应标明各幢楼之间的距离以及买受人所买商品房与主要公共设施之间的距离。

(二)商品房的户型与房屋平面图

买受人在购房时一般是根据家庭成员的性格、爱好等特点,来选择中意的商品房户型并与房地产开发企业订立购买此种户型的购房合同。但以前的实践中会出现这样的情况,即交房时得到的并非当时自己所挑选的户型,虽然套内使用面积没变,但原来正方形的客厅变成了长方形,长方形的卧室变成了正方形,与买受人当初选定的户型大相径庭,于是引起纠纷。因此,本示范文本要求将房屋的平面图作为合同的附件。

根据《商品房销售管理办法》第十九条的规定,按套(单元)计价的预售房屋,平面图应当标明详细尺寸,并约定误差范围。但对按面积计价的商品房,《商品房销售管理办法》没有做出类似的规定,出卖人一般也不愿意标注尺寸。在实践中,当买受人要求标注尺寸时,出卖人就称该平面图是按比例绘制的,无须标注尺寸;而当交付房屋时,所交付的房屋使用空间面积与平面图不一致,出卖人则推脱该平面图只是示意图,使买受人难以主张自己的权益。为避免在纠纷中陷入被动,有效维护自己的合法权益,买受人应当要求出卖人在房屋平面图上标注尺寸并注意五个问题:

(1)要注明所标注的尺寸是否包括墙体的厚度。就方便测量的角度而言,不包括墙体厚度更容易测量,但必须明确说明。

(2)尽量要求有较高的计量精确度。

(3)要标明门和窗的位置、尺寸、开关方向。

(4)要标明朝向。曾经有位购房户购买一套三室一厅的房屋,售楼人员介绍是两室朝南,一室朝北,但在合同中未明确房屋的朝向。结果房屋交付时,一室朝南,两室朝北,引发纠纷。因房屋平面图上没有标明朝向,购房户最后只能接受这套自己并不喜欢的房屋。

(5)室内分割墙、管道、柱子等。如有的业主在交房时发现,出现了多个管道,有的在客厅内增加了一个柱子,导致无法摆放沙发,有的在卧室内出现污水管等。

为了使合同内容更加明确,买受人还可以要求在房屋平面图上增加文字说明。具体内容可以包括以下几个方面:

①该商品房的户型为:_____室_____厅_____卫_____厨_____阳台_____(其他使用空间);

②平面图所示尺寸(不)包括墙体厚度,各使用空间的长、宽和面积如下:

……

③该商品房窗户的基本情况如下:

(   )号窗户距楼面_____厘米(毫米),高_____厘米(毫米),宽_____厘米(毫米);(   )号窗户距楼面_____厘米(毫米),高_____厘米(毫米),宽_____厘米(毫米); ……

在合同中对上述基本情况都有明确约定时,出卖人交付的商品房在户型、使用空间尺寸、朝向等方面不符合合同约定的,应当承担违约责任。由于现行法律没有就此类情况的违约责任做出规定,合同双方应当在合同中明确约定出卖人在这些方面的违约责任。

(三)商品房的用途

本条所说的商品房用途是指行政主管部门根据城市规划、土地用途核准的房屋应用范围,如住宅、写字楼、营业用房等。不同用途的商品房的价格、土地使用年限、物业管理费用、税负等都有区别。买受人应根据自己的需要选择不同用途的商品房,房屋交付后,按照规定的用途使用商品房,未经有关部门批准,不得擅自改变房屋用途。

买受人在订立合同前,应审查项目立项报告、国有建设用地使用权证(或国有建设用地使用权出让合同)、建设工程规划许可证、预售许可证等文件、证书,核对出卖人所售商品房的用途。如果同一个项目内,有多种不同用途的商品房,则应查明买受人所欲认购的商品房的确切用途。如果买受人购买营业用房准备用来从事餐饮、娱乐等影响周边环境的业务的,还应向出卖人了解环保部门在项目会审时是否已经允许。

近年来,在房地产市场上,还出现了一些新颖的称谓,如单身公寓、SOHO公寓、居家办公楼、商住两用楼等。冠以上述名称的房产,其实就是商住两用楼。在住宅市场持续旺销的背景下,商住两用楼艰难地挤入"准住宅"的队伍。

这种商住两用楼不同于传统意义上的商住楼(底部商业营业厅与高层住宅组成的建筑),而是既可居住又可以用来办公。

买受人在购买商住两用楼时,应当注意并考虑以下因素:

(1)土地使用年限。商住两用楼的用地一般为公建性质,最高土地使用年限为50

年。而住宅用地的土地使用年限为 70 年,且年限届满,自动续期。

(2)房屋分摊的共有建筑面积。商住两用楼的规划设计标准要比普通住宅高,如门厅面积比较大,楼梯、门厅的出入处按规定必须有两处,这无疑将增加分摊的共有建筑面积。

(3)税负。我国对住宅交易的契税实行优惠税率,一般要低于其他用途的商品房。购买商住两用楼时就无法享受优惠税率。

(4)按揭贷款额度及年限。目前住宅按揭贷款比例可达 70%,时间 30 年,但对商住两用楼一般比例只有 60%,时间 10 年。

(5)使用成本。商住两用楼的物业管理费、水电费一般要高于住宅。

(6)房屋的使用功能。一般情况下,商住两用楼没有单独的厨房。

(7)落户。商住两用楼不是住宅,一般情况下是不允许落户(迁户口)的。

(四)商品房的建筑结构、层高与建筑层数

(1)房屋建筑结构根据房屋的梁、柱、墙等主要承重构件的建筑材料划分类别,根据 2000 年 8 月 1 日实施的《房产测量规范》(GB/T17986—2000)的规定,房屋的建筑结构分为六大类:

①钢结构。承重的主要构件是用钢材料建造的,包括悬索结构。

②钢、钢筋混凝土结构。承重的主要构件是用钢、钢筋混凝土建造的。

③钢筋混凝土结构。承重的主要构件是用钢筋混凝土建造的,包括薄壳结构、大模板现浇结构及使用滑模、升板等建造的钢筋混凝土结构的建筑物。

④混合结构。承重的主要构件是用钢筋混凝土和砖木建造的,如一幢房屋的梁是用钢筋混凝土制成,以砖墙为承重墙,或者梁是用木材建造的,柱是用钢筋混凝土建造的。

⑤砖木结构。承重的主要构件是用砖、木材建造的。

⑥其他结构。如竹结构、窑洞等。

根据国务院办公厅于 1999 年 8 月 20 日转发建设部(现住房和城乡建设部)等八部委《关于推进住宅产业现代化提高住宅质量的若干意见》,住宅产业要加强新型结构技术的开发研究,在完善和提高以混凝土小型空心砌块和空心砖为主的新型砌体结构、异型柱框轻结构、内浇外砌结构和钢筋混凝土剪力墙结构技术的同时,积极开发和推广使用轻钢框架结构及其配套的装配式板材。要在总结已推行的大开间承重结构的基础上,研究、开发新型的大开间承重结构。

(2)层高是指上下两层楼面或楼面与地面之间的垂直距离。根据《房产测量规范》的规定,计入建筑面积的房屋层高应在 2.20 米以上(含 2.20 米)。

层高与楼层的净高是不同的概念。净高是指楼面或地面至上部楼板底面或吊顶底面之间的垂直距离,层高=净高+楼板厚度。买受人要求约定净高的,应当在合同中另行约定。

《住宅设计规范》规定普通住宅层高宜为2.80米;卧室、起居室(厅)的室内净高不应低于2.40米,局部净高不应低于2.10米,且其面积不应大于室内使用面积的1/3;利用坡屋顶内空间做卧室、起居室(厅)时,其1/2面积的室内净高不应低于2.10米;厨房、卫生间的室内净高不应低于2.20米;厨房、卫生间内排水横管下表面与楼面、地面净距不得低于1.90米,且不得影响门、窗扇开启。

(3)房屋层数是指房屋的自然层数,一般按室内地坪±0以上计算;采光窗在室外地坪以上的半地下室,其室内层高在2.20米以上的,计算自然层数。房屋总层数为房屋地上层数与地下层数之和。

假层、附层(夹层)、插层、阁楼(暗楼)、装饰性塔楼,以及突出屋面的楼梯间、水箱间不计层数。

所在层次是指本权属单元的房屋在该幢楼房中的第几层。地下层次以负数表示。

由于不同楼层的商品房价格是不一样的,出卖人如果在施工过程中擅自改变层数,可能会影响买受人的权益。为避免出现类似情况,买受人应当在签订合同时与出卖人约定,未经买受人同意,出卖人擅自改变建筑层数的,应承担相应的违约责任。

(4)如果买受人购买的是高层住宅,则应在合同中约定高层住宅的种类。根据《住宅设计规范》的规定,高层住宅分三类:

①单元式高层住宅是由多个住宅单元组合而成,每单元均设有楼梯、电梯的高层住宅;

②塔式高层住宅是以共用楼梯、电梯为核心布置多套住房的高层住宅;

③通廊式高层住宅是由共用楼梯、电梯通过内、外廊进入各套住房的高层住宅。

(五)商品房的阳台

商品房的阳台是否封闭与房屋面积的确定有直接关系。根据《房产测量规范》的规定,封闭式阳台的建筑面积按其外围水平投影面积计算,非封闭式阳台的建筑面积按其外围水平投影面积的一半计算。商品房买卖合同签订后,如果出卖人未经买受人同意擅自改变阳台封闭情况从而影响商品房面积的,买受人可以要求按设计变更约定处理。

(六)商品房的面积

商品房面积是商品房买卖中买受人最为关心的内容之一。实践中,因商品房面积约定不明确,引起损害买受人合法权益的纠纷经常发生。为保护自己的合法权益,买受人在签订购房合同前,应详细了解商品房面积的概念和有关规定。

1. 建筑面积

房屋建筑面积系房屋外墙(柱)勒脚以上各层的外围水平投影面积,包括阳台、挑廊、地下室、室外楼梯等,且具备上盖,结构牢固,层高 2.20 米以上(含 2.20 米)的永久性建筑。

(1)计算全部建筑面积的范围。

①永久性结构的单层房屋,按一层计算建筑面积;多层房屋按各层建筑面积的总和计算。

②房屋内的夹层、插层、技术层及其楼梯间、电梯间等其高度在 2.20 米以上部位计算建筑面积。

③穿过房屋的通道,房屋内的门厅、大厅,均按一层计算面积。门厅、大厅内的回廊部分,层高在 2.20 米以上的,按其水平投影面积计算。

④楼梯间、电梯(观光梯)井、提物井、垃圾道、管道井等均按房屋自然层计算面积。

⑤房屋天面上,属永久性建筑,层高 2.20 米以上的楼梯间、水箱间、电梯机房及斜面结构屋顶高度在 2.20 米以上的部位,按其外围水平投影面积计算。

⑥挑楼、全封闭的阳台按其外围水平投影面积计算。

⑦属永久性结构有上盖的室外楼梯,按各层水平投影面积计算。

⑧与房屋相连的有柱走廊,两房屋间有上盖和柱的走廊,均按其柱的外围水平投影面积计算。

⑨房屋间永久性的封闭的架空通廊,按外围水平投影面积计算。

⑩地下室、半地下室及其相应出入口,层高在 2.20 米以上的,按其外墙(不包括采光井、防潮层及保护墙)外围水平投影面积计算。

⑪有柱或有围护结构的门廊、门斗,按其柱或围护结构的外围水平投影面积计算。

⑫玻璃幕墙等作为房屋外墙的,按其外围水平投影面积计算。

⑬属永久性建筑有柱的车棚、货棚等按柱的外围水平投影面积计算。

⑭依坡地建筑的房屋,利用吊脚做架空层,有围护结构的,按其高度在 2.20 米以上部位的外围水平面积计算。

⑮有伸缩缝的房屋,若其与室内相通的,伸缩缝计算建筑面积。

(2)计算一半建筑面积的范围。

①与房屋相连有上盖无柱的走廊、檐廊,按其围护结构外围水平投影面积的一半计算。

②独立柱、单排柱的门廊、车棚、货棚等属永久性建筑的,按其上盖水平投影面积

的一半计算。

③未封闭的阳台、挑廊,按其围护结构外围水平投影面积的一半计算。

④无顶盖的室外楼梯按各层水平投影面积的一半计算。

⑤有顶盖不封闭的永久性的架空通廊,按外围水平投影面积的一半计算。

(3)不计算建筑面积的范围。

①层高小于2.20米的夹层、插层、技术层和层高小于2.20米的地下室和半地下室。

②突出房屋墙面的构件、配件、装饰柱、装饰性的玻璃幕墙、垛、勒脚、台阶、无柱雨篷等。

③房屋之间无上盖的架空通廊。

④房屋的天面、挑台,天面上的花园、泳池。

⑤建筑物内的操作平台、上料平台及利用建筑物的空间安置箱、罐的平台。

⑥骑楼、过街楼的底层用作道路街巷通行的部分。

⑦利用引桥、高架路、高架桥、路面作为顶盖建造的房屋。

⑧活动房屋、临时房屋、简易房屋。

⑨独立烟囱、亭、塔、罐、池及地下人防干、支线。

⑩与房屋室内不相通的房屋间伸缩缝。

商品房的建筑面积由套内建筑面积与分摊的共有建筑面积组成。

2.套内建筑面积

套内建筑面积是指套内使用面积与套内墙体面积以及套内阳台面积之和。

(1)套内使用面积是指客厅、卧室、厨房、卫生间等商品房各功能使用空间墙体内表面所围合的水平投影面积之和,是能够让买受人直接使用的面积。

(2)套内墙体面积是套内使用空间周围的维护或其他承重支撑体所占的面积,有共用墙和套内自有墙体两部分。商品房各套(单元)之间的分割墙、套(单元)与公用建筑空间之间的分割墙以及外墙(山墙)均为共用墙,共用墙墙体水平投影面积的一半计入套内墙体面积。套内自有墙体按水平投影面积全部计入套内墙体面积。

(3)套内阳台建筑面积。阳台建筑面积按《房产测量规范》的规定计算面积。

3.共有建筑面积

共有建筑面积是各产权人共同占有或共同使用的在功能上为整幢建筑服务的公共部位和公用房屋。共有建筑面积的产权由整幢建筑的产权人共同拥有,房地产开发企业无权随意处置,不得出售、出租、赠送等。

(1)共有建筑面积的组成。根据《房产测量规范》规定,共有建筑面积由以下两部分组成:一是电梯井、管道井、楼梯间、垃圾道、变电室、设备间、公共门厅、过道、地下室、值班警卫室以及其他功能上为整幢建筑服务的公共用房和管理用房的建筑面积；二是套(单元)与公共建筑空间之间的分隔墙以及外墙(包括山墙)墙体水平投影面积的一半。

独立使用的地下室、车棚、车库，为多幢建筑服务的警卫室，管理用房，作为人防工程的地下室都不计入共有建筑面积。

(2)共有建筑面积的分摊方法。共有建筑面积的分摊原则是，整幢房屋产权人共同所有的共有建筑面积，由整幢房屋产权人共同分摊，非整幢房屋产权人共同使用的共有建筑面积应由共同使用的产权人共同分摊。

①住宅楼共有建筑面积的分摊方法。住宅楼以幢为单位，须先计算出整幢建筑的共有建筑分摊系数(K 值)。它的计算方式为：

$$共有建筑面积分摊系数 K＝共有建筑面积÷套内建筑面积之和$$

然后根据分摊系数和套内建筑面积计算出每套商品房分摊的共有建筑面积：

$$商品房分摊的共有建筑面积＝套内建筑面积×分摊系数 K$$

②商住混合楼共有建筑面积的分摊方法。首先应根据住宅和商业的不同使用功能按各自的建筑面积将全幢建筑物的共有建筑面积分摊成住宅和商业两部分，即住宅部分分摊得到的全幢共有建筑面积和商业部分分摊得到的全幢共有建筑面积。然后住宅和商业部分将所得到的分摊面积再各自进行分摊。

住宅部分：将分摊得到的幢共有建筑面积，加上住宅部分本身的共有建筑面积，依照①中方法和公式，按各自的套内建筑面积分摊计算各套房屋的分摊面积。

商业部分：将分摊得到的幢共有建筑面积，加上商业部分本身的共有建筑面积，按各层套内的建筑面积依比例分摊至各层，作为各层共有建筑面积的一部分，加至各层的共有建筑面积中，得到各层总的共有建筑面积，然后根据层内各套房屋的套内建筑面积按比例分摊至各套，求出各套房屋分摊得到的共有建筑面积。

多功能综合楼共有建筑面积的分摊方法按照各自的功能，参照商住混合楼的分摊计算方法进行分摊。

(七)赠与条款

如果出卖人向买受人承诺赠与阁楼、车库等建筑的，双方可以补充约定赠与标的物的情况。对赠与条款的约定，当事人应当注意以下事项：

(1)出卖人对标的物是否有权处置。如果赠与的标的物已作为公共部位或公共用房计入共有建筑面积，则其产权属于全体买受人共同拥有，出卖人无权处置该标的物。

(2)赠与的标的物要明确。有的商品房买卖合同中有关赠与阁楼的条款只是简单地约定为"送阁楼"或"阁楼不计面积"，这样的约定是不明确的，容易引发纠纷。因为阁楼包括两部分,一是高度低于 2.20 米的部分,按有关规定,此部分阁楼不计入建筑面积,也不能办理产权证,出卖人不能以商品房名义出售这部分商品房,但可以赠与;二是高度达到或高于 2.20 米的部分,在房屋测量时应计入建筑面积,在产权登记时可以办理房屋产权证,出卖人对这部分阁楼可以赠与,也可以出售。因此,如果买卖双方约定赠与阁楼,应当在合同中明确约定所赠送阁楼的面积及高度等具体情况。如果买卖双方约定赠与车库的,同样也应当约定车库的情况。

(3)赠与合同最好经过公证,使赠与人不得撤销。根据《合同法》的相关规定,非公益性的赠与行为在赠与合同订立后,赠与物实际交付之前,赠与人可以行使撤销权。但是根据我国《合同法》第一百八十六条规定,经过公证的赠与合同,不得撤销。因此,为防止出卖人在赠与标的物交付之前撤销赠与,买受人可要求对含有赠与条款的商品房买卖合同或有关赠与的补充合同进行公证,以确保赠与物的合法、有效取得。

除了"买顶楼赠阁楼"以外,有些房地产开发企业在促销过程中还推出种种以赠送为主题的促销活动,其中往往会蕴藏着一定的风险。有人曾对房地产开发企业不同类型的"赠送"做过分析:花园的赠送侵犯他人权益,平台的赠送子虚乌有,捆绑式赠送系偷换概念,涉他性赠送暗藏风险,配套型赠送本来就有,无效赠送注定无法履行,税费赠送难以确保。因此,对于各种各样的赠送,购房人要保持清醒头脑,仔细辨别,不可轻易相信。

【注意事项】

(1)有关所购商品房基本情况的描述应当是确定的、唯一的,不能使用"左右""大概"等模棱两可的词汇;若用文字难以描述的,可以附图或附照说明,但在图纸或照片上也应标明有关数字。

(2)若出卖人在销售商品房时设置样板房,应将样板房的基本情况(包括文字说明和照片)作为合同附件。房地产经营者预售全装修商品房的,应当提供交付样板房。交付样板房的保留时间,自全装修商品房交付消费者之日起不少于 6 个月,或者自建设项目竣工验收合格之日起不少于 2 年。全装修商品房的展示样板房、模型、展示板以及广告对于合同订立有重大影响的,应当作为房屋装修质量的交付标准。

(3)有关公共部位与公用房屋分摊建筑面积的构成说明应翔实、全面,其内容包括部位名称及面积,公用房屋的名称、坐落、用途及面积等。

◎ **案例一** 　喜欢游泳的王先生,看中了一个带有游泳池的楼盘,而且特意在靠近游泳池的第 16 幢楼中选择了一套房屋。虽然第 16 幢楼的均价是整个小区最高的,但王先生还是觉得物有所值。签订商品房买卖合同后,王先生依约支付了购房款。1 年后,房地产开发企业通知王先生入住。王先生到小区一看,第16幢楼并不在游泳池附近。王先生要求房地产开发企业交付游泳池旁的房屋，而房地产开发企业只同意按合同约定交付第16幢楼中相应的房屋。因王先生与房地产开发企业在签订商品房买卖合同时没有附小区平面图，现有材料表明王先生的主张无根无据，而房地产开发企业"按约"交房理由充分。王先生最后只好"按约"入住了远离游泳池的第16幢楼，叹息不已。

案例提示：买受人所选定的房屋，应当通过小区平面图和其他示意图加以说明、明确。关于商品房的编号，同样的问题还会出现在单元、楼层、房号中。如果王先生签订合同时，将小区平面图作为合同附件，就不会出现这样的遗憾了。

◎ 案例二　　　2000年8月，李先生在某房地产开发企业处购买了位于顶楼的一套商品房，面积为130平方米，价格为每平方米4000元。在签订合同时，双方在补充条款中约定"买顶楼送阁楼"。2001年4月，房屋竣工，测绘部门通过测绘，李先生所购商品房上的阁楼，其中有40平方米层高超过2.20米。于是，房地产开发企业要求李先生按照170平方米的面积支付房价款，在交房之前补交房价款16万元，理由是：合同约定的"买顶楼送阁楼"中的阁楼是指层高低于2.20米的部分，而层高超过2.20米的部分可以进行产权登记，不属于赠送范围。双方引起纠纷。后经过调解，李先生向房地产开发企业支付了4万元，算是对房地产开发企业多投入材料的补偿。

案例提示：由于合同约定的内容不明确，买卖双方在合同履行时容易引发纠纷。本案中，根据双方在签订合同时所谈的内容及一般的商业惯例，房地产开发企业所赠的标的物应是整个阁楼。但由于合同双方对所赠标的物约定不明，房地产开发企业要求对阁楼可登记产权部分支付房价款似乎也合乎情理。因此，买受人在签订合同时应对合同内容做出明确约定，只要内容不相互矛盾，宁可重复，也不要使用简化的词语。

第五条　抵押情况

与该商品房有关的抵押情况为【抵押】【未抵押】。

抵押类型：＿＿＿＿＿＿＿＿＿＿＿＿＿，**抵押人：**＿＿＿＿＿＿＿＿＿＿＿＿＿＿，

抵押权人：＿＿＿＿＿＿＿＿＿＿＿＿，**抵押登记机构：**＿＿＿＿＿＿＿＿＿＿＿，

抵押登记日期：＿＿＿＿＿＿＿＿＿，**债务履行期限：**＿＿＿＿＿＿＿＿＿＿＿。

抵押类型：＿＿＿＿＿＿＿＿＿＿＿＿＿，**抵押人：**＿＿＿＿＿＿＿＿＿＿＿＿＿＿，

抵押权人：_____，抵押登记机构：_____，

抵押登记日期：_____，债务履行期限：_____。

抵押权人同意该商品房转让的证明及关于抵押的相关约定见附件三。

【概要】

本条系就待出售商品房相关他项权利进行告知的内容,合同签订时已存在的与该商品房相关的他项权情况应在本条中进行明确。

【说明】

所有权转让合同中,应对转让对象已存在的他项权利情况进行全面告知。在诚信交易层面上,出卖人有义务对出售对象进行全面而充分的说明,特别是对买受人权利或者出售对象功能实现有现实或者潜在影响的情况进行告知,以便买受人能够最大限度地了解交易时的现状,进而决定是否进行交易及如何进行交易。商品房买卖中,与房屋相关的他项权利是否存在是当事人是否进行交易的重要考量因素之一,因为一般来说他项权利享有优先权,如果交易对象尚存在第三人的优先权,这无疑增加了买受人的风险,所以在同等条件下,买受人肯定会选择具有完整权属(不存在他项权利)的商品房进行交易。在法律层面上,他项权利的告知还有着较好地保证交易顺利进行的特殊意义。《物权法》第一百九十一条第二款规定:"抵押期间,抵押人未经抵押权人同意,不得转让抵押财产,但受让人代为清偿债务消灭抵押权的除外。"即原则上未经抵押权人同意,是不得转让抵押财产的,如果出让人违反物权法第一百九十一条的规定未经抵押权人同意转让抵押物的,可能导致买受人无法按照买卖合同约定取得受让物。尽管未经抵押权人同意不影响抵押物转让合同的效力,但基于抵押权对世效力,特别是在经过登记的抵押权中,抵押物受让人是无善意取得可能性的,因为买受人可能最终无法按买卖合同约定取得抵押物。所以在合同中要求对交易对象的他项权利进行告知,并要求对他项权利人同意转让的情况一并说明,也提醒买受人全面核实他项权利及他项权利人同意转让的事实,以保证能够按照买卖合同约定完成交易。

本条作为一个专门的合同条款,对商品房相关的他项权利进行明确,要求出卖人将商品房相关的他项权利进行全面告知,包括三个层次的内容。第一层次,从定性上要求对商品房相关的抵押是否存在进行明确,是否存在以签订商品房买卖合同的时间点为标准。第二层次,存在相关抵押权的前提,要求从定量上对具体的抵押情况进行明确,包括六项内容:(1)抵押类型,即设定抵押权的具体类型。根据抵押物标准,有商品房所在国有建设用地使用权的抵押及在建工程抵押两种,前者即用商品房所在的国有建设用地使用权作为抵押物,后者以商品房所在地的国有建设用地使用权连同在建工程的投入资产作为抵押物;根据抵押权数额确定规则标准,可以分为普通抵押与最高额抵押,前者抵押权数额是具体确定的,后者是为抵押权数额设定一个最

高额度,抵押权实际数额以在最高额度范围内实际发生的主债权为准。(2)抵押人,即抵押物的所有人,在商品房预售合同中,与商品房有关抵押中的抵押人一般为房地产开发企业,在具体楼盘项目中以实际登记部门为准。(3)抵押权人,即被担保债权的债权人,也即抵押合同中的抵押权人。(4)抵押登记机构,即抵押权登记的具体部门,一般来说为商品房所在地不动产登记中心。(5)抵押登记的日期:即具体办妥抵押登记的时间。(6)债务履行期限,即抵押物所担保债务的履行期限,该时间来源于担保合同主债务履行时间的具体约定。需要注意的是履行商品房买卖合同最终需要为买受人办理不动产权证,而不动产权证办理时需要先行注销商品房相关的抵押权,所以这里债务履行期限肯定是要早于本合同第二十一条约定的不动产权证的办理时间。针对这六点内容,本条内容还要求将与抵押相关的具体约定在合同附件三中进行具体附注。第三层次,系针对物权法第一百九十一条约定的具体落实,要求出让人提供抵押权人同意商品房转让的具体证明,这一证明至少应包括抵押权人明确同意出让人对商品房所有权进行处分的基本内容。

【注意事项】

(1)出让人应如实告知与商品房有关的抵押情况,如果出让人未进行告知,将导致严重的法律后果。法释〔2003〕7号《解释》第九条规定:"出卖人订立商品房买卖合同时,具有下列情形之一,导致合同无效或者被撤销、解除的,买受人可以请求返还已付购房款及利息,赔偿损失,并可以请求出卖人承担不超过已付购房款一倍的赔偿责任:①故意隐瞒没有取得商品房预售许可证明的事实或者提供虚假商品房预售许可证明;②故意隐瞒所售房屋已经抵押的事实;③故意隐瞒所售房屋已经出卖给第三人或者为拆迁补偿安置房屋的事实。"在合同上有专门抵押情况告知的前提下,如果出让人未告知,在很大程度上可以推定为隐瞒,如果因为抵押权导致买受人无法取得商品房,出让人将要承担已支付房价一倍的赔偿责任。

(2)准确全面地告知与商品房有关的抵押情况,针对该条列明抵押权的六项内容,严格按照抵押合同及登记情况,准确地在本条填上相应的内容;如果存在两个以上的抵押权情况,需要将全部抵押权不遗漏地进行告知。如果存在虚假告知、含糊不清告知或者不全面的告知,也很容易被定性为隐瞒。

(3)取得抵押权人同意商品房转让的证明与抵押基本情况一并放入合同附件中,保持附件中内容与本条抵押权情况内容一致。

第六条 房屋权利状况承诺

1.出卖人对该商品房享有合法权利;

2.该商品房没有出售给除本合同买受人以外的其他人;

3.该商品房没有司法查封或其他限制转让的情况；

4.＿＿＿；

5.＿＿＿。

如该商品房权利状况与上述情况不符，导致本合同不能在房产管理部门办理合同备案、房屋交易确认以及不能在不动产登记部门办理不动产登记的，买受人有权解除合同。 买受人解除合同的，应当书面通知出卖人。 出卖人应当自解除合同通知送达之日起 15 日内退还买受人已付全部房款(含已付贷款部分)，并自买受人付款之日起，按照＿＿＿＿＿＿%(不低于中国人民银行公布的同期贷款基准利率)计算给付利息。 给买受人造成损失的，由出卖人支付【已付房价款一倍】【买受人全部损失】的赔偿金。

【概要】

本条是出卖人关于所售商品房权利的担保,主要是为了防止一房数售纠纷和抵押、查封等权利限制纠纷。

【说明】

(一)一房数售纠纷

一房数售是指房地产开发企业将同一商品房重复销售的行为。

怎样认定因一房数售而产生的数个买卖合同的效力? 对于这个问题,各国立法并不一致。根据我国《合同法》第一百三十三条规定,标的物的所有权自标的物交付时起转移,但法律另有规定的除外。另据《城市房地产管理法》第六十一条规定,房屋所有权的转移、变更应当办理登记。依此规定,房屋的所有权转移以登记为准。当出卖人与买受人订立商品房买卖合同后,如未办理登记手续,房屋的所有权不发生转移。此时,作为标的物房屋所有权人的出卖人就同一房屋与其他人另行订立的买卖合同均为有效合同。

在一房数售行为中,虽然数个合同均有效,但只有一个买受人能取得房屋的所有权。根据我国现行法律,先办理产权登记手续的买受人将取得房屋的所有权,但出卖人与取得标的物所有权的买受人恶意串通的除外。根据法释〔2003〕7 号《解释》第十条的规定,买受人如发现出卖人与第三人恶意串通,另行订立商品房买卖合同并将房屋交付使用,导致其无法取得房屋的,可以请求人民法院确认出卖人与第三人订立的商品房买卖合同无效;如果在办理产权登记以前,数个买受人同时向人民法院起诉的,人民法院应将房屋判决给先行订立买卖合同的买受人。

当然在《物权法》施行以后,买受人可以通过在合同中约定申请预告登记来有效防范一房数售带来的风险。目前商品房买卖合同实行网签备案办法,这也极其有效地防范了一房二卖、一房数售带来的风险。

(二)抵押权纠纷

房地产开发行业是高投入、高风险行业。为提高资本回报率,降低经营风险,房地产开发企业往往通过由施工单位垫资、预收购房者的购房款以及向金融机构抵押贷款等途径筹集开发资金,实行负债经营。在市场需求大于供给时,这种经营风险往往被旺盛的市场需求所掩盖;但一旦市场需求疲软,商品房价格下滑,一些负债率高、抗风险能力较弱的房地产开发企业就会受到冲击,陷入债务危机,甚至破产。陷入债务危机的房地产开发企业如果之前已将商品房或在建工程、国有建设用地使用权抵押给了债权人,则该在建工程或商品房作为抵押物折价或拍卖、变卖所得的价款应优先偿还给抵押权人,该商品房的买受人就很有可能既得不到所购房屋,也拿不回已付购房款。因此,买受人在签订商品房买卖合同前,应首先了解所购商品房或在建工程、国有建设用地使用权是否已设定了抵押。

(1)房地产抵押的定义。

房地产抵押是指抵押人以其合法的房地产以不转移占有的方式向抵押权人提供债务履行担保的行为。债务人不履行债务时,债权人有权依法以抵押的房地产折价或拍卖、变卖所得的价款优先受偿。

在建工程抵押,是指抵押人为取得在建工程继续建造资金的贷款,以其合法方式取得的国有建设用地使用权连同在建工程的投入资产,以不转移占有的方式抵押给贷款银行作为偿还贷款履行担保的行为。在建工程的抵押人是房地产开发企业,抵押权人是贷款银行。

(2)房地产抵押的特点。

房地产抵押与其他财产的抵押相比,有以下特点:

①以房屋所有权或以在建工程抵押的,该房屋或在建工程占有范围内的国有建设用地使用权必须随之抵押。

②房地产抵押实行登记制度,房地产抵押权自抵押登记之日起设立,未经登记的房地产抵押不发生法律效力。

③房地产行政主管机关应在房地产权属证书上记载房地产的抵押状况,同时向抵押权人颁发他项权证。以预售商品房或者在建工程抵押的,抵押的房地产在抵押期间竣工的,在抵押人领取房地产权属证书后,应重新办理房地产抵押登记。

(3)房地产抵押对买受人的影响。

①合同无效,买受人购房目的无法实现。《中华人民共和国担保法》(以下简称《担保法》)第四十九条规定:抵押期间,抵押人转让已办理登记的抵押物的,应当通知抵押权人并告知受让人转让物已经抵押的情况;抵押人未通知抵押权人或者未告知受让人的,转让行为无效。《城市房地产抵押管理办法》第三十七条第二款、第四十九

条规定:经抵押权人同意,抵押房地产可以转让或者出租。抵押人擅自以出售、出租、交换、赠与或者其他方式处分抵押房地产的,其行为无效。根据以上规定,房地产抵押后,虽然抵押人仍可以行使该房地产的占有、使用权,但抵押人转让抵押房地产的,应当通知抵押权人并征得抵押权人同意。抵押人未通知抵押权人或者未告知买受人的,转让行为无效,买受人的合同目的无法实现。为保护善意买受人合同权益,《物权法》第一百九十一条第二款赋予了善意买受人涤除抵押的选择权,根据物权法该条款规定,抵押期间,抵押人未经抵押权人同意,不得转让抵押财产,但受让人代为清偿债务消灭抵押权的除外。在此情形下,买受人根据自身权益需要,可以选择代为清偿抵押人债务以消灭转让限制,或者选择放弃合同交易向有过错的转让方主张损害赔偿。

②拿不到房,且买受人已付的购房款可能也无法追回。《担保法》第五十三条规定,债务履行期届满抵押权人未受清偿的,可以与抵押人协议以抵押物折价或者以拍卖、变卖该抵押物所得的价款优先受偿;协议不成的,抵押权人可以向人民法院提起诉讼。根据以上规定,当抵押人经营不善或者其他原因不能按期履行还款义务,或抵押人破产的,抵押物将被折价处理或者拍卖、变卖,处置抵押物所得款项,优先偿还给抵押权人。在这种情况下,出卖人往往已经丧失了偿债能力,买受人支付给出卖人的购房款也很难全部收回。值得注意的是,人民法院在审理房地产纠纷案件和办理执行案件时,为保护购买自用商品住宅的普通消费者合法权益,赋予了消费者一项特定优先权,即消费者交付购买商品房的全部或者大部分款项后,其对该商品房的权利将可以对抗在此商品房上的其他法定优先权或者抵押权。

③买受人申请住房贷款受到限制,甚至无法申请。《担保法》第三十五条规定,抵押人所担保的债权不得超出其抵押物的价值。财产抵押后,该财产的价值大于所担保债权的余额部分,可以再次抵押,但不得超出其余额部分。根据以上规定,出卖人已将出售的商品房抵押的,买受人仅可以对该抵押商品房的价值大于所担保债权的余额部分再次抵押。这样,买受人申请住房贷款的数额受到了限制甚至无法得到贷款。目前,房地产开发项目商品房预售房款进监管账户专款专用,它是房地产开发企业支付承包人工程款、归还金融机构开发贷款的主要资金来源,因此在征得贷款抵押权人同意预售商品房后,买受人应向开发企业指定金融机构申请按揭贷款,贷款资金进入监管账户,以此来确保买受人贷款申请可以不受房地产抵押影响,同时也可以确保资金安全地用于规定用途,而不被恶意挪用。

(三)假按揭

假按揭是指房地产开发企业将本单位的员工或员工的亲戚、朋友作为购房者,与自己签订商品房买卖合同,并通过按揭套取银行贷款的行为。假按揭既是房地产抵押行为,又是一房数售行为,严重损害购房者、贷款银行和施工承包单位的合法权益。

假按揭的操作程序是：当楼盘滞销又急需回笼资金时，房地产开发企业动员本单位的员工以及员工的亲戚、朋友充当购房者购买本单位开发的商品房，签订合同之后，房地产开发企业就替"购房者"支付首期购房款，然后以"购房者"的名义向银行申请按揭贷款。为尽量多地套取贷款，房地产开发企业与"购房者"签订合同时往往将房价定得很高。对于这样精心设计的骗局，银行一般也很难识破。当有真正的购房者要购买这套房屋时，房地产开发企业就提前向银行还贷，注销抵押之后再出售给购房者。如果楼盘持续滞销，房地产开发企业资金周转困难，就会出现真正的购房者付了款但房地产开发企业无力提前还贷注销抵押的情况。这时，真正的购房者就可能"财房两空"，即使侥幸入住，但房屋的产权证是他人的且已经抵押给银行，一旦房地产开发企业停止还贷，银行就可以通过拍卖程序处置该房屋。

（四）出卖人违反本条约定时所应承担的惩罚性赔偿责任

商品房的产权纠纷和债权债务纠纷主要是一房数售纠纷和抵押权纠纷。对于一房数售以及因抵押权纠纷损害或者可能损害买受人利益的，出卖人可能会面临惩罚性赔偿责任。

惩罚性赔偿责任是指赔偿数额超过实际的损失数额的赔偿，是对于实际损失的一种"附加"赔偿。其目的是补偿原告所遭受的、法院所认定的、由被告的违法行为所造成的损害。其功能不仅表现为填补受害人的损失，而且主要在于惩罚和制裁严重过错行为，它虽然是以实际损害的发生为适用前提，但不以实际损害为适用的主要条件，而是主要考虑加害人的主观过错程度、动机、赔偿能力等多种因素。因此，惩罚性赔偿以其所具有的赔偿损失、制裁和遏制不法行为等多种功能，被世界大多数国家的立法和判例采纳。我国则在《消费者权益保护法》第五十五条中确立了惩罚性赔偿制度，并在《合同法》第一百一十三条中再次重申了该项制度。

近年来，商品房买卖合同纠纷中能否适用惩罚性赔偿，一直是学术界和法律实务界争论的焦点之一，也是社会公众关注的一个热点。法释〔2003〕7号《解释》第八条、第九条对此做了明确规定，即在商品房买卖过程中因出卖人恶意违约和欺诈，致使买受人无法取得房屋的，有五种情形可以适用惩罚性赔偿责任：一是商品房买卖合同订立后，出卖人未告知买受人又将该房屋抵押给第三人；二是商品房买卖合同订立后，出卖人又将该房屋出卖给第三人；三是订立合同时，出卖人故意隐瞒没有取得《商品房预售许可证》的事实或者提供虚假《商品房预售许可证》；四是在订立合同时，出卖人故意隐瞒所售房屋已经抵押的事实；五是订立合同时，出卖人故意隐瞒所售房屋已经出卖给第三人或者为拆迁补偿安置房屋的事实。由此五种情形导致商品房买卖合同被确认无效或者被撤销、解除时，买受人除可请求出卖人返还已付购房款及利息、赔偿损失外，还可以请求出卖人承担不超过已付购房款一倍的赔偿责任。

法释〔2003〕7号《解释》的上述规定与《消费者权益保护法》第五十五条的规定虽然都是有关惩罚性赔偿的规定,但两者之间存在以下不同之处:

(1)保护对象。《消费者权益保护法》保护的是为生活需要购买、使用商品或者接受服务的消费者;而法释〔2003〕7号《解释》并未将买受人限制为消费者。因此,我们可以理解为所有买受人均可以主张该权利。

(2)适用条件。《消费者权益保护法》第五十五条规定,经营者提供商品或者服务有欺诈行为的,应适用惩罚性赔偿责任;而法释〔2003〕7号《解释》的第八条、第九条规定惩罚性赔偿责任限制在出卖人恶意欺诈的五种情形,其他诸如广告欺诈等均不适用惩罚性赔偿。

(3)增加赔偿的标准。《消费者权益保护法》第五十五条规定的增加赔偿的标准为消费者购买商品的价款或者接受服务的费用的三倍;而法释〔2003〕7号《解释》的第八条、第九条规定的增加赔偿的金额不超过已付购房款的一倍。

法释〔2003〕7号《解释》的第八条、第九条规定的五种惩罚性赔偿情形,其中四种均由于一房数卖或抵押而引起,足以看出一房数卖、所售房屋抵押对买受人所造成或者可能造成损害的程度。这些规定的实施将有效制裁和遏制欺诈、恶意违约等摒弃诚实信用原则,严重损害市场交易安全的行为,维护守约方的合法权益,促进社会诚信制度的确立。

【注意事项】

(1)买受人在签约前应对所购商品房是否设定抵押或已经出售等情况进行审查。房地产(包括现房和在建工程)的抵押情况在房地产行政主管部门均有登记,具体的登记部门由各地政府规定。买受人也可以通过审查出卖人持有的产权证(包括房产证和国有建设用地使用权证)了解该商品房或在建工程是否抵押,若房产已抵押的,在产权证上一般应予以记载。买受人购买已经抵押的商品房一定要慎重。对于买受人所购商品房是否已经售出,也可以到房地产行政管理部门预售商品房的登记备案部门(预售房)或产权登记部门(现房)进行了解。

(2)合同示范文本虽然约定商品房权利状况与出卖人承诺不符造成买受人购房目的无法实现,买受人可以解除合同,但在合同不解除的情形下没有约定具体的违约责任,买卖双方可以协商确定违约责任的承担方式。

(3)如果买受人决定购买出卖人已经设置抵押的商品房,出卖人应当提供抵押权人出具的同意出售证明。买受人为避免风险,还可以要求出卖人提供担保,担保的方式可以是保证(保证人应为金融机构、担保公司或信誉良好的知名企业),也可以是抵押、质押。

◎ **案 例 一** 1997年7月,某房地产开发公司与某银行签订了贷款合同和抵押担保合同。开发公司将其开发项目的国有建设用地使用权及其地上所有建筑物和构筑物一并抵押给银行,并在房地产管理部门办理了抵押登记,在公证处办理了"具有强制执行效力的债权文书"的公证,银行向该开发公司发放了贷款。1998年1月,开发公司与某实业公司签订了商品房预售合同,将其开发的商品房C座预售给实业公司。1999年3月,因开发公司不能履行到期债务,银行诉至法院,要求强制执行抵押物。实业公司知道此事后向法院提出"案外人执行异议"。法院经审理认为,因开发公司在预售商品房时,没有通知抵押权人,违反了《担保法》的规定,因此开发公司与实业公司所签订的预售合同无效,裁定实业公司的异议不能成立。

案例提示:买受人在购买商品房时必须对所购商品房有否抵押进行审查,若出卖人已经抵押而买受人又愿意购买的,在签订合同前应征得抵押权人的同意。买受人应要求出卖人提供抵押权人同意转让的证明文件。

◎ **案 例 二** 2002年5月8日,朱先生与某房地产开发公司签订了商品房买卖合同,合同约定开发公司将其开发的某公寓中单元304室的商品房出售给朱先生,该商品房的建筑面积为138.13平方米,单价为每平方米1380元。另外,朱先生还以每平方米850元的单价购买了车库一间,房屋及车库的总价款为206065元。合同签订后,朱先生依约支付了一、二期购房款195000元。6月3日,开发公司通知朱先生办理入住手续。朱先生接到通知后立即赶到开发公司付清了剩余购房款11065元及其他费用2600元。2002年7月中旬,卜先生路过该公寓时发现了朱先生家安装的空调,就找到朱先生,并声称他是该套房屋的真正主人。卜先生的出现,使朱先生陷入了一场法律纠纷。原来,早在2000年8月20日,开发公司已经将该公寓中单元304室房屋以每平方米900元的单价出售给了卜先生,合同约定购房款在房屋竣工验收合格后一次性付清。卜先生一家等了2年的房屋竟被开发公司另行出售并交付给他人了,这一事实也令卜先生无法接受。在与开发公司协商未果的情况下,卜先生将开发公司告上了法院。经两级法院开庭审理,法院最终判令开发公司继续履行与卜先生签订的商品房买卖合同,将该公寓中单元304室商品房交付给卜先生,卜先生在领取钥匙后一次性付清全部购房款。

购房无着,觉得被骗的朱先生于是在2002年11月8日向人民法院提起诉讼,请求法院判令开发公司返还购房款206065元和其他费用2600元,赔偿损失

206065 元。2002 年 12 月 3 日,法院开庭审理了朱先生与开发公司的房屋买卖合同纠纷一案。法院经审理后认为,开发公司在与朱先生签订商品房买卖合同前已经将该商品房出售给其他购房者,朱先生与开发公司签订的合同已无法履行,开发公司的行为属于欺诈行为,根据《消费者权益保护法》的规定,判令被告开发公司返还原告朱某购房款 206065 元,其他费用 2600 元,赔偿损失 206065 元。

案例提示:一房数卖的几个买受人均没有办理产权登记的,法院会将房屋判决给先行签订买卖合同的买受人,其余买受人有权请求解除合同,并要求开发公司承担惩罚性赔偿责任。开发公司在销售过程中应加强合同管理,防止多头销售,以避免类似纠纷的发生。

另外,朱先生如果在签订购房合同后督促房地产开发公司立即将购房合同送到房产行政主管部门备案,也许早就发现问题,不会扩大损失。因此,买受人与出卖人签订商品房预售合同后,应立即按照《城市商品房预售管理办法》的规定办理备案登记手续;买受人与出卖人签订现房销售合同后,应立即办理产权登记手续。

◎ **案 例 三**　2001 年 3 月 15 日,李女士购买了当地一家开发公司的一套住房,总价 65780 元。李女士交付了 54800 元房款,打了 10980 元的欠条,开发公司出具了 65780 元的财务手续。李女士入住后不久,发现房子多处裂开,便协商退房。随后,李女士又获悉,这套住房是房地产开发企业在 1999 年底未经规划部门批准擅自建设的,而且整栋楼房的房产证又被抵押给了银行。李女士此前对这些毫不知情。2001 年 11 月 8 日,李女士以欺诈销售商品房为由将这家公司告上法庭,要求依据《消费者权益保护法》双倍赔偿。2002 年 12 月,经人民法院一审、二审、再审,判决认定这家开发公司对李女士构成欺诈行为,判决李女士获得双倍赔偿,即由开发公司退还李女士 54800 元之后,再另外赔偿李女士同等数额的赔偿款。

案例提示:若所售房屋已设定抵押的,开发公司应当告知买受人。否则,可以认定开发公司故意隐瞒了抵押事实,开发公司有可能面临惩罚性赔偿责任。

第七条　计价方式与价款

(一)出卖人与买受人按照下列第_____种方式计算该商品房价款:

1.按照套内建筑面积计算,该商品房单价为每平方米_____(币种)_____元,总价款为_____(币种)_____元(大写_____)。

2.按照建筑面积计算，该商品房单价为每平方米_____（币种）_____元，总价款为_____（币种）_____元（大写_____）。

3.按照套计算，该商品房总价款为_____（币种）_____元（大写_____）。

4.按照_____计算，该商品房总价款为_____（币种）_____元（大写_____）。

（二）出卖人与买受人按照下列第_____种方式说明商品房价款内容。

1.总价形式。 总价款为_____（币种）_____元（大写_____）。

2.分价形式。 总价款为_____（币种）_____元（大写_____），其中装修部分价款为_____（币种）_____元（大写_____）。

【概要】

本条是买卖双方就商品房计价方式、单价、总房价款以及房价款内容的约定。

【说明】

（一）计价方式

1.按建筑面积计价与按套内建筑面积计价的比较

根据《商品房销售管理办法》第十八条的规定，商品房销售可以按套（单元）计价，也可以按套内建筑面积或者建筑面积计价。

关于以套内建筑面积计价合理还是以建筑面积计价合理，目前业内尚有争论。但按建筑面积计价已产生了大量的纠纷，损害了买受人的合法权益。主要表现为：一是建筑面积不变，而分摊的共有建筑面积增加，套内建筑面积缩小，买受人支付了相同的房价款却没有得到应得的使用面积；二是套内建筑面积虽然没有变化，但分摊的公共部位与公用房屋的面积增加了，买受人在可以使用的面积没有增加的条件下增加了负担；三是建筑面积增加，但套内建筑面积缩小，买受人受到的损失更大。因此，买受人多赞成以套内建筑面积计价。据南方某市房地产行政主管部门网上调查，89％的受调查对象赞成实行按套内建筑面积计价。按套内建筑面积计价，对出卖人而言，就不必向买受人说明共有建筑面积的组成情况，减少了投诉，避免买受人的误会；对买受人而言，在购房时就能明确自己单独拥有的建筑面积，有效地堵住了出卖人利用公摊面积欺骗买受人的漏洞。

但按套内建筑面积计价，也有一定的弊端。一是买受人习惯了以建筑面积计价的方式来衡量商品房价格，如果实行以套内建筑面积计价，会给人房价迅猛上涨的感觉。这也是出卖人不愿意以套内建筑面积计价的原因之一；二是会使房地产开发企业更加注重扩大套内建筑面积,在利润最大化的驱使下,尽量缩小共有分摊面积,影响房屋的使用功能和外观形象;三是出卖人可能会在计算房价时将公用部分房屋成本摊入房价,但办理产权证时减少买受人分摊的共有面积,将公用部分的房屋单独登记产权,然后出售或出租,使买受人的产权登记面积缩水。

按套内建筑面积计价还是按建筑面积计价只是一种计价的形式,关键在于制约机制是否健全。只要形成有效的政府监督机制和合同制约机制,增加透明度,不论采用何种形式计价都能保护买受人和出卖人的利益。目前上海实行将套内建筑面积和共有分摊部分建筑面积"分而治之、双管齐下"的做法,在实际应用中已经被证实是十分有效的,这样的办法为解决商品房在销售过程中的面积纠纷问题提供了行之有效的依据。虽然也有一些房地产开发企业在共有分摊面积上做手脚,但《上海市房地产转让办法》和《关于规范商品房销售行为若干问题的通知》等规定为购房者提供了维护权益的明确支持。在房地产市场还不十分成熟的时期,买受人应当充分利用合同制约机制来维护自己的合法权益。

2. 按套计价

在计价方式的争议中,还有一些专家认为按套计价比较科学。其主要理由是:房子是供人居住的空间,其使用价值取决于房屋的功能,其价值取决于区位、质量、数量、设施、环境等诸多因素,古今中外,都是以栋、所、套、间为计量计价单位,很少有按平方米计价的。

但目前,按套计价的方式并不十分普遍,主要适用于难以计算面积及目前测量规范未明确计算方式的特殊户型。按套计价时,房价款与商品房的面积没有直接关系,面积主要体现在买受人在房屋产权关系中的权益。买受人在选择按套计价时要注意以下问题:

(1)按套计价是以套为单位销售商品房,与按建筑面积计价或按套内建筑面积计价相比,只是调整了计价方式,并不能因计价方式的调整而对合同的其他条款进行简化处理。

(2)按套计价销售现房时,应在合同中约定现房的产权登记面积。实践中有的房地产开发企业开发的商品房没有按批准的规划建造,致使部分房屋的产权证无法办理,房地产开发企业就利用按套计价的方式来逃避合同制约。

(3)以按套计价方式预售商品房时,合同双方也应在合同中约定房屋的平面图以及各部分的面积(即套内使用面积、分摊的共有建筑面积等),并约定面积与合同不一致时的处理方式。

3. 按使用面积计价

相比按建筑面积计价和按套内建筑面积计价,买受人更能够接受按套内使用面积计价。为什么有关法律及本示范文本没有规定按套内使用面积计价呢?主要原因是：

(1)按使用面积计价可能会影响商品房的使用安全。套内建筑面积与套内使用面积的差别在于是否包含套内墙体面积和阳台面积。如果按使用面积计价,开发企业就可能会想方设法地减少墙体厚度和阳台的面积,减少墙体厚度就会影响商品房的使用安全和使用寿命,减少阳台面积则会影响商品房的外观和使用功能。而如果按套内建筑面积计价,只有当墙体厚度或阳台面积增加的时候,才会在套内建筑面积不变的前提下,缩小套内使用面积。没有一家房地产开发企业会愿意采用这种既增加成本又不利于购房人的"双亏"做法。

(2)按使用面积计价测绘难度较大。使用面积的丈量必须在室内装修之前,装修后的商品房使用面积就无法测量。随着住房消费者消费水平的提高,精装修的商品房比例会越来越高,使用面积测量的难度就很大,在这方面出现纠纷也较难处理。

另外,国际上通行的做法也是采用相当于我国按套或按套内建筑面积计价的方式,很少有国家和地区以使用面积作为计价方式的。

鉴于上述原因,我国现在没有规定以使用面积作为计价方式。一些地区曾经实施过以使用面积作为计价方式的制度,后因种种原因,相继放弃。

(二)价格的确定

商品房买卖因其标的物的特殊性,在较长一段时间内,一直实行政府指导价。但随着社会主义市场经济的发展,目前,除经济适用住房实行政府指导价外,普通商品房的价格已基本放开,买卖双方根据商品房的质量、市场需求商定销售价格。《城市房地产开发经营管理条例》第二十九条规定:房地产开发项目转让和商品房销售价格,由当事人协商议定;但是,享受国家优惠政策的居民住宅价格,应当实行政府指导价或者政府定价。根据以上规定,我们认为,商品房的价格应当具有以下特点:

(1)商品房的价格应当是浮动的而非固定的。商品房的价格应随着建设成本、供求情况的变动而变动。影响商品房价格浮动的主要因素有:成本因素,包括土地成本、建筑安装成本、市政配套与绿化成本、前期与期间成本、税费等。市场因素,包括供求量、房地产开发企业的资金实力等。如果供大于求,房地产开发企业势必要降价,如果房地产开发企业的资金实力有限,急于变现,在价格方面也往往会做出让步。政策因素,如按揭利息、税收、购房入户等政策的变化也会对价格产生很大的影响;品质因素,区位、交通、技术和科技含量等也会影响价格。

(2)商品房的价格应是由买卖双方协商约定,而非房地产开发企业单方决定的。买受人在看房时,房地产开发企业往往已经按照自己的计算公式将每一套商品房标明了价格,这些价格其实只是房地产开发企业的价格要约,买受人完全可以与出卖人就商品房的价格进行平等的商谈,讨价还价。当然,一个比较规范的房地产开发企业,价格协商的幅度不会太大。如果房地产开发企业能把价格大幅度下降,买受人也要引起警惕,因为如果一个房地产开发企业敢不计成本地什么都答应你,他也敢不计成本地什么都不去履行。

(3)价格是"闭口"而非"开口"的。由于商品房买卖合同履行周期比较长,还有很多不可预见的因素会影响商品房的价格。一些出卖人在市场变化、政策变化或材料价格上涨时就要求买受人在交房时再支付一笔所谓的材料费或不可预见费,这实际上是一种转移经营风险的行为。对于市场经营者,任何经营行为都是有风险的,在制定商品价格时应当充分考虑到影响商品成本的不确定因素,因决策失误而造成的损失应当由自己承担。

同样,对于买受人来讲,买受人也应当充分认识到商品房市场的价格变化带来的风险。虽然商品房价格在近年来一直呈上升的趋势,但是 2008 年初以来,由于国家宏观调控等多种因素造成商品房的价格在局部地区如深圳等地下跌严重,出现了新开楼盘价格低于同地段二手房价格、分期开发楼盘的后期价格低于前期价格、甚至同期楼盘前后销售价格大幅下降的现象,一些买受人便要求退房或要求房地产开发企业退还差价,这同样也是一种转移风险的行为。如果商品房买卖合同中对商品房价格变化没有特殊约定,房地产开发企业发布的楼书等各种类型的广告中也没有对价格变化做出承诺,仅凭市场因素导致房价下跌,买受人便要求退房或要求房地产开发企业退还差价是没有法律依据的。当然,如果买受人对房价的涨跌风险在签订合同前事先已经有所考虑,那么在签订合同时可以同房地产开发企业进行协商,对将来一定期间内商品房价格变化进行特别约定,如可以约定房地产开发企业在后期销售时降价的,买受人有权退房或有权要求房地产开发企业退还差价。在进行了明确约定后,将来发生符合合同约定的情形时,买受人可以有明确的合同依据来主张权利。

实际上,在商品房买卖实践中,已经有买受人通过商品房买卖合同的特殊约定,主张要求房地产开发企业退还差价的成功案例。但可惜的是,2008 年以来发生的大部分"退房"事件基本上是没有合同依据的,也即买卖双方在商品房买卖合同中并没有对商品房价格变化进行特别约定,有些买受人在遇到商品房价格下降时不够冷静,甚至极端地做出一些涉嫌违法的举动,这些往往是得不偿失的。商品房的价格一旦确定,除非双方协商变更,或者双方在合同中对商品房价格有特殊约定,任何一方均无权以"调价"的名义要求增加或减少支付。

(三)楼盘的起价和均价

由于房地产市场竞争激烈,为了吸引购房者,一些房地产开发企业在楼盘推广时打出"起价""均价"。一般情况下,房地产开发企业打出"起价"的户型,在整个楼盘中只有几套或者一套这样的房屋,而且是在所有房屋中无论楼层位置还是通风、朝向、采光均是最差的,或者买受人不愿买,或者根本买不着。所以,越来越多的购房者对"起价"不再动心。

均价不是简单的算术平均值,而是房地产开发企业根据当前市场情况专门制定的,可以收回成本并获取预期利润的价格。一般情况下,一个楼盘在推向市场时,先有均价,通过它来计算出每一幢楼中每个单元户型的价位,它是整个楼盘销售价格控制的一个重要标准,是这个楼盘的平均值。以楼盘均价乘以每一幢楼的价差系数,就是每一幢楼的均价。每一幢楼的价差系数是根据每一幢楼在总平面图中的位置、朝向、景观等的不同而确定的。将每一幢楼的均价乘以每一套商品房的价差系数,就是该套商品房的单价。商品房的价差系数是根据各个户型的垂直位置(楼层)和水平位置(在同层楼中的位置)以及朝向、采光、通风等情况而确定的。现在,有些房地产开发企业为了吸引购房者,在楼盘促销时打出的均价,并不是楼盘的整体均价,而是其中均价最低的那幢楼的均价,这样的均价,就不是整个楼盘的基准价,容易误导购房者。因此购房者在购房时,应当首先弄清房地产开发企业所示均价的真实意义,才能对不同楼盘进行价格比较。

(四)分价形式

开发企业销售全装修住宅的,商品房价款内容包含装修部分价款。全装修住宅指在住宅交付使用前,户内所有功能空间的固定面全部铺装或粉刷完毕,给水排水、燃气、通风与空调、照明供电以及智能化等系统基本安装到位,厨房、卫生间等基本设施配置完备,满足基本使用功能的住宅。全装修住宅的装修价款是商品房价款总价的一部分,装修价款对应的"装修"范围、部位、装饰装修标准应当在合同中明确约定。装修价款中的装修范围、部位应当含内装饰装修部分,包括套内起居厅、卧室(书房)、厨房、卫生间、阳台等部位的装饰装修。商品房所在幢的外装饰装修部分(包括外墙、电梯、管道、窗户)以及分摊共有建筑面积的装饰装修,如果没有合同明确约定,不应含在装修价款中。如果关于装修价款的约定没有明确装饰装修标准(如装饰装修主要材料和设备的品牌、产地、规格、级别、数量等内容),容易滋生装修缩水问题。开发企业对全装修住宅每平方米若干元装修标准的广告宣传,也因为装修范围、部位、装饰装修标准不明确,极易产生实际装饰装修达不到买受人预期效果,导致装修价款纠纷,侵害买受人购房权益。

(五)商品房预售价格申报备案

商品房预售实行预售许可制度。开发企业申请预售许可应当提交商品房预售方案。预售方案应当说明预售商品房的申报价格。依据《中华人民共和国价格法》的规定,当重要商品和服务价格显著上涨或者有可能显著上涨,国务院和省、自治区、直辖市人民政府可以对部分价格实行提价申报制度和调价备案制度等干预措施。2008

年四季度以后,在一系列鼓励商品住房消费政策的带动下,房地产市场回升,部分城市出现了房价上涨过快等问题,2010年国务院多次发文要求严格按照申报价格,明码标价对外销售商品住房。地方省市也在随后下发实施意见,进一步要求开发企业申请《商品房预售许可证》时,应申报每套房屋价格,并提供定价依据,实行一房一价,销售时应当严格按照申报价格实行明码标价并一次性公开销售。提高销售价格的,需经当地物价局申报备案公示并提交书面情况说明,未经备案公示或调价理由不充分的,不得提高销售价格。开发企业销售商品住房,应当按照商品房销售明码标价管理规定做好明码标价,诚信告知购房者应有的价格权利和义务,自觉接受社会监督。实际成交价格不得高于申报备案价格。各地价格主管部门重点查处开发企业在商品住房销售中存在的捆绑收费、价外加价、捂盘惜售、炒卖房号、操纵市场价格等价格违法行为。

(六)买受人在购房时应支付的其他费用

在商品房买卖合同履行过程中,除了房价款,买受人还应当支付哪些费用呢?

1. 物业维修资金

物业维修资金是指专项用于住宅共用部位、共用设施设备保修期满后的维修和更新、改造的资金。2007年12月,建设部(现住房和城乡建设部)、财政部联合发布了《住宅专项维修资金管理办法》(下简称《办法》),其中第七条规定:"商品住宅的业主、非住宅的业主按照所拥有物业的建筑面积交存住宅专项维修资金,每平方米建筑面积交存首期住宅专项维修资金的数额为当地住宅建筑安装工程每平方米造价的5%至8%。"《办法》还规定,商品住宅的业主应当在办理房屋入住手续前,将首期住宅专项维修资金存入住宅专项维修资金专户;未按本《办法》规定交存首期住宅专项维修资金的,开发企业不得将房屋交付购买人。售房单位代为收取的维修资金属于业主所有,不包含在房价内,由买受人缴交,可由出卖人代收。买受人缴纳的物业维修资金由当地政府财政部门或者建设(房地产)主管部门负责管理。业主大会成立后,业主大会应当委托所在地一家商业银行作为本物业管理区域内住宅专项维修资金的专户管理银行,并在专户管理银行开立住宅专项维修资金专户,由业主委员会通知所在地人民政府建设(房地产)主管部门,将该物业管理区域内业主交存的住宅专项维修资金账面余额划转至业主大会开立的住宅专项维修资金账户,并将有关账目等移交业主委员会。住宅专项维修资金管理实行专户存储、专款专用、所有权人决策、政府监督的原则。

一些地区还根据当地特点,就物业维修资金的缴交做出更为具体或更加合理的规定。如《浙江省物业专项维修资金管理办法》第六条规定,新建物业首期专项维修资金,由业主按照所拥有物业的建筑面积交存。交存的标准为当地房屋建筑安装工程每平方米建筑面积平均造价的5%至8%。具体比例由设区的市、县物业主管部门会同同级财政部门根据当地实际和房屋结构类型确定,报经设区的市、县人民政府批准后公布。《浙江省物业专项维修资金管理办法》第八条规定,专项维修资金可以由业主自行交存、建设单位或者物业服务企业代收代交。新建物业首次交存专项维修资金由建设单位代收代交。建设单位应当在办理房屋产权初始登记之前,按照物业总建筑面积和本办法第六条的规定交存专项维修资金,待物业交付时向业主收取。建设单位应当向购房人说明,并将该内容约定为购房合同条款。对房价中已包含专项维修资金的,建设单位不得再向购房人另行收取。未售出的物业专项维修资金由建设单位交存。由于房价里面包含着国有建设用地使用权出让金,不同地段的国有建设用地使用权出让金是不一样的,因此房屋公共物业的维修成本与房价不一定成比例,单价高的物业维修成本未必比单价低的物业维修成本高。但建筑安装总造价高,说明房屋的设计要求以及所用材料、设备质量比较好,物业的维修成本自然也比较高。因此,按照建筑安装总造价收取物业维修资金比按照房价收取更为合理。

2. 税、费

在房地产买卖过程中,买受人应当缴纳契税、交易手续费、印花税;在办理产权证时,买受人还应当支付登记费、不动产权证工本费、印花税。税、费的征收标准全国各地并不完全一样,而且各地根据当地经济发展与房地产市场的发展情况也在不断调整,有的地区还根据商品房的面积实行分段税率。买受人在购房时应按照当地政府公布的税、费目录和征收标准缴纳税、费。如果当地有关主管部门委托房地产开发企业代收或买受人委托开发企业代交的,买受人可以将税、费交给开发企业,但应在合同中详细注明税、费的名称以及具体数额。

3. 买卖双方约定的其他费用

在商品房交付时,出卖人往往会以各种名义向买受人收取费用。由于商品房的价格是出卖人根据开发成本测算确定的,所有基础配套设施的成本费用都应包含在房价之内,除了合同中明示在交房时另行收费的,出卖人不得收取任何未约定的费用。为避免在交房时就初装费等费用的承担产生纠纷,买卖双方应在签订合同时就电表(一户一表以及峰谷电表)、煤气(天然气)、电话通信、宽带网络、有线电视等的初装费、入户材料费,以及热水、纯净水系统和门禁系统等安装费的承担做出明确约定。

【注意事项】

(1)不论以何种方式计价,买受人所购买的标的物都应包括套内建筑面积部分与分摊的共有建筑面积部分。当按套内建筑面积计价时,虽然购房总价款与分摊的共有建筑面积没有关系,但总价款中已包含了分摊的共有建筑的价款,买受人产权登记证上的分摊的共有建筑面积是买受人购买的,而非出卖人赠送的。当按套内建筑面积计价时,若出卖人交付的分摊的共有建筑面积小于合同约定的,同样损害了买受人的合法权益。

(2)合同双方应明确约定在购房款中是否包含了物业维修资金。若没有包含,则应约定物业维修资金的缴纳标准和缴纳时间。

(3)若确有出卖人代收的税、费,应在合同中详细列明费用的名称、收费标准以及收取时间。

◎ **案 例 一**　　老赵和老李同时购买了某小区同一幢楼同一单元的房屋,老赵购买的房屋是301室,老李购买的是401室,两套房屋户型相同,合同约定的建筑面积均为121.26平方米(其中套内建筑面积97.66平方米,分摊的共有建筑面积23.6平方米)。在签订商品房买卖合同时,老赵要求按套内建筑面积计价,而老李选择的是按建筑面积计价。房屋竣工后,根据测绘成果,301室和401室房屋的建筑面积为122.23平方米(其中套内建筑面积96.03平方米,分摊的共有建筑面积26.2平方米)。根据合同约定,老李因为所得房屋建筑面积超过合同约定面积0.97平方米而另需支付房屋差价,而老赵因为所得房屋的套内建筑面积比合同约定面积减少1.63平方米而得到了房地产开发企业的赔偿。

案例提示:当房屋交付时套内建筑面积与建筑面积之比小于合同约定的套内建筑面积与建筑面积之比时,按套内建筑面积计价对买受人有利。

◎ **案 例 二**　　许先生与某房地产开发企业签订了商品房买卖合同,所售商品房建筑面积95平方米,单价2800元/平方米。合同签订后,由于城市规划调整,该商品房所在地区将成为新的城市中心,附近楼盘价格随之大幅上涨。正当许先生为自己的选择而高兴的时候,房地产开发企业给许先生寄来一封函件,表示因为城市规划调整,房屋开发成本增加,要求许先生在规定时间再支付购房款6万元,否则,视作许先生自动退房。许先生接到房地产开发企业的信函后比较着急,向律师咨询。律师告诉他,合同生效后,合同一方未经另一方同意,不得擅自变更、解除合同。房地产开发企业既不能在合同约定以外收取费用,也不能擅自解除与许先生签订的合同。由于许先生以及其他购房户据理力争,房地产开发企业最后没有要求许先生及其他购房户支付额外的价款。

案例提示:依法成立的合同,对各方当事人均具有法律约束力。当事人应当按照约定履行自己的义务。商品房买卖合同生效后,当房价上涨时,出卖人不能要求买受人再支付购房款;当房价下降时,买受人也无权要求出卖人降低房价或者要求退房。

第八条　付款方式及期限

（一）签订本合同前，买受人已向出卖人支付定金_____（币种）_____元（大写_____），该定金于【本合同签订】【交付首期房价款】【_____】时【抵作商品房价款】【返还买受人】。

（二）买受人采取下列第_____种方式付款：

1.一次性付款。买受人应当在_____年_____月_____日前支付该商品房全部价款。

2.分期付款。买受人应当在_____年_____月_____日前分_____期支付该商品房全部价款，首期房价款_____（币种）_____元（大写_____），应当于_____年_____月_____日前支付。

_____。

3.贷款方式：【公积金贷款】【商业贷款】【_____】。买受人应当于_____年_____月_____日前支付首期房价款_____（币种）_____元（大写_____）。剩余房款_____（币种）_____元（大写_____）由买受人申请贷款支付。买受人应当于_____年_____月_____日前向贷款机构提交贷款申请材料，办理贷款审批手续。

_____年_____月_____日前贷款没有发放或者发放的贷款不足以支付剩余房款的，按照下列约定处理：_____。

4.其他方式：

_____。

（三）出售该商品房的全部房价款应当存入预售资金监管账户，用于本工程建设。

该商品房的预售资金监管机构为_____，预售资金监管账户名称为_____，账号为_____。

该商品房价款的计价方式、总价款、付款方式及期限的具体约定见附件四。

【概要】

本条是关于房价款支付方式及支付期限的约定。

【说明】

（一）一次性付款

一次性付款是指买受人在签订商品房买卖合同时或在合同约定的时间一次性支

付全部房价款的付款方式。

出卖人在收到房价款后,应向买受人出具税务部门监制的专用发票。发票上除了填写付款人、付款日期、标的物情况或合同编号、付款金额外,还应特别注明支付方式,如现金、转账支票、汇票等。买受人以转账支票、汇票等票据支付房价款的,出卖人应注意票据的出票人与买受人是否为同一人,单位(包括法人或其他组织,下同)为其他单位代付房价款或者自然人为他人(包括单位和自然人)代付房价款的,应由出票人出具代付说明。一般情况下,单位不能为自然人代付房价款。

(二)分期付款

分期付款是指根据商品房买卖合同的约定,先由出卖人将期房预售或将现房出售给买受人,买受人在一定期限内分次支付商品房价款的付款方式。

商品房分期付款买卖中,买受人支付的首期购房款一般不低于总房价款的10%,其余房价款既可按约定的时间付款,也可以按约定的付款条件付款。选择按约定时间付款的,应在合同中明确约定付款日期以及每期支付的数额;按约定条件付款的,应在合同中明确约定付款条件,以防止对付款条件是否成就发生纠纷。在实践中,往往采用按时间付款和按条件付款相结合的方式,如前几期按约定的时间付款,最后一期按约定条件(如房屋交付)付款。

分期付款的期限一般分为两种:一种是指买受人在建设过程中分期付款,至房屋交付使用前付清,分期付款的期限较短;另一种是在建设、使用过程中的若干年内付款,最长期限可达30年。采用第二种分期付款方式的,出卖人可以要求在买受人支付全部房价款之前,继续保留产权。如果买受人不履行付款义务的,出卖人可以收回房屋。出卖人收回房屋前,对房屋的使用视为租赁,出卖人可以在已支付的购房款中扣除相当于租金的部分后,将剩余部分返还给买受人。如果因为买受人的原因损坏房屋的,出卖人可要求买受人赔偿。随着个人住房贷款条件的放宽,目前的分期付款主要是指第一种情况。

(三)个人住房贷款

个人住房贷款是指贷款人向借款人发放的用于购买自用普通住房的贷款。贷款人发放个人住房贷款时,借款人必须提供担保。借款人到期不能偿还贷款本息的,贷款人有权依法处理其抵押物或质押物,或由保证人承担偿还本息的连带责任。

1. 个人住房贷款借款人的条件

借款人应是具有完全民事行为能力的自然人,并且必须具备贷款人根据贷款风险管理相关原则确定的条件。如果申请住房公积金贷款或组合贷款的,还要求借款人具有当地城镇常住户口,并在户口所在地住房公积金管理中心连续缴纳住房公积金满一定期限或者非当地城镇常住户口但在当地住房公积金管理中心连续缴纳住房公积金满一定期限(该期限要长于当地常住户口借款人应缴纳的期限)。

2.贷款种类

(1)商业银行个人住房贷款。商业银行个人住房贷款是指商业银行向借款人发放的用于购买自用商品房的贷款。商业银行个人住房贷款利率比公积金个人住房贷款利率高,但贷款额度限制比较小。商业银行个人住房贷款期限最长 30 年,贷款利率通常实行一年一定。

商业银行贷款一般采用按揭的形式。按揭贷款由房地产开发企业申请,请求银行或其他金融机构贷款给其客户,由购房者把自己所购的房产抵押给银行或其他金融机构,保证按期还贷。在按揭贷款过程中,房地产开发企业在房屋交付前与购房者一起对贷款债务承担清偿责任,当购房者不能按期偿还贷款时,贷款人可以要求房地产开发企业偿还全部贷款。

在按揭贷款中,存在三种法律关系,即购房者与房地产开发企业之间的买卖关系,购房者与银行或其他金融机构之间的借贷关系,房地产开发企业与银行或其他金融机构之间的担保关系。

个人住房按揭贷款的基本程序:

①房地产开发企业与按揭银行达成协议。按揭银行经审查后,认为房地产开发企业符合以下四个条件的,就与房地产开发企业签订《预售(销售)商品房合作协议书》:第一,房地产开发企业愿意为其客户的按揭贷款提供无条件、不可撤销的担保,一旦借款人不能如期偿还贷款,房地产开发企业应承担连带清偿责任;第二,房地产开发企业在按揭银行开立账户,其全部售楼款统一收入在该账户内;第三,贷款银行对房地产开发企业的资信状况、开发项目、开发项目的销售情况等进行审查,认为符合相关条件;第四,房地产开发企业已经与有关监管机构签订了售房款监管协议。

②购房者申请。购房者与房地产开发企业签订商品房买卖合同后,填写贷款申请书,将申请书及有关资料交给按揭银行或按揭银行指定的律师事务所。

③按揭银行审查。按揭银行或按揭银行委托的律师事务所收到购房者的贷款申请后,对其身份和资信进行审查。若购房者为自然人,须审查身份证等个人证件、薪水税单、收入证明等。若购房者为法人,须审查其登记文件、营业执照、法人代表证明、纳税证明、最新财务报表等。由律师事务所审查的,律师事务所对购房者提交的文件进行审查后,应向银行出具《法律意见书》。

④发放按揭贷款。按揭银行审查后认为购房者符合贷款条件的,就签订商品房担保贷款合同并办理相关手续,将贷款以购房者的名义划入房地产开发企业在按揭银行开设的账户内。

(2)住房公积金个人贷款。住房公积金贷款是指住房公积金管理中心以住房公积金为资金来源,向缴存住房公积金的职工发放的定向用于购买、建造、翻建、大修自用住房的住房消费信贷。申请公积金贷款的对象限于缴交公积金的职工。

与商业银行个人住房贷款相比，住房公积金个人贷款利率较低，但贷款额度受到限制，且夫妻双方均按规定缴存住房公积金的与夫妻双方仅一人缴存住房公积金的贷款限额不一样，借款人申请贷款的最长年限也受借款人的年龄限制，借款期限最长不得超过夫妻双方最长的法定退休年龄。

住房公积金贷款的基本程序：

①购房者申请。购房者与房地产开发企业签订商品房买卖合同，并填写《贷款申请审批书》《借款合同》《房产抵押设定登记申请审批表》《房产抵押变更登记申请审批表》（期房）等一系列申请文件，连同身份证明提交当地住房公积金管理中心。

②住房公积金管理中心审查。住房公积金管理中心在收到购房者的申请后，根据规定的条件进行审查。审核同意后，核定购房者的额度、期限，然后向受托银行出具贷款意向书，并移交贷款资料。

③银行审查。受托银行在收到住房公积金管理中心的贷款意向书和资料后，再次进行审核。

④发放贷款。经银行审核同意，通知购房者办理有关手续，缴纳有关费用，签订借款合同。受托银行将贷款金额以购房者的名义划入房地产开发企业在受托银行开设的账户。

（3）组合贷款。组合贷款是指住房公积金管理中心运用政策性住房资金（公积金）、商业银行运用信贷资金，向借款人同时发放的，用于购买同一套自用住房的个人住房贷款，是政策性和商业性个人住房贷款组合的总称。组合贷款的贷款程序与住房公积金贷款的程序基本一致。

3.商品房买卖合同与商品房担保贷款合同的关系

对于商品房买卖合同与商品房担保贷款合同之间的关系，目前尚有不同认识。一部分认为两者之间是主从关系，即商品房买卖合同为主合同，担保贷款合同为从合同。而更多的人认为两者之间系具有紧密联系但又相互独立的合同关系。

紧密联系主要体现在：买受人签订担保贷款合同的目的是解决其购房资金不足的困难，其所得款项均支付给出卖人作为购房款；银行在与买受人签订贷款合同时都会要求买受人以其所购买的商品房作为抵押物为贷款合同提供担保，即买卖合同的标的物与贷款合同的抵押物具有同一性。

独立性主要体现在合同效力及消灭上的非从属性。当商品房买卖合同因法律规定的原因被宣告无效或者被撤销以后，其后果将会导致担保贷款合同的担保方式或抵押物发生变化，但并不必然导致贷款合同被宣布无效或者被撤销，人民法院或仲裁机构也不能因此而宣告商品房担保贷款合同无效或撤销该合同；当买受人支付了全部购房款，出卖人将符合法律规定和合同约定的商品房交付给买受人之后，商品房买卖合同因履行完毕而归于消灭,但商品房担保贷款合同并不会因此而归于消灭。

基于商品房买卖合同与商品房担保贷款合同之间具有紧密联系但又相互独立的关系,法释〔2003〕7号《解释》就其中一个合同未能订立或被确认无效、被撤销、解除时另一个合同的解除权做出了规定。该司法解释第二十三条规定:商品房买卖合同约定,买受人以担保贷款方式付款,因当事人一方原因未能订立商品房担保贷款合同并导致商品房买卖合同不能继续履行的,对方当事人可以请求解除合同和赔偿损失。因不可归责于当事人双方的事由未能订立商品房担保贷款合同并导致商品房买卖合同不能继续履行的,当事人可以请求解除合同,出卖人应当将收受的购房款本金及其利息或者定金返还买受人。根据该规定,合同一方当事人(实践中主要为买受人)如不具备申请住房贷款条件或无法按照银行要求出具相关文件、资料,导致贷款合同未能签订并导致商品房买卖合同无法继续履行的,应向另一方赔偿损失。鉴于商品房买卖合同因本条原因而致解除时,已实际履行的时间一般较短,履行程度尚浅,加之考虑到买受人须承担责任时的财产能力,故所赔偿的损失一般限于当事人实际受到的损失,如对方当事人订立合同所支出的必要费用、无责任方因返还对方给付物所支出的必要费用及责任方拒绝或延迟返还给付而给对方造成的损失等而不包括信赖利益的损失。如因国家金融政策变化等不可归责于买卖合同双方当事人的原因,致使贷款合同未能签订的,则因不存在违约的情形,所以仅使其恢复到未订立合同时的状态即可。

法释〔2003〕7号《解释》还规定了因商品房买卖合同被确认无效或者被撤销、解除,致使商品房担保贷款合同的目的无法实现时的处理方式。根据该规定,出现以上情形,当事人有权请求解除担保贷款合同。

【注意事项】

(1)由于申请个人住房贷款条件严格,程序复杂,不是每一个购房者的贷款申请都能得到批准,而根据本合同示范文本的约定,买受人逾期付款的,应当承担违约的责任。因此,如果买受人选择的付款方式是个人住房贷款,则在签订商品房买卖合同时应约定贷款手续由谁负责办理。若由出卖人负责办理,则约定买受人应当提供的资料及提供期限,以及不能按期提供资料时所应承担的违约责任;若由买受人办理,则应当约定出卖人承担的配合义务以及出卖人违约所应承担的违约责任。

(2)在签订商品房买卖合同和申请贷款之间往往有一定的时间间隔,由于国家关于商品房市场调控措施的不断出台,如在此期间贷款条件发生变化,导致买受人无法履行付款义务,此时,买受人应及时通知出卖人,告知无法按约履行付款义务的事实,并通过协商等方式解决。如买受人怠于通知,则可能承担相应的违约责任。买受人与出卖人也可以在商品房买卖合同中约定,出现此类问题时的解决办法。

(3)买受人申请贷款,在买受人与银行签订的贷款合同中,由出卖人提供阶段担保。一般是从合同生效时始至买受人购买的房屋办理抵押权登记时止。在此期间,如因买受人原因未按期归还贷款,出卖人须承担担保责任。出卖人承担责任后,虽然法律规定可以依法向买受人追偿,但此时买受人往往已经丧失了偿债能力,最好的保护措施是解除商品房买卖合同。为此,建议在商品房买卖合同补充条款中增加在买受人未履行贷款偿还义务,出卖人承担了还款责任以及买受人购买的商品房被司法机关查封等情况下,出卖人应当享有合同解除权。

◎ **案例一** 张女士与房地产开发企业签订了一份商品房买卖合同,双方约定张女士在50天内通过银行贷款将已付首付款之外的所有购房款余款支付给房地产开发企业。但在办理贷款手续的过程中,银行委托的律师要求张女士的配偶必须与她共同到场才能通过见证,否则无法取得贷款。张女士的配偶已失踪两年多,现在无法与之取得联系。张女士就向房地产开发企业提出解除合同,退还购房首付款的要求,但房地产开发企业要求张女士承担相应的违约责任。

案例提示:张女士要求解除合同并不是由于主观上故意违约,但在本案中,张女士确实是贷款合同未能签订的责任方,应承担相应的责任。建议贷款买房的消费者在签订商品房买卖合同前应详细了解申请贷款的条件和相关手续。

◎ **案例二** 吴先生向房地产开发企业购买了一套商品房,合同约定吴先生在支付首付款后通过个人住房贷款方式支付房价余款。房地产开发企业就贷款归还义务提供阶段性连带保证责任。银行依约发放贷款,房地产开发企业亦依约取得全额购房款并向吴先生交付了商品房,但后来,吴先生在外欠债,未能按约定履行银行贷款的还款义务,且下落不明,导致房地产开发企业因承担连带保证责任被扣代偿款。房地产开发企业根据商品房买卖合同约定要求解除合同并起诉至法院。法院认为:合同中双方明确约定,若不按约向按揭银行偿还贷款而导致房地产开发企业被追责代偿,则房地产开发企业有权解除商品房买卖合同,而在合同履行中,实际发生了因担保被追责代偿的事实,法院因此判决解除合同、返还房屋。

案例提示:房地产开发企业作为商品房买受人与银行签订的贷款合同的连带保证担保人,其保证责任一般在房屋办理抵押权登记时解除。在商品房交付后,贷款合同当事人均要相互配合尽快办理房屋不动产转移登记和抵押登记。如果因第三方债权人申请,房屋被法院预查封,则无法办理抵押登记,房地产开发企业的连带保证责任也将无法及时解除。因担保被追责代偿后,房地产开发企业依法享有追偿权,但如合同没有约定解除权,房地产开发企业不能解除商品房买卖合同,在本案中,商品房买卖合同约定的解除合同条件已成就。

第九条　逾期付款责任

除不可抗力外，买受人未按照约定时间付款的，双方同意按照下列第_____种方式处理：

1.按照逾期时间，分别处理［(1)和(2)不做累加］。

(1)逾期在_____日之内，买受人按日计算向出卖人支付逾期应付款万分之_____的违约金。

(2)逾期超过_____日［该期限应当与本条第(1)项中的期限相同］后，出卖人有权解除合同。出卖人解除合同的，应当书面通知买受人。买受人应当自解除合同通知送达之日起_____日内按照累计应付款的_____%向出卖人支付违约金，同时，出卖人退还买受人已付全部房款(含已付贷款部分)。

出卖人不解除合同的，买受人按日计算向出卖人支付逾期应付款万分之_____［该比率不低于第(1)项中的比率］的违约金。

本条所称逾期应付款是指依照第八条及附件四约定的到期应付款与该期实际已付款的差额；采取分期付款的，按照相应的分期应付款与该期的实际已付款的差额确定。

2._____。

【概要】

本条是关于买受人逾期付款违约责任的约定。

【说明】

(一)买受人没有按合同约定的时间付款时的处理方式

1.按逾期数额,分别处理

《合同法》第一百六十七条规定:分期付款的买受人未支付到期价款的金额达到全部价款的五分之一的,出卖人可以要求买受人支付全部价款或者解除合同。根据该规定,买受人逾期付款的数额占全部价款的五分之一以下时,出卖人可以根据《合同法》第一百零九条的规定要求买受人支付价款。买受人逾期付款数额达到或超过全部价款的五分之一时,出卖人有两种选择:一是合同继续履行,出卖人有权请求买受人一并支付未到期的全部价款,这种方法主要适用于出卖人的义务已全部或大部分履行的情况;二是出卖人有权要求解除与买受人之间的买卖合同。

2.按逾期时间,分别处理

逾期时间在约定期限内,合同继续履行,出卖人可以要求买受人支付价款;买受人逾期付款时间超过一定期限,出卖人有权选择解除合同,如果买受人愿意继续履行合同并经出卖人同意,也可以继续履行合同。

(二)违约责任的承担方式

1.合同解除

合同解除,是指在合同有效成立之后,当具备合同解除的条件时,因当事人一方的意思表示或双方的意思表示而使基于合同发生的债权债务归于消灭的行为。合同的解除,可分为约定解除和法定解除两种主要类型。

《合同法》第九十三条规定了合同的约定解除:当事人协商一致,可以解除合同。当事人也可以约定一方解除合同的条件。解除合同的条件成就时,解除权人可以解除合同。本条第一种方式的第二款就约定了出卖人有权解除合同的条件,即买受人逾期付款时间超过一定期限。但解除合同的条件成就,并不导致合同必然解除,只有在当事人实际行使了解除权后方可导致合同的解除。如果各方当事人同意继续履行合同的,合同还可以继续履行,因此,该条还规定了虽然解除合同条件成就但买卖双方同意继续履行合同的处理方式。

《合同法》第九十四条规定了合同法定解除的五种情形:因不可抗力致使不能实现合同目的;在履行期限届满之前,当事人一方明确表示或者以自己的行为表明不履行主要债务;当事人一方迟延履行主要债务,经催告后在合理期限内仍未履行;当事人一方迟延履行债务或者有其他违约行为致使不能实现合同目的;法律规定的其他情形。根据该规定,在商品房买卖合同中,如果合同没有约定合同解除条件,则当买受人逾期付款时,出卖人可以进行催告,经催告,买受人在合理的期限内仍未履行的,出卖人可以解除合同。催告的合理期限为多长,一直是司法实践中争议之处。为此,法释〔2003〕7 号《解释》第十五条规定,买受人迟延付款或出卖人迟延交房的,催告的合理期限为三个月。合同当事人的法定解除权只能在规定期限内或债权人催告后的合理期限内行使,根据法释〔2003〕7 号《解释》第十五条规定,对方当事人催告的,解除权行使的合理期限为三个月。对方当事人没有催告的,解除权应当在解除权发生之日起一年内行使;逾期不行使的,解除权消灭。

2.支付违约金

违约金是指合同当事人不履行或不按约定履行合同时,应付给对方当事人的由法律规定或合同约定的一定数额的货币。违约金分为法定违约金和约定违约金:凡法律规定的违约金是法定违约金,由合同双方当事人在合同中约定的违约金是约定违约金。我国现行法律没有就商品房买卖合同履行过程中,买受人逾期付款的情况规定法定违约金,买卖双方可以根据合同是否继续履行来约定不同的违约金。如果合同继续履行,买受人应按日支付约定比率的违约金,违约金的数额＝逾期应付款数额×逾期天数×约定的按日支付违约金比率;如果合同解除,买受人应支付一定数额或一定比率的违约金。

违约金的数额或比率,由双方当事人在合理的幅度内约定。但如果约定的违约金低于造成的损失的,当事人可以请求人民法院或者仲裁机构予以增加;约定的违约金过分高于造成的损失的,当事人可以请求人民法院或者仲裁机构予以适当减少。法释〔2003〕7号《解释》规定:当事人以约定的违约金过高为由请求减少的,应当以违约金超过造成的损失30%为标准适当减少;当事人以约定的违约金低于造成的损失为由请求增加的,应当以违约造成的损失确定违约金数额。

3.赔偿损失

对于因当事人违约行为给对方当事人造成财产损失的,应当赔偿对方当事人因违约所受到的损失,这就是承担赔偿损失的违约责任形式。如果合同双方在本条中没有约定买受人逾期付款的违约金数额的,出卖人可以要求买受人赔偿出卖人的实际损失。根据法释〔2003〕7号《解释》第十七条的规定,商品房买卖合同没有约定违约金数额或者损失赔偿额计算方法,违约金数额或者损失赔偿额可以参照以下标准确定:逾期付款的,按照未付购房款的总额,参照中国人民银行规定的金融机构计收逾期贷款利息的标准计算。

4.继续履行

当一方当事人违约不履行合同债务或履行合同债务不符合约定时,可以要求人民法院强制违约方依照合同的约定继续履行。

【注意事项】

(1)如果买卖双方选择按逾期时间确定处理方式的,在选择不解除合同条件下的逾期期限时,要充分考虑到买受人的承受能力,一般为30~90天,但该期限不应超过下一期的付款时间。

(2)买受人逾期付款未超过一定期限或一定数额时,支付的违约金可与银行同期贷款利息相当,或适当高于银行同期贷款利息,即按日支付违约金的比率为万分之二至万分之三;超过约定期限而出卖人又同意不解除合同的,超过约定期限后的违约金比率应不小于约定期限内的违约金比率。

(3)出卖人解除合同的,买受人支付的违约金数额或比率由买卖双方自行协商确定,在实践中大多选择在累计应付款的5%左右。

(4)买卖双方应当在合同中约定违约金的支付方式及期限。

(5)不可抗力事件是买受人逾期付款的免责事由,但银行贷款政策调整非不可抗力事件,买卖双方可以约定在发生诸如国家房产调控政策、按揭贷款政策调整时房价款支付与合同履行的处理方式。

◎ **案例一** 2001 年 5 月 8 日，林先生与出卖人签订了商品房买卖合同。合同约定：商品房总价款 42 万元，付款方式为分期付款，合同签订之日支付 8.4 万元，2001 年 8 月 1 日、2001 年 12 月 1 日、2002 年 4 月 1 日各支付 9 万元，余款在房屋交付时一次性付清；逾期付款时间在 30 天内，买受人应按日向出卖人支付逾期应付款万分之三的违约金，合同继续履行；逾期付款时间在 30 天以上，若买受人愿意继续履行合同并经出卖人同意的，买受人应按日向出卖人支付逾期应付款万分之五的违约金。2001 年 12 月 1 日，林先生因资金紧张，没有按期付款。直至 2002 年 2 月 20 日，林先生才去支付第三期购房款，出卖人表示合同可以继续履行，但林先生应按合同约定支付违约金，违约金的计算方式是：90000 元 × (0.5‰ × 50) = 2250 元。林先生在付款的同时支付了违约金。

案例提示：本案提示违约金的计算方法。计算违约金时，逾期超过约定期限后的违约金只能按照约定的比率（本案中为万分之五）计算，不能将期限内外违约金比率做累加处理。在本案中，林先生也可以根据《合同法》第一百十四条的规定，请求降低违约金。

◎ **案例二** 赵先生于 2006 年 5 月与房地产开发企业签订商品房买卖合同，约定于 2006 年 7 月底前按首付 20％办妥按揭贷款手续。2006 年 5 月底国务院办公厅转发建设部《关于调整住房供应结构稳定住房价格的意见》，将首付比例提高至 30％。赵先生因经济原因，无法按首付 30％办理按揭贷款手续，后房地产开发企业几次通知赵先生去协商处理，赵先生认为无法办妥贷款手续的原因是国家政策的调整，并非自己违约，故未理睬房地产开发企业的要求。后房地产开发企业依据合同约定，向赵先生主张违约责任。赵先生通过咨询法律人士，发现自己的行为确实违反了合同约定，最终赔偿了 10 多万元。

案例提示：在实践中，有购房者与房地产开发企业签订购房合同后，由于各种原因，无力继续履行合同规定的付款义务。根据《合同法》的有关规定，合同生效后，买卖双方都必须根据合同的约定严格履行各自的义务，任何一方不得随意变更或解除。如果是客观情况发生较大变化，合同一方丧失履行合同的能力，就需要重新调整买卖双方的权利义务关系，此种情况下，购房者应采取积极的措施，变更或解除合同，避免承担或少承担违约责任。

本案中由于国家政策的变化导致无法履行付款义务，此时可以协商解除合同或变更合同条款，双方均不承担违约责任。如购房者怠于处理，使房地产开发企业因此造成损失，则应承担相应的违约责任。在房地产开发企业通知赵先生，要求赵先生协议解除或协商继续履行合同时，赵先生未予理睬，造成房地产开发企业的损失，对此赵先生应承担责任。

第十条　商品房交付条件

该商品房交付时应当符合下列第1、2、_____、_____项所列条件：

1. 该商品房已取得建设工程竣工验收备案证明文件；

2. 该商品房已取得房屋实测测绘报告；

3. _____；

4. _____；

该商品房为住宅的，出卖人还需提供《住宅使用说明书》和《住宅质量保证书》。

全装修住宅还应当符合下列第5、_____、_____项所列条件：

5. 该商品房已取得第三方专业检测机构出具的住宅分户空气质量检测合格报告；

6. _____；

7. _____。

【概要】

本条是有关商品房交付使用条件的约定。

【说明】

本条采用开放列举方式对商品房的交付条件进行专门的约定，可以分为四个方面：第一，不管是住宅还是非住宅商品房，都必须具备已取得建设工程竣工验收备案证明文件、已取得房屋实测测绘报告的条件；第二，如果是住宅商品房还需要提供《住宅使用说明书》《住宅质量保证书》；第三，如果是全装修住宅的，还需要取得住宅分户空气质量检测合格的报告；第四，当事人还可以在合同中就上述之外的交付条件再进行特别约定。

(一) 建设工程竣工验收备案证明文件

《中华人民共和国建筑法》(以下简称《建筑法》)第六十一条第二款规定："建筑工程竣工经验收合格后，方可交付使用；未经验收或者验收不合格的，不得交付使用。"该内容是基于保证工程质量安全考虑的，属于强制性的条款，确保交付使用的工程从源头上是质量合格的。《城市房地产管理法》延续了《建筑法》规定，在第二十七条第二款规定："房地产开发项目竣工，经验收合格后，方可交付使用。"毫无疑问，该条款也是强制性规定。即便当事人在合同中未约定交付商品房应当经竣工验收合格的内容，如果交付的商品房项目未达到竣工验收合格标准，可以肯定的是该商品房是不具备交付条件的，这已是商品房买卖合同司法实践中的共识。

根据《建设工程质量管理条例》第十六条、第四十九条及《房屋建筑和市政基础设施工程竣工验收规定》(建质〔2013〕171号)，当前我国工程项目竣工验收的模式为由建设单位组织施工单位、设计单位、勘察单位、监理单位等五方主体进行验收，并在竣工验收合格后由建设单位按照规定在建设行政主管部门备案。在竣工验收环节,由建设单位主导进行,建设行政主管部门事后监督,进行备案检查,所以建设行政主管部门的竣工验收备案通过,直观证明商品房通过了竣工验收,符合法定的交付条件。本合同示范文本关于交付条件的内容,直接与现行的竣工验收备案制度衔接,将取得建设工程竣工验收备案文件作为交付条件,既符合商品房必须通过竣工验收合格才能交付使用的法律强制性规定,又保证了可以在实践中直观地判定该条件是否成就。

1. 竣工验收程序

工程竣工验收应当按以下程序进行:

(1)工程完工后,施工单位向建设单位提交工程竣工报告,申请工程竣工验收。实行监理的工程,工程竣工报告须经总监理工程师签署意见。

(2)建设单位收到工程竣工报告后,对符合竣工验收要求的工程,组织勘察、设计、施工、监理等单位和其他有关方面的专家组成验收组,制订验收方案。

(3)建设单位应当在工程竣工验收 7 个工作日前将验收的时间、地点及验收组名单书面通知负责监督该工程的工程质量监督机构。

(4)建设单位组织工程竣工验收。建设、勘察、设计、施工、监理单位分别汇报工程合同履约情况和在工程建设各个环节执行法律法规和工程建设强制性标准的情况。审阅建设、勘察、设计、施工、监理单位的工程档案资料。实地查验工程质量,对工程勘察、设计、施工、设备安装质量和各管理环节等方面做出全面评价,形成经验收组人员签署的工程竣工验收意见。

(5)工程竣工验收合格后,建设单位提出工程竣工验收报告。工程竣工验收报告主要包括工程概况,建设单位执行基本建设程序情况,对工程勘察、设计、施工、监理等方面的评价,工程竣工验收时间、程序、内容和组织形式,工程竣工验收意见等内容。

2. 竣工验收备案

我国现有法律法规规定,国家对建设工程质量采用备案制度。《建设工程质量管理条例》第四十九条规定,建设单位应当自建设工程竣工验收合格之日起 15 日内,将建设工程竣工验收报告和规划、公安消防、环保等部门出具的认可文件或者准许使用文件报建设行政主管部门或者其他有关部门备案。住建部《房屋建筑和市政基础设施工程竣工验收备案管理办法》(2000 年 4 月 4 日建设部令第 78 号发布,2009 年 10 月 19 日修正)就竣工验收备案做出以下具体规定。

(1)竣工验收备案机构为县级以上地方人民政府建设主管部门;

(2)竣工验收备案时间为工程竣工验收合格之日起 15 日内;

(3)《房屋建筑和市政基础设施工程竣工验收备案管理办法》第五条规定竣工验收备案应提交的文件包括:工程竣工验收备案表,工程竣工验收报告,规划、环保等部门出具的认可文件或者准许使用文件,公安消防部门出具的验收合格的证明文件,施工单位签署的工程质量保修书,住宅工程的《住宅质量保证书》和《住宅使用说明书》,法规、规章规定必须提供的其他文件。

(4)备案机关发现建设单位在竣工验收过程中有违反国家有关建设工程质量管理规定行为的,应当在收讫竣工验收备案文件15日内,责令停止使用,重新组织竣工验收。

(二)房屋实测测绘报告

房屋实测测绘报告,主要目的在于确定房屋实际的面积,证明出卖人交付的商品房符合本合同示范文本第四条约定的面积及便于本合同示范文本第十四条约定的面积差异处理。一方面,由出卖人提供实测测绘报告证明其交付的房屋面积符合合同约定,是出卖人本身的义务,因为买卖合同,出卖人本身有义务证明其交付的标的物符合双方的约定。另一方面,要求出卖人提供房屋实测测绘报告,还是和房屋产权登记衔接起来的,根据《房产测绘管理办法》(建设部、国家测绘局令第83号)第六条规定,申请产权初始登记的房屋,应当委托房产测绘单位进行房产测绘。这里的房产测绘,也为不动产权属登记准备了条件。

另外,本条中出具房屋实测测绘报告的单位应当具有相应的资质。根据《中华人民共和国测绘法》(以下简称《测绘法》)第二十七条规定,国家对从事测绘活动的单位实行测绘资质管理制度,根据《测绘资质分级标准》(国测管发〔2014〕31号)规定,不动产测绘资质分为甲、乙、丙、丁四个等级,分别规定了相应从业范围。

(三)《住宅使用说明书》及《住宅质量保证书》

提供《住宅使用说明书》及《住宅质量保证书》是出卖人的法定义务。《城市房地产开发经营管理条例》第三十条第一款与第二款规定:"房地产开发企业应当在商品房交付使用时,向购买人提供《住宅质量保证书》和《住宅使用说明书》。《住宅质量保证书》应当列明工程质量监督单位核验的质量等级、保修范围、保修期和保修单位等内容。房地产开发企业应当按照住宅质量保证书的约定,承担商品房保修责任。"本合同示范文本的条款将这项法定义务作为商品房住宅的交付条件在合同中进行明确,以引起开发商的重视。

根据《商品住宅实行住宅质量保证书和住宅使用说明书制度的规定》(建房〔1998〕102号),《住宅质量保证书》应当包括以下内容:①工程质量监督部门核验的质量等级;②地基基础和主体结构在合理使用寿命年限内承担保修;③正常使用情况下各部位、部件保修内容与保修期;④用户报修的单位,答复和处理的时限等内容。《住宅使用说明书》一般应当包含以下内容:①开发单位、设计单位、施工单位,监理单位;②结构类型;③装修、装饰注意事项;④上水、下水、电、燃气、热力、通讯、消防等设施配置的说明;⑤有关设备、设施安装预留位置的说明和安装注意事项;⑥门、窗类型,使用注意事项;⑦配电负荷;⑧承重墙、保温墙、防水层、阳台等部位注意事项的说明;⑨其他需说明的问题。

(四)全装修住宅的《分户空气质量检测合格报告》

随着生活品质的提高,消费者对自身健康要求重视的程度也日渐提高,同时全装修房屋因使用装修材料等方面原因导致的室内空气质量问题日益严重起来,所以本合同示范文本将《分户空气质量检测合格报告》作为全装修房屋的交付条件约定在合同中,要求出卖人交付全装修的房屋时应提供空气质量的检测报告,以证明交付的房屋室内的空气质量满足无毒、无害、无异常臭味的基本要求,不会对消费者正当居住过程中的健康产生危害。

空气质量检测,应由取得国家计量行政主管部门认证的专业机构进行。关于室内空气质量检测的标准主要有卫生部(现国家卫生和计划生育委员会)、国家环保总局(现国家生态环境部)及国家质量监督检验检疫总局(现国家市场监督管理总局)联合颁布《室内空气质量标准》(GB/T18883—2002);国家住房和城乡建设部、国家质量监督检验检疫总局(现国家市场监督管理总局)颁布《民用建筑工程室内环境污染控制规范》[GB50325—2010(2013年版)],专业检测机构进行检测后出具检测报告。

(五)其他当事人可以自由约定的标准

前述四项已明确的内容是商品房交付最为基本的标准,除这些最为基本的标准外,允许当事人进行自由约定。常见可以约定的情况如下:①商品房质量合格的具体标准,保证作为交付标的物的商品房的质量合格是出卖人的主要义务,也是买受人最为关注的问题,这里可以对具体标准进行细化。②商品房所在楼宇公共部位标准(如单元门、进户门、楼梯道门、电梯要求等)。③针对全装修房屋,明确装修内容的具体交付标准。对全装修房屋,尽管有建设部(现住房和城乡建设部)的《商品住宅装修一次到位实施细则》《商品住宅装修一次到位材料、部品技术要点》等指导性的文件,对于装修工程的质量验收有《建筑装饰装修工程质量验收规范》《建筑工程施工质量验收统一标准》等规范标准,部分地方出台了地方标准,如浙江省的《全装修住宅室内装饰工程质量验收规范》、上海市的《住宅装饰装修验收标准》、北京市的《家庭居室装饰工程质量验收标准》等,但是装修工程竣工以后,并不像土建工程一样,需要在竣工验收合格后到建设行政主管部门进行竣工验收备案才能投入使用,即不存在一份直观的证明材料来佐证装修工程满足质量安全的要求、符合相关规范的标准。所以对于全装修房屋,更需要当事人约定具体的交付标准,如装修使用材料的品牌、产地、规格、数量,使用的家具、电器(若有)品牌、型号等内容,争取能够具体化。④其他交付标准事项。

【注意事项】

所有权交易的合同,对交易标的物的交付标准进行界定是非常重要的,它关系到交易双方的最为直接的权利义务。出卖人交付标的物不符合合同约定标准,将构成不当履行,买受人根据具体的情形可以选择拒收、要求修理、更换、重做、退货、减少价款或者报酬、要求承担逾期交付责任等方式进行救济。判定实际交付标的物是否符合交付标准的前提是存在双方认可的具体标准,一般来说优先适用当事人在合同上约定的标准,如果当事人未明确相关标准,《合同法》第六十一条进行了规定,以国家标准、行业标准、通常标准或者合同目的的特定标准进行判定。商品房作为一种关系国计民生的商品,交易过程中的交付条件尤为重要,特别是在预售模式下,签订合同时的商品房尚未全部建成,更需要对实际交付时的商品房应满足的条件进行具体界定,从而保证买卖双方的合法权益与社会公共利益。

◎ **案例一**　　某小区的商品住宅竣工验收后通知购房人办理交房手续,李先生等购房人如期来到小区交房现场,在签房屋交接书前,开发公司提供了验收合格的相关证明文件,但表示因为测绘公司业务繁忙等原因,暂时还没有完成房屋建筑面积实测测绘,等公司拿到实测测绘报告后另行通知购房人办理房屋面积差异房价款结算,购房人可以先行办理房屋交接手续。李先生等购房人则认为,购房合同约定"该商品房已取得房屋实测测绘报告"是交付条件之一,该小区仍不符合交付使用条件,因此,拒绝签署交接书并要求开发公司在取得实测测绘报告后再行通知交房。

案例提示:购房者在办理商品房的交付使用手续前,应了解该商品房是否具备法定及约定的交付使用条件,对于不具备交付使用条件的商品房,购房者有权拒绝接收。

◎ **案例二**　　某房地产开发公司在海南某地开发一片住宅小区,李某看中该小区的一套商品房,遂与开发公司签订了商品房买卖合同,合同约定于合同签订之日起一年内交付住房。合同签订后,李某依约履行了付款义务。然而开发公司却在约定的交房日期之后一年半后仍未能交付住房。李某诉至法院,主张开发公司违约,要求解除与开发公司的合同。开发公司抗辩称,自己之所以逾期不能交房,是因为当地发生数次台风,致使完工日期一再推迟。因此,要求变更交房日期,并继续履行合同。法院经审理认为,开发公司开发的小区位于海南省沿海某市,台风是这里的常见天气现象。就开发公司而言,在履行合同过程中出现台风天气以致影响工程进度,是完全可以预见到的。开发公司要求免责的理由不能成立。法院依法支持了原告的诉讼请求。

案例提示:一些房地产开发企业滥用不可抗力条款,破坏了合同的严肃性,损害了买受人的权益。买受人应当准确理解不可抗力的概念,严格区分不可抗力免责事由和房地产开发企业违约情形,依法维护自己的合法权益。

第十一条　商品房相关设施设备交付条件

（一）基础设施设备

1.供水、排水：交付时供水、排水配套设施齐全，并与城市公共供水、排水管网连接。 使用自建设施供水的，供水的水质符合国家规定的饮用水卫生标准，_____；

2.供电：交付时纳入城市供电网络正式供电，_____；

3.燃气：【住宅商品房交付时完成室内燃气管道的敷设，并与城市燃气管网连接，保证燃气供应，_____】【非住宅商品房_____】；

4.电话通信：交付时线路敷设到户；

5.有线电视：交付时线路敷设到户；

6.宽带网络：交付时线路敷设到户；

7.供暖：_____；

8._____；

以上第1、2、_____、_____项由出卖人负责办理开通手续并承担相关费用；第3、4、5、6、_____、_____项需要买受人自行办理开通手续。

如果约定期限内基础设施设备未达到交付使用条件，双方同意按照下列第_____种方式处理：

（1）以上设施中第1、2、3、_____、_____项在约定交付日未达到交付条件的，出卖人按照本合同第十三条的约定承担逾期交付责任；

第4项未按时达到交付使用条件的，出卖人按日向买受人支付_____元的违约金；第5项未按时达到交付使用条件的，出卖人按日向买受人支付_____元的违约金；第6项未按时达到交付使用条件的，出卖人按日向买受人支付_____元的违约金；第_____项未按时达到交付使用条件的，出卖人按日向买受人支付_____元的违约金。 出卖人采取措施保证相关设施于约定交付日后_____日之内达到交付使用条件。

（2）_____。

（二）公共服务及其他配套设施（以建设工程规划许可为准）

1.小区内绿地率：_____年_____月_____日达到_____；

2.小区内非市政道路：_____年_____月_____日达到_____；

3.规划的车位、车库：_____年_____月_____日达到_____；

4.物业服务用房：_____年_____月_____日达到_____；

5. 医疗卫生机构：_____年_____月_____日达到_____；

6. 幼儿园：_____年_____月_____日达到_____；

7. 学校：_____年_____月_____日达到_____；

8. _____；

9. _____；

以上设施未达到上述条件的，双方同意按照以下方式处理：

1. 小区内绿地率未达到上述约定条件的，_____。

2. 小区内非市政道路未达到上述约定条件的，_____。

3. 规划的车位、车库未达到上述约定条件的，_____。

4. 物业服务用房未达到上述约定条件的，_____。

5. 其他设施未达到上述约定条件的，_____。

（三）关于本项目内相关设施设备的具体约定见附件五。

（四）全装修住宅内的装修和设备还应约定以下内容：

1. 厨房交付时可以正常使用，_____；

2. 卫生间交付可以正常使用，_____；

3. _____；

4. _____。

以上内容中第1、2项在约定交付日未达到交付条件的，出卖人按照本合同第十三条的约定承担逾期交付责任。

第_____项未按时达到交付使用条件的，出卖人按日向买受人支付_____元的违约金；出卖人采取措施保证相关设施于约定交付日后_____日之内达到交付使用条件。

【概要】

本条是有关商品房基础设施设备、公共服务及其他配套设施、全装修住宅装修和设备的交付条件的约定以及出卖人违约时处理方式的约定。

【说明】

随着人们生活品质的日益提高，商品房满足居住需求的内涵也在不断地扩张——以遮风避雨的基础需求为中心向以居住方便、舒适的辅助需求延伸。不光要求商品房本身质量合格、能够满足基本的遮风避雨功能，还要求商品房在实际使用过程中，以人们的日常生活需要为依据，能够尽可能地在衣食住行方面提供方便，具体体现在商品房配套设施与设备方面。商品房基本功能与辅助商品房基本功能最大限度实现的周边功能已形成不可分割的整体，在商品房交易中，也需要将两者结合起来，可以说本合同示范文本第十条约定的是商品房本身应具备的质量安全方面的标准，而本条是针对商品房基本标准的延伸，是对辅助商品房基本功能最大限度实现的周边功能的具体体现,通过对商品房相关设施设备交付标准的约定来保证周边功能的有效实现。

基础设施设备、公共服务及其他配套设施共同构成商品住宅居住区相关设施设备。基础设施设备主要是指与商品房及商品房所在小区建设相配套的供水、供电、燃气、排水、环卫、电话通信、路灯、有线电视、宽带网络等设施设备。公共服务及其他配套设施是指与商品房及商品房所在小区建设相配套的道路、绿化、教育、医疗卫生、文化体育、社会服务、行政管理、基本单元服务、商业服务等设施。基础设施设备、公共服务及其他配套设施状况是购房者选择商品房的重要考虑因素,小区基础设施设备、公共服务及其他配套设施能否按期正常使用也是是否引起入住纠纷的一个重要因素。有的小区在入住时整个小区仍是个大工地,小区道路未完工,配建学校没踪影,临时建筑尚在,等等。因此,买卖双方应在签订合同时就基础设施设备、公共服务及其他配套设施正常投入运行的日期做出明确的约定。

(一)基础设施设备、公共服务及其他配套设施交付条件的约定

(1)供水、供电、供暖、燃气、电话通信、有线电视、宽带网络等基础设施设备应当在房屋交付前达到正常使用条件。由于这些基础设施设备的正常运行是商品房能够正常居住的前提条件,因此买卖双方还是有必要在合同中约定供水、供电、燃气等基础设施设备正常运行的日期,并约定如果上述基础设施设备不能正常运行,应认定为该商品房不符合交付使用的条件。商品房基础设施设备不仅要连接到商品房内,还有需要与相应的服务方办理开通手续,一般来说供水、排水及供电开通手续由出卖人负责办理并承担费用,而关于燃气、电话通信、有线电视、宽带网络等方面的开通需要由买受人自己办理并承担费用。

(2)小区内非市政道路、车库(车位)的正常运行也是商品房使用功能正常发挥的重要条件。随着私家车数量的急剧增加,买受人对小区内非市政道路、车库(车位)的要求越来越高。在签订合同时可以明确约定小区道路的布局及建设标准、车库(车位)类型、位置、建设标准、具备正常使用条件的时间等。在商品房交付使用时,小区道路应当完工并符合车辆行驶条件,车库(车位)应已具备交付使用条件。实践中某些分期开发的项目,部分先开发的楼盘交付时,小区道路还未完全建设好,规划大门尚未完全建成,先行入住业主外出需绕大半个工地,出入是非常不方便的,缺少具体的约定,在商品房交付时也很容易产生争议。

(3)绿化工程应当在房屋交付前完工。绿地率是规划控制指标之一,绿化部门根据规划指标对绿化设施进行检查验收,绿化没达到规定比例的,不能通过验收。目前有关绿化的主要纠纷是绿化面积"缩水"和绿化标准降低。

绿化面积"缩水"有两种情况:一是出卖人的不实宣传,将不可能实现的条件作为宣传内容,误导买受人;二是合同签订后,未经买受人同意,擅自修改小区规划,在规划绿地上建造建筑物、车位、道路等。绿化标准的降低主要是将原来承诺的乔灌木变为草坪,或者使用镂空式草砖或上墙上顶式植被,虽然绿地率未改变,但房地产开发企业提高了土地利用率并降低了绿化成本。为避免此类纠纷的发生,买受人在签订合同前,应了解规划部门批准的绿地率,以核实出卖人有关绿化设施承诺的真实性;在签订合同时应在小区平面图上明确标明绿化设施及其面积、植被名称等。

(4)教育设施、物业服务用房、医疗卫生机构等与小区相配套的公共服务配套设施的交付使用日期应根据城建计划约定,但位于小区内的相关配套设施原则上应当在房屋交付前达到交付使用条件。所有公共服务配套设施达到使用条件的日期、位置、面积、结构布局、建设标准等应当尽可能在合同中予以明确。

(5)关于本项目相关设施设备的约定。

本条以兜底的方式对项目的相关设施设备进行明确,并以附件的形式供出卖人与买受人补充。一般来说住宅小区还包括小区垃圾堆放点、小区的配电房、小区的通信设施等,如果小区中有,建议在附件中明确具体的位置、交付条件等。因为这些设施很多时候会成为个别或者部分业主的不利因素,在商品房交易中也常常发生纠纷。

(6)全装修住宅房屋装修及设备的特别约定。

全装修住宅在交付使用时即应当具备基本使用功能,其中厨房、卫生间基本设施配置应当完备,买受人可以直接入住、正常居住使用。本条以列举的方式对全装修住宅内的基本使用分区和功能要求进行了约定:①厨房必须达到可以正常使用的标准。这里需要注意,燃气一般需要由买受人自己开户开通,而厨房正常使用一般都需要使用燃气,所以本条中需要衔接好燃气开通的问题。②卫生间达到可以正常使用的标准,卫生间是居住必备要求,不应当出现渗漏水、管道堵塞等影响正常使用的情形。为了便于判定,出卖人与买受人可以就厨房及卫生间正常使用的界定标准进行约定,明确达到正常使用的证明标准或证明方法,强化该条款的可操作性。出卖人与买受人还可以约定全装修住宅内其他装修及设备的交付标准,如家电、家具的正常使用要求等,同时明确未达到约定标准的违约责任。

(二)基础设施设备、公共服务及其他配套设施的建成与正常运行

2004年国务院取消住宅小区等群体房地产开发项目竣工综合验收行政审批后,基础设施设备、公共服务及其他配套设施建设的监督管理缺乏相应的法律依据,而居住区配套设施的建设标准、竣工验收、交付使用等问题与居民生活密切相关,容易引发矛盾,投诉争议较多。因此,部分地方出台了地方性管理条例,如2006年12月浙江省第十届人民代表大会常务委员会审议通过了《杭州市居住区配套设施建设管理条例》(以下简称《条例》)。该《条例》规定,出卖人应当在开工建设前与建设行政主管

部门签订居住区配套设施建设合同。居住区配套设施应当在配套设施建设合同中明确建设周期或者分期建设的期限,与同期住宅建设项目同步规划设计,同步配套建设,按规定交付使用。出卖人按照配套设施建设合同约定完成配套设施建设义务的,应当向建设行政主管部门报告。建设行政主管部门应当对开发建设单位履行配套设施建设合同的情况进行检查,确认出卖人已经完全履行配套设施建设合同义务后,建设行政主管部门予以核发《配套设施建设合同履行确认证明书》。

在建设行政主管部门核发《配套设施建设合同履行确认证明书》前,出卖人应取得以下证明文件:①社区配套用房、物业用房、自行车库等配套服务设施移交协议;②供水、供电、供气、排水、电信、电视、邮政、垃圾处理等市政管线设施管理部门验收或开通意见;③规划等单项验收合格证(意见书);④工程竣工验收备案表;⑤涉及配套公建项目的测绘成果报告;⑥方案设计、扩初设计的批复及附图;⑦住宅区配套公建项目建设合同书;⑧建设工程规划许可证及附件、附图;⑨标准地名批准文件(使用证);⑩建筑竣工总平面图(原件)。

出卖人在约定的期限内取得《配套设施建设合同履行确认证明书》的,应认定基础设施、公共配套建筑已建成并在合同规定的日期内达到使用条件。如果出卖人与买受人另行约定基础设施、公共配套建筑正常运行标准,出卖人建成的基础设施、公共配套建筑还应在规定日期内达到约定标准。

(三)基础设施设备、公共服务及其他配套设施未在约定日期达到交付条件时的处理方式

基础设施设备、公共服务及其他配套设施未按约定达到使用条件的,可以分为以下几种情况分别约定处理方式:

(1)逾期达到交付条件且影响了商品房正常使用的,如供水、供电、燃气不能正常运行的,应视作逾期交房,出卖人应按逾期交房承担违约责任。如买受人购买的是全装修住宅,交付时厨房或者卫生间未达到正常使用标准的,应视作逾期交房,出卖人按照逾期交房承担违约责任。

(2)逾期达到交付条件但不影响商品房正常使用的,如有线电视、电话通信、宽带网络不能正常运行但不影响商品房正常使用的,买卖双方可以约定由出卖人支付一定数额或房价款一定比例的违约金。

(3)如果出卖人已报经规划部门批准变更规划,商品房买卖合同中约定的基础设施设备、公共服务及其他配套设施将不再建造,买受人应当有权选择解除合同。买受人不解除合同的,出卖人应支付一定数额或一定比例的违约金。

【注意事项】

(1)由于部分公共配套建筑能否按时投入正常运行的决定因素不在出卖人,出卖人可以为自己设定一定的免责条款,但免责事由应限制为不可抗力和重大规划调整。

(2)买受人在购买商品房的同时购买了出卖人出售的车位(库)的,买受人应将出卖人交付商品房和交付车位(库)的义务联系起来。出卖人只交付了商品房而没有交付车位(库)的,给买受人的生活带来不便;出卖人只交付了车位(库)而没有交付商品房的,所得到的车位(库)没有使用价值。因此,买卖双方可在商品房买卖合同中约定:出卖人应当在交付商品房的同时交付车位(库)。出卖人在商品房交付时,车位(库)未达到使用条件的,视同逾期交房。

(3)买受人还可以在合同中就小区环境卫生状况应达到的程度做出约定。如:出卖人应在房屋交付前拆除小区内全部临时设施,将建筑垃圾清理干净。

◎ **案例一** 徐先生购买了一套高档商品房,合同约定在2001年5月1日前交付,出卖人承诺在房屋交付前供水、供电、道路等基础设施达到使用条件。2001年4月20日,出卖人通知徐先生在4月28日办理入住手续。徐先生到达现场一看,整个小区还像个工地,小区道路正在建造,大部分窨井没有加盖,临时设施没有拆除,建筑垃圾满地,从小区大门口通往徐先生所购商品房的是一条只有一米宽的临时便道。徐先生由于基础设施未达到使用条件,拒绝办理房屋交接手续。而出卖人认为,该项目已经验收合格,符合合同约定的交房条件;小区基础设施也达到了供水、供电、通行的合同要求。徐先生若不办理房屋交接手续,应按照合同约定承担违约责任。徐先生与其他遇到同样问题的购房户经过商讨,认为合同约定比较模糊,对出卖人的制约机制不够明确,最后选择了退让。

案例提示:如果买受人在签订购房合同时将基础设施设备达到使用条件约定为房屋交付的条件之一,出卖人在道路未完工之前即使已通过了验收,买受人也有权拒绝接收房屋。另外,本案也提醒买卖双方,在签订合同时应明确约定基础设施设备达到使用条件的标准。

第十二条　交付时间和手续

(一)出卖人应当在＿＿＿＿年＿＿＿＿月＿＿＿＿日前向买受人交付该商品房。

(二)该商品房达到第十条、第十一条约定的交付条件后,出卖人应当在交付日期届满前_____日(不少于 10 日)将查验房屋的时间、办理交付手续的时间地点以及应当携带的证件材料的通知书面送达买受人。 买受人未收到交付通知书的,以本合同约定的交付日期届满之日为办理交付手续的时间,以该商品房所在地为办理交付手续的地点。

_____。

交付该商品房时,出卖人应当出示满足第十条约定的证明文件。 出卖人不出示证明文件或者出示的证明文件不齐全,不能满足第十条约定条件的,买受人有权拒绝接收,由此产生的逾期交付责任由出卖人承担,并按照第十三条处理。

(三)查验房屋

1.办理交付手续前,买受人有权对该商品房进行查验,出卖人不得以缴纳相关税费(住宅专项维修资金除外)或者签署物业管理文件作为买受人查验和办理交付手续的前提条件。

2.买受人查验的该商品房存在下列除地基基础和主体结构外的其他质量问题的,由出卖人按照有关工程和产品质量规范、标准自查验次日起_____日内负责修复,并承担修复费用,修复后再行交付。

(1)屋面、墙面、地面渗漏或开裂等;

(2)管道堵塞;

(3)门窗翘裂、五金件损坏;

(4)灯具、电器等电气设备不能正常使用;

(5)吊顶开裂;

(6)瓷砖剥落开裂;

(7)墙面剥落、开裂;

(8)地砖、地板起翘、开裂;

(9)_____。

3.查验该商品房后,双方应当签署商品房交接单。 由于买受人原因导致该商品房未能按期交付的,双方同意按照以下方式处理:

(1)_____;

(2)_____。

【概要】

本条是对商品房交付时间、交接时双方权利义务的约定。

【说明】

(一)对交付使用的理解

在司法实践中,一些商品房买卖合同的当事人对"交付使用"有不同理解,出卖人往往认为"交付使用"就是"交钥匙",而买受人则认为,"交付使用"不仅是领取房屋钥匙,还应同时办理交付房屋的所有权证书,由此引发许多纠纷。

根据《合同法》第一百三十三条和第一百三十五条规定,商品房买卖合同的出卖人负有向买受人交付房屋并转移所有权的义务。所谓房屋的交付使用,就是出卖人将已建成的房屋转移给买受人占有,其外在表现主要是将房屋的钥匙交付给买受人或者签署房屋交接单。但房屋的交付使用并不意味着房屋所有权的转移。对于一般动产,若当事人之间无特别约定,在标的物交付的同时所有权即发生转移,出卖人只要将标的物交付给买受人即履行了转移所有权的义务。而房屋作为不动产,根据我国《城市房地产管理法》的规定,只有办理登记手续后,房屋所有权才发生转移。为统一认识,法释〔2003〕7号《解释》第十一条规定:对房屋的转移占有,视为房屋交付使用。但当事人另有约定的除外。

(二)出卖人在交付使用时所应提交的证明

(1)该商品房取得建设工程竣工验收备案证明文件。

根据本合同示范文本第十条的约定,房地产开发项目在交付前,应当经竣工验收合格并取得备案证明文件。出卖人应根据合同的约定提供相关证明。

(2)房屋实测测绘报告。

一般情况下,在商品房交付时产权证尚未办理,能证明所交付商品房面积的唯一证据是具有测绘资质的测绘单位出具的测绘报告。测绘报告是衡量出卖人是否按照合同履行义务的重要依据,买受人通过测绘报告了解所交付商品房的面积是否符合合同约定,买卖双方一般还根据测绘报告上所记载的建筑面积来结算房价款。因此,出卖人在交付房屋时应提供测绘报告。

(3)《住宅质量保证书》和《住宅使用说明书》。

为了保护购房者的合法权益,加强商品住宅售后服务管理,1998年建设部(现住房和城乡建设部)制定了《商品房住宅实行质量保证书和住宅使用说明书制度的规定》。规定自1998年9月起,房地产开发企业在向用户交付销售的新建的商品住宅时,必须提供《住宅质量保证书》和《住宅使用说明书》。实行两书制度,对于规范销售行为,减少交易纠纷,保护购房者的合法权益,起到了一定的作用。非住宅商品房可参照上述两书制度执行。

《住宅质量保证书》是房地产开发企业对销售的商品住宅承担质量责任的法律文件。房地产开发企业应按《住宅质量保证书》的约定,承担维修责任。商品住宅售出后,委托物业管理公司等单位维修的,应在《住宅质量保证书》中明示所委托的单位。《住宅质量保证书》应包括以下内容:

①工程质量监督部门核验的质量等级。

②地基基础和主体结构在合理使用寿命年限内承担保修。

③正常使用情况下各部位、部件保修内容与保修期。

④用户报修的单位，答复和处理的时限。

⑤地方性法规、地方政府规章规定的其他内容。如《杭州市住宅工程质量分户检验管理暂行规定》规定，建设单位在出售房屋时应依据《房屋建筑工程竣工验收报告》和每一户的住宅工程质量分户检验记录，按户向住宅买受人出具《住宅工程质量保证书》及《住宅分户检验合格标识》。《住宅分户检验合格标识》是《住宅工程质量保证书》的附件。

《住宅使用说明书》是房地产开发企业在商品房住宅销售中为明确质量责任，对住宅的结构、性能和各部位（部件）的类型、性能、标准等做出说明，并提出使用注意事项。一般应包括以下内容：

①开发单位、设计单位、施工单位，委托监理的应注明监理单位。

②结构类型。

③装修、装饰应注意事项。

④上水、下水、电、燃气、热力、通信、消防等设施配置的说明。

⑤有关设备、设施安装预留位置的说明和安装注意事项。

⑥门、窗类型，使用注意事项。

⑦配电负荷。

⑧承重墙、保温墙、防水层、阳台等部位注意事项的说明。

⑨其他需要说明的问题。

住宅中配置的设备、设施，生产厂家另有使用说明书的，应附于《住宅使用说明书》中。

（4）住宅分户空气质量检测合格报告。

住宅室内空气中的游离甲醛、苯、氨、氡、总挥发性有机化合物（TVOC）等对人体健康有害。商品房交付时，室内空气污染物的活度和浓度应当符合《住宅建筑规范》《民用建筑工程室内环境污染控制规范》规定限值（详见下表）。全装修住宅交付时还应当取得第三方专业检测机构出具的住宅分户空气质量检测合格报告。

污染物名称	活度、浓度限值
氡	$\leq 200 Bq/m^3$
游离甲醛	$\leq 0.08 mg/m^3$
苯	$\leq 0.09 mg/m^3$
氨	$\leq 0.2 mg/m^3$
总挥发性有机化合物（TVOC）	$\leq 0.5 mg/m^3$

(三)交接程序

我国现行法律法规、规章及规范性文件对商品房交接的具体程序并无明确规定。商品房交接的一般程序如下：

(1)交房通知书。商品房具备交付使用条件后,出卖人应向买受人发出交房通知书。在整个交接程序中,交房通知书是一份十分重要的文书。通常情况下,出卖人会在公证处的公证下寄送交房通知书给买受人;出卖人未书面通知买受人交房的,就无法启动商品房交接程序,因此导致逾期交房的违约责任应由出卖人承担;出卖人书面通知后,买受人未收到交房通知书的,按照本合同示范文本的约定,以合同约定的交付日期届满之日为办理交付手续的时间,以房屋所在地为办理交付手续的地点。交房通知书一般应将房屋查验交接的时间、地点、须带的资料及该交的费用一一说明。交房通知书的送达时间应当是合同约定交付日期届满的 10 日之前。如果买受人接到交房通知书,因自身原因不能前去办理交接手续,可以委托他人办理,但必须出具买受人的授权委托书。

(2)检查验收。出卖人在交付房屋前虽已经验收合格,但验收合格并不表明出卖人所交付的房屋一定符合出卖人与买受人所签合同的约定。因此,买受人在接收房屋前应按照合同约定对房屋进行验收,出卖人应当给买受人预留检查验收的时间,不得以缴纳相关税费(房价款、住宅专项维修资金除外)或者签署物业管理文件作为检查验收的前提条件。买受人对房屋进行的验收通常包括以下几个方面:

①查验拟交付房屋是否为买受人所购买房屋。若拟交付房屋与商品房买卖合同或商品房预售合同及其附件、补充协议不符,应及时通知出卖人,重新进行核对。如商品房的特定位置不变,但房号或者地名、坐落发生变化,应当以项目所在地的地名主管部门核定为准。

②查验拟交付房屋的户型、朝向、结构、空间尺寸及供热、采暖方式等是否与商品房买卖合同约定的一致。如有不符,应及时通知出卖人。

③核对房屋面积。买受人核对房屋建筑面积,并根据实际需要,查验购买房屋分摊公共面积的情况。买受人认为房屋面积实测技术报告书记载的有关数据与实际不符,可委托有资质的房产测绘机构进行测绘。买受人对出卖人提供的房屋面积实测技术报告书无异议的,根据此报告书记载的相应数据,判断商品房买卖合同中据以计算房屋价款的面积与实测面积是否有误差及误差比。

④查验房屋的地基基础及主体结构质量。买受人查验发现拟交付房屋地基基础或主体结构质量存在问题的,应及时通知出卖人,必要时可委托有资质的检测机构进行检测。拟交付房屋地基基础或主体结构质量经检测不合格的,买受人可按照商品房买卖合同有关条款的约定分别做出相应选择:(a)根据商品房买卖合同的约定,此

种情况可以选择退房的,可以按照约定选择退房,并要求出卖人承担相应的违约责任;(b)要求出卖人予以修复,直至合格,修复至合格之前,视为房屋未交付,由出卖人承担逾期交房的违约责任。

⑤查验拟交付房屋是否存在其他质量问题。买受人发现拟交付房屋存在其他质量问题,应逐项做好书面记录,并可根据实际情况,与出卖人协商予以修复,修复费用由出卖人承担。其他质量问题主要有:屋面、墙面、地面渗漏或开裂;管道堵塞;门窗翘裂、五金件损坏;电气设备不能正常使用;吊顶开裂;瓷砖剥落开裂;墙面剥落开裂;地砖、地板起翘、开裂;等等。

⑥查验房屋的市政基础设施。按商品房买卖合同的条款、附件及补充协议之约定检查拟交付房屋内的上下水、供电、供热、燃气等市政基础设施的完好程度及使用状况。

⑦查验房屋的装饰和设备。按商品房买卖合同及其附件、补充协议的约定查验拟交付房屋内的各项装饰和设备是否符合约定标准。

⑧查验约定的公共设施。按商品房买卖合同及其附件和补充协议的约定查验电梯、公共绿地、公共道路、公共停车位、幼儿园、学校、会所、购物中心、体育设施等公共设施是否如期达到约定条件。

⑨查验设计和规划。查验拟交付房屋及其所在楼座、所在小区的设计或规划是否存在未经审批单位批准擅自变更或有关变更虽经批准但未在规定的期限内书面通知买受人等情况。如果买受人对所交付的商品房的建筑质量、空间尺寸、室内设施、室外环境、公共设施质量等均无异议,应当签署商品房交接单;如果买受人发现出卖人所交付的商品房和小区配套设施等不符合合同约定的,应以书面形式在合同约定的期限内或合理期限内向出卖人提出异议,出卖人认为异议成立的,应予以修复整改,修复后再行交付或采取双方同意的其他处理方式。买卖双方对所交付的商品房是否符合合同约定有不同意见的,可协商解决,协商不成的,按照合同约定的方式共同委托检测机构进行房屋质量检测;买卖双方也可直接向人民法院起诉或向仲裁机关申请仲裁。

(3)结算房款、缴纳物业专项维修资金及合同约定的其他费用。买受人购买预售商品房的,出卖人与买受人应在交接房屋时根据商品房面积实测技术报告结算房价款。如果物业专项维修资金未含入房价,买受人在交接房屋时应缴清物业专项维修资金(也有一些地区规定在收取房价款时一并收取),以不影响产权证的办理。

(4)签署房屋交接单。买受人确认出卖人所交付的房屋符合法律规定和合同约定,出卖人也已确认买受人按合同约定履行了付款义务,合同双方就应签署房屋交接单。所购商品房为住宅的,出卖人还需提供《住宅质量保证书》和《住宅使用说明书》。出卖人交付房屋使用权的义务即告履行完毕,买受人自此对房屋拥有占有、使用、收益的权利。

(5)缴纳先期物业服务费以及代办产权证所需要缴纳的税、费。商品房交付后,不论买受人是否入住,均开始缴纳物业服务费。因此,出卖人或出卖人依法选定的前期物业服务企业会要求买受人在接收房屋时预交几个月的物业服务费,并办理物业管理的相关手续;如果产权证由出卖人或中介公司代办的,出卖人或中介公司往往也会要求买受人在房屋交接时付清办理产权证的费用。

(四)房屋的风险转移

风险转移的约定是买卖合同中一个很重要的条款,通过风险转移条款的约定,在不可归责于当事人之间的原因而造成的标的物毁损、灭失时由承担风险的一方来承担。根据我国《合同法》的规定,我国对风险承担转移采用交付主义,即无论买卖合同的标的物所有权是否转移,只要标的物已经交付,即由标的物的占有人承担风险责任。该规定的出发点是,标的物交付后,买受人对标的物可行使直接占有、管理乃至使用、收益权,占有人维护标的物最为方便,并能有效防范风险的发生。相对而言,标的物的所有权人没有实际管理、支配该标的物,难以有效地维护标的物,防范风险的发生。法释〔2003〕7号《解释》根据《合同法》的这一规定将房屋的交付使用作为风险转移承担的划分依据,规定房屋的毁损、灭失风险在交付使用前由出卖人承担,交付使用后由买受人承担。

(五)由于买受人原因,未按期交付时的处理方式

(1)出卖人与买受人双方应在合同中明确属于"由于买受人的原因导致该商品房未能按期交付"的情形,以避免当出卖人发出入住通知书后,买受人因对房屋的质量、面积等方面存在异议,而拒绝在交接单上签字时陷入被动。若买受人在接到入住通知后,无正当理由,不前来办理交接手续或拒绝在《房屋交接书》上签字,可以认定为是"由于买受人的原因导致该商品房未能按期交付"。

(2)由于买受人的原因,未能按期交付房屋的,买受人应当赔偿出卖人经济损失或支付与经济损失相当的违约金。出卖人的经济损失主要是物业服务费、公摊能耗费的损失,因此,买卖双方约定的违约金也应当与物业服务费、公摊能耗费相当。另外,根据法释〔2003〕7号《解释》的规定,买受人在接到出卖人的书面交房通知,无正当理由拒绝接收的,房屋毁损、灭失的风险自书面交房通知确定的交付使用之日起由买受人承担,但法律另有规定或者当事人另有约定的除外。

【注意事项】

(1)买卖双方在房屋交接过程中因对交接程序存在分歧而引发纠纷的也不少见,因此买卖双方应在合同中明确约定房屋交接的程序,并应约定在正式交接前给买受人预留一定的验收时间,同时约定买受人提出异议的期限。双方不得约定"在《房屋交接单》上签字后才能领取钥匙进入房屋"等对买受人明显不公平的内容。

(2)买卖双方应明确约定在房屋交接时买受人应支付的费用项目、数量、金额。

(3)如果买受人担心在房屋交接过程中自己的合法权益受到损害,可以委托律师、验房专业人士作为买受人的代理人接收房屋。

(4)如果买卖双方对房屋存在的质量问题无异议的,出卖人应当在约定期限内完成修复,并及时通知买受人进行复验、办理交付手续,买受人应当予以配合。出卖人承担修复费用外,如在修复期间还给买受人造成其他实际损失的,应当承担相应赔偿责任。

◎ **案 例 一**　某高校王老师购买了一套商品房。在合同约定的交房日期之前 15 天,王老师收到了房地产开发企业寄送的入住通知书,通知王老师在 15 天后随带购房合同、身份证明以及物业维修资金和预付的 6 个月物业服务费共 6000 元前去现场办理交房手续。王老师按通知书规定的时间来到交房现场,由于房地产开发企业要求先付清款项并在房屋交接单上签字后,才能领取钥匙进入自己购买的商品房,众多买受人表示不满,现场比较混乱。王老师因为看房心切就按照房地产开发企业的要求付款、签字、领取钥匙。进入所购的商品房后,王老师发现,室内各房间面积与合同约定并不完全一致,墙体多处开裂,卫生间只有下水道,没有进水管。王老师与房地产开发企业交涉,房地产开发企业表示王老师已经在房屋交接单上签字并已实际接收房屋,房地产开发企业的交房义务已履行完毕。后经过多次协调,房地产开发企业只同意按照保修规定对王老师的房屋进行维修。

案例提示:买卖双方应当在合同中明确约定房屋交接程序以及房屋交接时费用结算等事项,以免在房屋交接时发生纠纷。出卖人不得以未预缴物业服务费或未签房屋交接单为由拒绝买受人查验房屋、领取钥匙的要求。

◎ **案 例 二**　某项目自 2005 年 12 月底开始交房以后,谢先生等业主拒绝收房,并在 2006 年 7 月 13 日向人民法院起诉。起诉状诉称,按合同、沙盘模型和楼书约定,该项目的小区配套设施建设、商品房局部质量、建筑材料等七个方面不符合要求,因此,不具备交付条件,并据此要求房地产开发企业立即对未完成部分进行整改并要求房地产开发企业向业主支付逾期交房违约金。房地产开发企业辩称该项目在通过国家规定的各项验收后,已取得了竣工验收备案表;房地产开发企业也按合同约定向业主寄送了交房通知书,并准备了《住宅质量保证书》《住宅使用说明书》。因此,谢某等业主所购商品房已在合同约定期限内达到交付使用条件。当地区、市两级法院经审理后认为,房地产开发企业在按要求将房屋及相关配套设施建成后通过竣工验收并取得了竣工验收备案表,房屋交付条件已经成就,至于个别业主提出的局部质量等影响其使用的问题,原告可以在收房后通过索赔来行使权利,并据此驳回了大部分业主的诉讼请求。但对于个别业主,由于房地产开发企业不能提供证据证明其向业主寄送了交付通知书,判决房地产开发企业对此承担一定期限的逾期交房责任。

案例提示:不少购房者认为,开发公司拟交付的房屋只要有一处瑕疵,购房者就可以拒绝收房,在自己最终完成收房之前,开发公司都应承担逾期交付的责任;而购房者一旦与开发公司办理了交接手续,则放弃了该权利。因此,很多购房者就以非理性的方式拒绝收房。通过本案,我们可以认识到,只要商品房已经具备法律规定及合同约定交付使用条件,并向购房者寄送交房通知,且没有证据证明该商品房存在地基基础和主体结构问题或严重影响使用的质量问题,即使购房者拒绝收房,房地产开发企业也不必承担逾期交房的责任;同时,该案也提醒房地产开发企业应妥善保管向购房者送达交付通知的证据。

第十三条　逾期交付责任

除不可抗力外,出卖人未按照第十二条约定的时间将该商品房交付买受人的,双方同意按照下列第_____种方式处理:

1. 按照逾期时间,分别处理[(1)和(2)不做累加]。

(1)逾期在_____日之内[该期限应当不多于第九条第1(1)项中的期限],自第十二条约定的交付期限届满之次日起至实际交付之日止,出卖人按日计算向买受人支付全部房价款万分之_____的违约金[该违约金比率应当不低于第九条第1(1)项中的比率]。

(2)逾期超过_____日[该期限应当与本条第(1)项中的期限相同]后,买受人有权解除合同。 买受人解除合同的,应当书面通知出卖人。 出卖人应当自解除合同通知送达之日起15日内退还买受人已付全部房款(含已付贷款部分),并自买受人付款之日起,按照_____%(不低于中国人民银行公布的同期贷款基准利率)计算给付利息;同时,出卖人按照全部房价款的_____%向买受人支付违约金。

买受人要求继续履行合同的,合同继续履行,出卖人按日计算向买受人支付全部房价款万分之_____[该比率应当不低于本条第1(1)项中的比率]的违约金。

2._____。

【概要】

本条是有关出卖人逾期交房违约责任的约定。

【说明】

出卖人应当按照合同约定,将符合交付使用条件的商品房按期交付给买受人。未能按期交付的,出卖人应当承担违约责任。

(一)逾期交房违约责任的形式

(1)支付违约金,合同继续履行。逾期交房的违约责任,可以参照逾期付款的违约责任,即逾期交付没有超过约定的期限,或虽超过了约定期限,但买受人要求继续履行合同的,合同继续履行,由出卖人赔偿损失或承担约定的违约金。

(2)解除合同,退还房款,赔偿利息损失,支付违约金。逾期交付超过约定期限的,买受人有权解除合同,合同解除后,出卖人应当向买受人返还购房款、支付约定比例的违约金并以不低于央行公布的同期贷款基准利率赔付已付房款(含已付贷款部分)的利息损失。

买受人选择解除合同的,应在法律规定或合同约定解除权行使期限内行使权利;法律没有规定或当事人没有约定的,根据法释〔2003〕7号《解释》第十五条第二款的规定,解除权行使的合理期限为出卖人催告后的三个月,出卖人没有催告的,解除权应当在解除权发生之日起一年内行使;逾期不行使的,解除权消灭。

(二)不可抗力及其他免责事由的约定

根据《合同法》第一百十七条的规定,因不可抗力不能履行合同的,根据不可抗力的影响,部分或者全部免除责任。因此,商品房买卖合同的出卖人经常以不可抗力为"挡箭牌"来免除自己迟延交房的违约责任,由此产生了一系列纠纷。

1. 不可抗力的概念及构成要件

根据《中华人民共和国民法总则》(下简称《民法总则》)第一百八十条的规定:"不可抗力"是指不能预见、不能避免且不能克服的客观情况。其构成要件包括以下几个方面:

(1)该事件是在合同订立后发生的。在订立合同时,当事人就知道或应当知道的事件,不能作为不可抗力要求免责。

(2)该事件是在订立合同时,双方都不能预见的。如果依商业常识在订立合同时即应预见的事件不构成不可抗力。

(3)该事件不是由于任何一方的过失引起的。这是援引不可抗力作为免责条件的一个非常重要的前提,即双方对该事件的发生都没有过错。如果该事件是由于一方过失引起的,则视同该方当事人违约,须承担违约责任。

(4)该事件的发生是不可避免而且是人力所不可克服的。如果一个事件的发生完全可以通过当事人及时合理的作为而避免,则不属于不可避免。不可克服性是指合同的当事人对于意外发生的某一事件所造成的损失不能克服。如果某一事件造成的结果是可以通过当事人的努力而克服的,那么这个事件就不是不可抗力事件。同样,如果一个事件造成的结果虽不能克服,但可以通过当事人的努力得到缓解,那么由于当事人的过错而没有缓解的部分不能属于不可克服的。这在法律上表现为发生不可抗力后,因当事人的过错而使损失扩大的部分不能免责。

2.不可抗力的范围

从不可抗力的定义可见,凡属于不可预见、不可避免且不能克服的客观情况均属于不可抗力的范围。具体有:①自然灾害。如地震、洪灾等。②社会异常事件。这主要是指一些偶发的事件阻碍合同的履行,如战争、罢工、骚乱等。③政府行为。这是指当事人在订立合同以后,政府颁发的新的法律法规而导致合同不能履行的。

除了不可抗力,买卖双方还可以协商确定房地产开发企业可以免责的其他事由,如规划部门根据法律规定调整市政规划的,在施工现场有重大考古发现的。在这种情况下,购房者应当服从社会公共利益的需要,免除房地产开发企业逾期交房的违约责任。

但下列情况不属于商品房买卖合同履行过程中的不可抗力,也不属于房地产开发企业可以免责的其他事由:

(1)房屋在建设过程中天气异常。如一些房地产开发企业要求将冬季寒冷、春夏梅雨约定为不可抗力。实际上,冬季肯定寒冷,江南地区春夏季节肯定有梅雨,这是双方在签订合同时能够预见的情形。

(2)房屋建设过程中的设计变更。房屋在建设过程中的设计变更一般是由房地产开发企业提出的,是房地产开发企业单方面变更合同的行为,应当由房地产开发企业承担违约责任。如果设计变更是由于设计部门的过错造成的,根据《合同法》第一百二十一条的规定,当事人一方因第三人的原因造成违约的,应当向对方承担违约责任,当事人一方和第三人之间的纠纷,依照法律规定或者按照约定解决。房地产开发企业应先向购房者承担违约责任,再与设计部门处理合同纠纷。

(3)房屋在建设过程中的市政工程施工。许多商品房纠纷发生后,房地产开发企业往往以市政工程施工影响其房屋建设为由请求认定为不可抗力,但市政工程施工是按照城市规划的要求进行的,房地产开发企业进行房地产开发时应当预见到这种情形。

(4)商品房在建设过程中因承建单位或其他第三人的原因,导致工期延误。这种情形应根据《合同法》第一百二十一条的规定处理。

有的商品房买卖合同中还将"非出卖人所能控制的因素"约定为不可抗力事由或其他免责事由,这样的约定显失公平。

3.不可抗力的通知义务

根据《合同法》第一百一十八条的规定,当事人一方因不可抗力不能履行合同的,应当及时通知对方,以减轻可能给对方造成的损失,并应当在合理期限内提供证明。

在不可抗力事件发生以后,当事人一方因不可抗力的原因不能履行合同的,应当及时通知对方当事人,目的是使对方当事人知道不可抗力事件的发生以及合同不能履行的事实,从而让对方当事人能够及时采取措施,减少因合同不能履行而造成的损失。

此外,因不可抗力而不能履行合同的一方当事人还要在合理期限内向对方当事人提供不可抗力事件的证明。

(三)出卖人逾期交房的几种情形

在实践中,下列几种情况基本可以认定为出卖人逾期交房:

(1)除出现法律规定的不可抗力和合同约定的出卖人可以免责的事由以外,在双方约定的交付时间没有取得建设工程竣工验收备案证明文件。

(2)如果出现法律规定的不可抗力或双方约定的出卖人可以免责的事由,而出卖人没有在约定的时间内通知买受人或虽履行了通知义务但没有提供相应的证明文件。

(3)虽然出现了不可抗力或其他免责事由,但该不可抗力事件或其他免责事由是出现在合同约定的房屋交付日期之后。

(4)商品房交付时,基础设施、公共配套建筑没有达到合同约定的使用条件。如供水、供电、道路等未在规定日期内达到使用条件,影响商品房正常使用的,应作为逾期交房,出卖人应承担违约责任。

(5)因商品房存在质量问题,严重影响买受人居住使用,出卖人对商品房进行修复整改的期限超过约定交房期限的,可以认定为逾期交房。

(6)出卖人与买受人就商品房交付的条件有特别约定的,若没有达到特别约定的条件,出卖人也应承担违约责任。

在商品房交付使用时,如因商品房存在一般质量问题(如空鼓、裂缝、普通施工质量、门窗密封不严等)而进行整改的,即使整改时间超过约定交房期限,我们认为不应认定为逾期交房,而应根据实际整改期限,赔偿买受人实际损失(如整改期间的租金)。

(四)逾期交房的违约金计算

违约金的计算前提是实际产生了逾期交房的法律责任。关于违约金的数额,根据法释〔2003〕7号《解释》的规定,商品房买卖合同没有约定违约金数额或者损失赔偿额计算方法,违约金数额或者损失赔偿额可以参照以下标准确定:逾期交付使用房屋的,按照逾期交付使用房屋期间有关主管部门公布或者有资格的房地产评估机构评定的同地段同类房屋租金标准确定。也就是说,违约金的数额由双方当事人自行约定,在没有约定时,则适用本条之规定。但在约定了违约金数额的情况下,则需要同时考虑法释〔2003〕7号《解释》第十六条的规定:"当事人以约定的违约金过高为由请求减少的,应当以违约金超过造成的损失30％为标准适当减少;当事人以约定的违约金低于造成的损失为由请求增加的,应当以违约造成的损失确定违约金数额。"实践中,常见的约定为已付房款的万分之二至万分之三,一般不会涉及增加和减少的问题。

关于违约金的计算期限,分为两种情况。第一种是以商品房买卖合同中约定的交房日期为违约金计算的起算点,以实际交付日期为止算点。这里的实际交付日期有两种情形,其一是具备交付条件的前提下,以实际交付日期为准;其二是在不具备交付条件的前提下,以具备交房条件并且实际发生交付的日期为准。第二种仍然是以商品房买卖合同中约定的交房日期为违约金计算的起算点,以房地产开发企业已送达交房通知书中确定的交房日期为止算点。但这种情况需要具备两个前提条件:其一是该商品房已具备交付条件,其二是房地产开发企业的通知送达符合商品房买卖合同中关于通知送达形式的约定或法律的相关规定。

【注意事项】

(1)逾期交房给买受人造成的损失与逾期付款给出卖人造成的损失不同。逾期交房的财产损失最直接地表现为租金损失,同时还有可能破坏买受人的家庭生活计划,给买受人的生活带来诸多不便;而买受人逾期付款给出卖人造成的损失就是利息损失。因此,在约定违约责任时,逾期交房与逾期付款的违约责任应当有所区别。

(2)对于不可抗力以外的出卖人逾期交房免责事由应从严控制。对于这些特殊原因,买卖双方也应当约定一个告知期限及举证期限,即应约定出卖人在合理的时间内告知买受人并向买受人提供发生免责事由的证据。

(3)商品房是特殊商品,若不可抗力事件或其他出卖人免责事由的持续时间过长,会影响买受人的生活。如考古发现,有可能会延长工期几个月甚至一两年。因此,买卖双方可以在合同中约定不可抗力事件或其他出卖人的免责事由的持续时间达到一定期限时,买受人有权解除合同。合同解除后,出卖人向买受人返还全部购房款及同期银行贷款利息。

◎ **案 例** 　　胡先生向某房地产开发企业购买了价值近220万元的营业用房。按照合同约定,房地产开发企业应在2000年3月将验收合格的商品房交付。由于种种原因,房地产开发企业无法按期交付,于是,双方协商约定,如果房地产开发企业不能在2000年7月19日前交付商品房,每天要承担1000元的违约金。然而,直到2001年12月,房地产开发企业仍然没有交付,至此,房地产开发企业逾期508天。胡先生向仲裁委员会申请仲裁,要求房地产开发企业赔偿50.8万元,同时提起仲裁的还有另外7位购房者。2002年初,在仲裁庭的调解下,胡先生等人与房地产开发企业达成调解协议,房地产开发企业应在 2002 年 3 月 10 日前交付商品房,并一次性支付违约金 148 万元,其中,胡先生获得 20 万元。

　　案例提示:买卖双方应在合同中约定逾期交房的违约责任,合同中没有约定或约定不明确的,也可以订立补充协议或由出卖人出具书面承诺,确定出卖人的违约责任。出卖人逾期交房,买受人可以按照合同或补充协议的约定要求出卖人承担违约责任。

第十四条　面积差异处理

　　该商品房交付时,出卖人应当向买受人出示房屋测绘报告,并向买受人提供该商品房的面积实测数据(以下简称实测面积)。 实测面积与第四条载明的预测面积发生误差的,双方同意按照第＿＿＿＿＿＿＿种方式处理。

　　1. 根据第七条按照套内建筑面积计价的约定,双方同意按照下列原则处理:

　　(1)套内建筑面积误差比绝对值在 3% 以内(含 3%)的,据实结算房价款;

　　(2)套内建筑面积误差比绝对值超出 3% 时,买受人有权解除合同。

　　买受人解除合同的,应当书面通知出卖人。 出卖人应当自解除合同通知送达之日起 15 日内退还买受人已付全部房款(含已付贷款部分),并自买受人付款之日起,按照＿＿＿＿＿＿%(不低于中国人民银行公布的同期贷款基准利率)计算给付利息。

　　买受人选择不解除合同的,实测套内建筑面积大于预测套内建筑面积时,套内建筑面积误差比在 3% 以内(含 3%)部分的房价款由买受人补足;超出 3% 部分的房价款由出卖人承担,产权归买受人所有。 实测套内建筑面积小于预测套内建筑面积时,套内建筑面积误差比绝对值在 3% 以内(含 3%)部分的房价款由出卖人返还买受人;绝对值超出 3% 部分的房价款由出卖人双倍返还买受人。

$$套内建筑面积误差比 = \frac{实测套内建筑面积 - 预测套内建筑面积}{预测套内建筑面积} \times 100\%$$

　　2. 根据第七条按照建筑面积计价的约定,双方同意按照下列原则处理:

　　(1)建筑面积、套内建筑面积误差比绝对值均在 3% 以内(含 3%)的,根据实测建筑面积结算房价款;

　　(2)建筑面积、套内建筑面积误差比绝对值其中有一项超出 3% 时,买受人有权解除合同。

　　买受人解除合同的,应当书面通知出卖人。 出卖人应当自解除合同通知送达之日起 15 日内退还买受人已付全部房款(含已付贷款部分),并自买受人付款之日起,按照_____%（不低于中国人民银行公布的同期贷款基准利率）计算给付利息。

买受人选择不解除合同的，实测建筑面积大于预测建筑面积时，建筑面积误差比在3%以内（含3%）部分的房价款由买受人补足，超出3%部分的房价款由出卖人承担，产权归买受人所有。实测建筑面积小于预测建筑面积时，建筑面积误差比绝对值在3%以内（含3%）部分的房价款由出卖人返还买受人；绝对值超出3%部分的房价款由出卖人双倍返还买受人。

$$建筑面积误差比 = \frac{实测建筑面积 - 预测建筑面积}{预测建筑面积} \times 100\%$$

（3）因设计变更造成面积差异，双方不解除合同的，应当签署补充协议。

3. 根据第七条按照套计价的，出卖人承诺在房屋平面图中标明详细尺寸，并约定误差范围（若未约定误差范围，则视为双方约定误差范围为零误差）。该商品房交付时，套型与设计图纸不一致或者相关尺寸超出约定的误差范围，双方约定如下：

_____。

4. 双方自行约定：

_____。

【概要】

本条是关于交付面积的确认以及实际交付面积与合同约定面积发生差异时处理方式的约定。

【说明】

（一）确认所交付商品房面积的依据

1. 产权登记面积

商品房的产权登记面积是指房地产产权登记部门确认的房屋面积。它标志着所有权人的权利范围，所有权人可以按照产权登记的面积行使对房屋的处置权，如出售、出租、抵押。同时，所有权人也应当按照产权登记面积承担义务，如缴纳税费、支付物业管理费、公摊能耗费、承担物业专项维修资金。在商品房买卖中，产权登记面积是商品房最终的确定面积，也是按面积确定价款的最终依据。以产权登记面积作为确认出卖人所交付商品房面积的依据，是最客观、公正的。但是，以产权登记面积作为确认面积的依据，存在着时间差问题。商品房的产权证一般要在房屋交付后3~4个月才能办理完毕，当产权登记面积确定时，买受人已经在房屋交接书上签字，买卖双方也已经按规定支付了契税、交易手续费及其他有关税费，买受人也很有可能已对房屋进行装修甚至入住。如果在此时买受人发现出卖人所交付的房屋不符合合同约定，要求退房，就扩大了损失。因此，以产权登记面积作为确认所交付商品房面积依据的做法缺乏可操作性。如果买受人在签订合同时就决定，不论出卖人所交付房屋的面积发生何种变化，均不准备退房，合同双方可以约定以产权登记面积作为确认所交付商品房面积的依据。

2. 测绘成果

根据《商品房销售管理办法》第三十四条的规定,房地产开发企业应当在商品房交付使用前,按项目委托具有房产测绘资格的单位实施测绘,测绘成果报房地产行政主管部门审核后用于房屋权属登记。此外,根据《房产测绘管理办法》第六条的规定,房地产开发企业作为房屋原始权利人申请产权初始登记的,应当委托房产测绘机构进行房产测绘。因此,本合同示范文本第四条约定了房产测绘机构名称、资质证书号以及预测绘面积数据,本合同示范文本第十条还约定了房地产开发企业在商品房交付使用前,应当由具有房产测绘资质的独立的测绘机构进行商品房的面积测绘并取得房屋实测测绘报告。测绘报告应当标明商品房的建筑面积、套内建筑面积和分摊的共有建筑面积。房地产开发企业应以测绘机构测定的面积作为商品房交付计价的面积,并向购房人提供商品房面积测绘报告。根据《房产测绘管理办法》第十八条的规定,用于房屋权属登记等房产管理的房产测绘成果,房地产行政主管部门应当对施测单位的资格、测绘成果的适用性、界址点准确性、面积测算依据与方法等内容进行审核。房地产行政主管部门对测绘成果进行形式审查,只要测绘机构操作规范,房地产行政主管部门将根据测绘机构测定并经房地产开发企业和购房人共同认定的建筑面积核发商品房不动产权证。如果测绘报告上所记录的商品房面积超过合同约定的范围,购房人可以在收到测绘报告后依据合同约定的方式做出是否退房的决定。

根据《房产测绘管理办法》第十七条的规定,购房人对测绘机构提供的测绘成果有异议的,可以委托国家认定的房产测绘成果鉴定机构进行鉴定。在诉讼或仲裁阶段,则可以申请法院或仲裁机关委托司法鉴定。若测绘机构因商品房测绘误差超过国家规定的允许技术误差范围,造成购房人或房地产开发企业损失的,应当承担相应的赔偿责任。

(二)面积差异处理

1. 一般处理原则

本合同示范文本提供的第一种处理方式即《商品房销售管理办法》第二十条的规定,本合同示范文本提供的第二种处理方式在适用《商品房销售管理办法》第二十条、第二十一条的规定基础上,明确了套内建筑面积、建筑面积误差比绝对值其中有一项超出 3% 或者均超出 3% 时的处理原则。本合同示范文本提供的第一、二种处理方式,均为一般处理原则。

如果合同当事人没有自行约定面积差异的处理方式,根据法释〔2003〕7 号《解释》第十四条规定,就适用《商品房销售管理办法》第二十条规定。如果双方当事人在合同中仅约定"按实结算",但未约定误差的比例及处理方法的,我们认为,同样不应视为双方当事人对面积差异处理自行进行了约定。在这种情况下,仍应按照《商品房销售管理办法》第二十条的规定进行处理。

2. 自行约定

(1)按套内建筑面积计价。按套内建筑面积计价的,当套内建筑面积发生差异时,可以参照本合同示范文本提供的第二种处理方式。买卖双方需要约定的主要是当分摊的共有建筑面积发生差异时的处理方式。

分摊的共有建筑面积虽然不影响房屋总价款,也不被买受人单独使用,但其减少也会影响买受人的生活和投资收益。如公用车位减少、门厅面积缩小、楼梯变窄都会给买受人的生活带来不便,同时也影响小区或整幢建筑的美观;分摊的共有建筑面积减少,使买受人的产权登记面积相应减少,影响买受人的投资收益。因此,分摊的共有建筑面积减少,出卖人应当承担违约责任。

分摊的共有建筑面积增加,也是违约,但这一违约并不损害买受人的利益。因此,买受人不必向出卖人要求赔偿,出卖人也不能向买受人要求增加房价款。

分摊的共有建筑面积发生差异时的处理方式,由买卖双方约定。以下处理方式,供买卖双方参考:

①分摊的共有建筑面积减少,面积误差比的绝对值在3%以内(含3%),出卖人应当按照实际减少的面积向买受人返还购房款。

返还的价款=(房屋总价款÷合同约定的房屋总建筑面积)×实际减少的分摊的共有建筑面积

②分摊的共有建筑面积减少,面积误差比的绝对值在3%以上,买受人有权选择退房。买受人退房的,出卖人应当在买受人提出退房之日起30天内将买受人的购房款退给买受人,并向买受人赔偿经济损失(含可得利益损失)。

买受人不退房的,面积误差比绝对值在3%以内(含3%)部分的房价款由出卖人返还给买受人,绝对值在3%以上部分的房价款由出卖人双倍返还给买受人。计算方式参照第①项。

③分摊的共有建筑面积增加,出卖人不得要求买受人支付增加部分的房价款,买受人也不再要求出卖人承担违约责任。

面积误差比=[(产权登记分摊的共有建筑面积-合同约定分摊的共有建筑面积)÷合同约定分摊的共有建筑面积]×100%

(2)按建筑面积计价。根据《商品房销售管理办法》第二十一条的规定:按建筑面积计价的,当事人应当在合同中约定套内建筑面积和分摊的共有建筑面积,并约定建筑面积不变而套内建筑面积发生误差以及建筑面积与套内建筑面积均发生误差时的处理方式。建筑面积不变而套内建筑面积发生误差以及建筑面积与套内建筑面积均

发生误差的情形有多种,在此以套内建筑面积与建筑面积的比值(下简称比值)是否变化为标准分类列举:

①比值不变。由于买受人实际可利用房屋的比例没有发生变化,就可以按本合同示范文本提供的第二种处理方式处理。

②比值提高。以下几种情况使比值提高:建筑面积不变,套内建筑面积增加;建筑面积减少,套内建筑面积增加;建筑面积减少,套内建筑面积不变;建筑面积和套内建筑面积均减少,但套内建筑面积的减少幅度小于建筑面积减少的幅度;建筑面积与套内建筑面积均增加,但套内建筑面积增加的幅度大于建筑面积增加的幅度。

由于比值提高,买受人对房屋实际可利用率增加,买受人并没有因为比值的变化受到损害,因此,比值提高时也可以按本合同示范文本提供的第二种处理方式处理。

③比值下降。以下几种情况可以使比值下降:建筑面积不变,套内建筑面积减少;建筑面积增加,套内建筑面积减少;建筑面积增加,套内建筑面积不变;建筑面积和套内建筑面积均减少,但套内建筑面积的减少幅度大于建筑面积的减少幅度;建筑面积与套内建筑面积均增加,但套内建筑面积增加幅度小于建筑面积的增加幅度。

由于比值下降,买受人对房屋实际可利用率减小。根据公平合理的原则,提供以下处理方式,供买卖双方参考:

当比值下降时,应根据产权登记(测绘成果表记载)的套内建筑面积和合同约定的比值计算出计价的建筑面积。

计价建筑面积=产权登记(测绘成果表记载)的套内建筑面积÷合同约定的比值

计价建筑面积与合同约定的建筑面积有差异的,按本合同示范文本提供的第二种处理方式处理。

超过计价建筑面积部分的建筑面积不得向买受人收取房价款,产权归买受人所有。

(3)按套计价。《商品房销售管理办法》第十九条规定:按套(单元)计价的预售房屋,房地产开发企业应当在合同中附所售房屋的平面图。平面图应当标明详细尺寸,并约定误差范围。房屋交付时,套型与设计图纸一致,相关尺寸也在约定的误差范围内,维持总价款不变;套型与设计图纸不一致或者相关尺寸超出约定的误差范围,合同中未约定处理方式的,买受人可以退房或者与房地产开发企业重新约定总价款。买受人退房的,由房地产开发企业承担违约责任。根据规定,买卖双方应当在合同中约定允许的误差范围以及超过误差范围时的处理方式。

当然,我们认为,除了上述方法外,双方当事人也可以约定其他方法。

3.上海市的相关规定

上海市对面积差异的处理方式上的现行规定,较全国其他地区更加规范、详细,可有效避免因面积差异而带来的纠纷,值得借鉴。根据上海市房屋土地资源管理局

2003 年 3 月 25 日发布的《关于规范商品房销售行为若干问题的通知》规定,合同有约定的按约定,合同未做约定或虽有约定但不明确,当事人双方又不能就解决误差问题协商一致的,按下列规定处理:共有分摊部分建筑面积增加的,购房者不承担增加部分的房价款;凡减少的,房地产开发企业应退还减少部分的房价款;套内建筑面积据实结算,但套内建筑面积误差比绝对值超过 3% 的,按《商品房销售管理办法》第二十条规定处理。

(三)因设计变更造成面积差异的处理方式

合同示范文本对设计变更造成面积差异的处理方式是这样约定的:因设计变更造成面积差异,双方不解除合同的,应当签署补充协议。这样约定是为了与合同示范文本第十六条的约定相衔接。出卖人交付的房屋面积与协议约定的面积发生差异的,出卖人还是应当承担违约责任。上海市发布的《关于规范商品房销售行为若干问题的通知》对于因设计变更原因引起面积误差的处理方式规定得较为详细:未征得购房者同意擅自变更建筑设计,若购房者不解除合同,造成建筑面积增加的,购房者不承担由此增加建筑面积部分的房价款;造成建筑面积减少的,房地产开发企业应退还减少建筑面积部分的房价款。

【注意事项】

(1)买卖双方可以自行约定房屋交付时,实测测绘面积与合同约定的预测面积及产权证登记面积不一致时的处理方式。

(2)买卖双方约定以测绘成果表作为房屋交付面积依据的,买受人应对提供测绘成果表的测绘单位是否具有相应的测绘资质进行审核。如果测绘成果表上没有测绘单位的名称或测绘单位不具有相应的测绘资质,买受人应当要求出卖人重新测绘并提供符合法律要求的测绘成果表。

(3)按套内使用面积计价的,套内使用面积发生差异时的处理方式可以参照按套内建筑面积计价的处理方式。

(4)按套计价的可以参照本条内容,约定面积发生差异时的处理方式。

◎ **案例一** 张女士认购了某房地产开发企业对外预售的独栋别墅,双方签订的合同约定:房屋建筑面积 260 平方米;房屋总价款 1260 万元;计价方式为按套计价。房屋交付后,张女士发现该房屋产权登记建筑面积只有 254 平方米,少了 6 平方米。张女士就认为开发公司多收了购房款,开发公司解释称房屋按套计价,不存在房屋面积差异退还房价款的约定。在协商未成的情况下,张女士向人民法院提起诉讼,要求开发公司退款。法院经审理后认为,双方在合同中约定按套计价,尽管附件的房屋平面图没有约定误差范围和误差处理方式,但依据合同约定,若没有约定误差范围,视为双方约定误差范围为零误差。交付的房屋面积发生误差有违合同零误差的本意,故法院支持张女士的诉讼请求。

案例提示:买卖双方选择按套计价的,应当在合同中约定允许发生的面积误差范围以及面积误差超过允许范围时的处理方式。

◎ 案例二　　2006年1月,赵先生向某房地产开发企业购买了一套别墅,合同约定建筑面积为280.23平方米,按套计价,总价为2802300元;合同约定发生面积差异时,建筑面积每增加0.01平方米,房屋总价款增加100元,建筑面积每减少0.01平方米,房屋总价款减少100元。2007年3月,赵先生购买的别墅交付使用,经测绘公司测绘,建筑面积为283.28平方米。为此,房地产开发企业要求赵先生按约再支付房价款30500元。赵先生以《商品房销售管理办法》第十九条规定的"套型与设计图纸一致,相关尺寸也在约定的误差范围内,维持总价款不变"为由拒绝支付该部分房价款。由于双方协商不成,诉至法院。经法院审理后认为:买卖双方在合同中明确约定了面积差异的处理办法,且该约定不违反法律、行政法规的强制性规定,应当认定有效,对买卖双方均具有约束力,判决赵先生按约定支付房价款30500元及相应的滞纳金,并承担全部诉讼费用。

案例提示:《商品房销售管理办法》等部门规章有关房地产开发企业与购房者的合同权利义务的规定,为推荐性条款,如果商品房买卖合同约定排除适用或约定内容与《商品房销售管理办法》内容不一致的,只要该约定不属于《合同法》第五十二条所列情形的,应当认定有效。

第十五条　规划变更

(一)出卖人应当按照城乡规划主管部门核发的建设工程规划许可证许可的内容建设商品房,不得擅自变更。 双方签订合同后,涉及该商品房规划用途、面积、容积率、绿地率、基础设施、公共服务及其他配套设施等规划许可内容经城乡规划主管部门批准变更的,出卖人应当在变更确立之日起10日内将书面通知送达买受人。 出卖人未在规定期限内通知买受人的,买受人有权解除合同。

(二)买受人应当在通知送达之日起15日内做出是否解除合同的书面答复。 买受人逾期未予以书面答复的,视同接受变更。

(三)买受人解除合同的,应当书面通知出卖人。 出卖人应当自解除合同通知送达之日起15日内退还买受人已付全部房款(含已付贷款部分),并自买受人付款之日起,按照_____%(不低于中国人民银行公布的同期贷款基准利率)计算给付利息；同时，出卖人按照全部房价款的_____％向买受人支付违约金。 买受人不解除合同的，有权要求出卖人赔偿由此造成的损失，双方约定如下：

_____。

【概要】

本条是商品房预售后，因建设工程规划许可内容的变更，规定出卖人与买受人之间权利义务的条款。

【说明】

本合同示范文本将原有规划、设计变更的条文进行分开约定，不仅内容上更加具体，还完善了违约责任形式并相应地加重了出卖人违约责任。具体内容包含以下几个方面：

（一）出卖人不得擅自变更建设工程规划许可证的许可内容

根据《中华人民共和国城乡规划法》（下简称《城乡规划法》）第四十条的规定："在城市、镇规划区内进行建筑物、构筑物、道路、管线和其他工程建设的，建设单位或者个人应当向城市、县人民政府城乡规划主管部门或者省、自治区、直辖市人民政府确定的镇人民政府申请办理建设工程规划许可证。申请办理建设工程规划许可证，应当提交使用土地的有关证明文件、建设工程设计方案等材料。需要建设单位编制修建性详细规划的建设项目，还应当提交修建性详细规划。对符合控制性详细规划和规划条件的，由城市、县人民政府城乡规划主管部门或者省、自治区、直辖市人民政府确定的镇人民政府核发建设工程规划许可证。"因此，出卖人向买受人预售商品房之前，应当办理工程规划许可证，该证也是商品房的交付条件之一，虽然在本合同示范文本的第十条并未约定办理工程规划许可证属于商品房交付条件，但是该证属于商品房建设工程竣工验收备案证明的材料之一。如没有办理工程规划许可证，日常实践中，我们可以将出卖人因此建造的建筑物称为"违法建筑"或者"违章建筑"。在本条中，再次明确了上述内容，并间接地表明了出卖人应当办理有权机关颁发的建设工程规划许可证以及出卖人应当按照许可内容进行建设。

（二）变更工程规划许可证中许可内容的具体程序

1. 规划变更审批阶段

根据《城乡规划法》第四十三条的规定："建设单位应当按照规划条件进行建设；确需变更的，必须向城市、县人民政府城乡规划主管部门提出申请。变更内容不符合控制性详细规划的，城乡规划主管部门不得批准。城市、县人民政府城乡规划主管部门应当及时将依法变更后的规划条件通报同级土地主管部门并公示。"

以杭州为例，规划变更属于行政审批事项，该项受理机构为杭州市规划局（杭州市测绘与地理信息局),法定变更审批期限为 20 个工作日,而根据杭州"最多跑一次"的政务服务理念,需要办事者前往办事现场 1 次。具体的变更流程如下图:

规划条件变更审批事项办理流程图(现场办理)

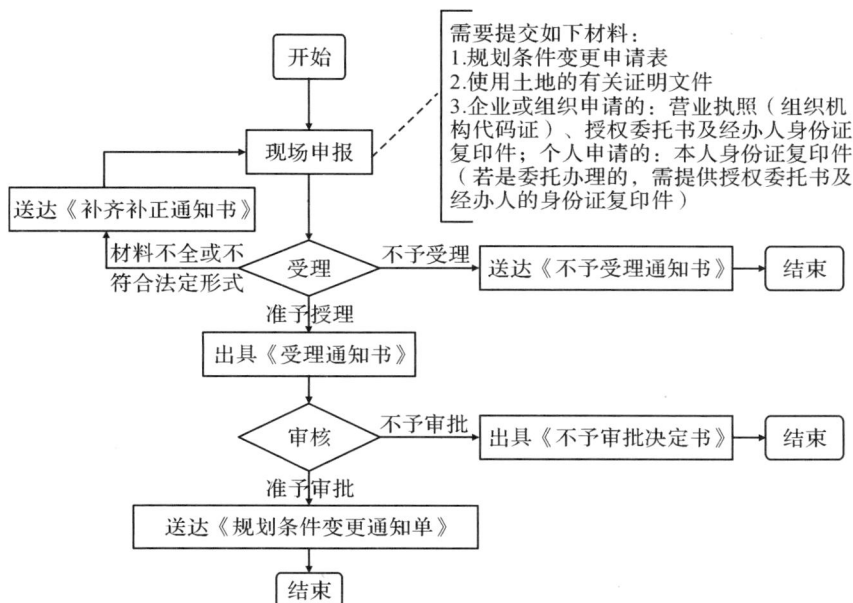

(流程图来源于浙江政务信息网)

2.变更确立及通知阶段

根据《商品房销售管理办法》第二十四条第二款的规定:"经规划部门批准的规划变更、设计单位同意的设计变更导致商品房的结构型式、户型、空间尺寸、朝向变化,以及出现合同当事人约定的其他影响商品房质量或者使用功能情形的,房地产开发企业应当在变更确立之日起 10 日内,书面通知买受人。"合同示范文本的本条约定即为对该管理办法的再次明确,同时根据该规定,一旦变更确立之日起 10 日内,出卖人应当将变更内容书面通知买受人。

3.买受人决定与答复阶段

根据合同约定,规划变更确立后,在通知送达之日起 15 日内,买受人在期限内有权做出解除合同或者不解除合同的决定并做出意思表示;如买受人在期限内不做任何意思表示,视同接受变更。

无论是否接受规划变更,因本次规划变更给买受人造成的损失,出卖人应当承担赔偿责任,如买卖合同因此解除的,出卖人承担的违约责任形式包括退还买受人已付全部房款(含已付贷款部分),并按照不低于中国人民银行公布的同期贷款基准利率计算给付利息,以及按照约定比例向买受人支付违约金。

(三)规划变更时买受人合法权益的维护

根据《城乡规划法》第五十条的规定,经依法审定的修建性详细规划、建设工程设计方案的总平面图不得随意修改;确需修改的,城乡规划主管部门应当采取听证会等形式,听取利害关系人的意见;因修改给利害关系人合法权益造成损失的,应当依法给予补偿。因此,为保护自身合法权益,买受人可以要求在商品房买卖合同中就规划变更约定以下内容:

(1)商品房买卖合同签订后,未经买受人同意,出卖人不能擅自对涉及该商品房规划用途、面积、容积率、绿地率、基础设施、公共服务及其他配套设施等规划许可内容进行变更。我国部分地方的《商品房预售合同示范文本》将征得买受人同意作为申请规划变更、小区平面布局变更等的前置条件。该类合同示范文本还约定出卖人未征得买受人同意变更小区的平面布局的,买受人有权要求恢复,如不能恢复的,出卖人应当向买受人支付总房价款约定比例违约金。

(2)出卖人因商品房项目建设需要必须变更规划,并可能影响买受人所购商品房权益的,应将变更方案书面通知买受人,并征求买受人意见。买受人同意变更方案的,买受人应与出卖人另行签订补充协议,并向买受人赔偿经济损失(包括可得利益损失)。确因国家建设需要或公共利益需要而改变规划的,可以适当减轻或免除出卖人的违约责任,买受人在收到规划变更的通知后有权解除合同。

(3)关于景观房产的特别约定:在一些风景优美的地区,景观房产已经成为消费、投资的热点。如果由于变更规划或在景观房前建造其他高层建筑,影响了上述房产的景观效果,买受人将受到巨大的经济损失。因此,为避免受损,在签订景观商品房的买卖合同时,买卖双方应在合同中约定出卖人不得以任何理由做出影响买受人所购商品房景观效果的规划、设计变更。因变更规划、设计而影响到买受人所购商品房景观效果的,出卖人应当及时通知买受人,并相应调整合同价款,买受人接到通知后,有权要求出卖人承担违约责任并可选择解除合同。

【注意事项】

(1)出卖人需要明确规划许可内容,以避免因规划内容的变更导致违约责任的承担问题。买受人在购买预售的商品房时,应当着重查询和了解商品房预售信息,特别是关于建设工程规划许可证相关规划许可的内容,以维护自身相关合法权益。

(2)对所购商品房影响可能较大的规划变更,如楼间距、容积率、绿地率、基础设施、公共服务及其他配套设施等的变更,买受人可以在合同中约定特别条款。例如楼间距的变更很可能影响买受人所购商品房的日照采光,对此应约定若出卖人擅自变更楼间距的,应当承担特别的违约责任。

◎ **案 例 一**　　邹先生等购房者在 1999 年购买了某小区一期商品房。根据签约时房地产开发企业出示的广告折页、小区平面图等宣传资料,以及房屋交付时提供的《住宅使用说明书》,邹先生等人所购买的商品房小区配建公共网球场。小区整体竣工并全部交付使用后,邹先生等业主发现小区并没有宣传中的网球场,经调查发现,小区三期建设过程中发生了规划变更,宣传中的网球场并未出现在规划中,取而代之的是增建的商业楼。邹先生等人向法院提起诉讼,要求房地产开发企业给予赔偿。在开庭审理过程中,房地产开发企业解释小区规划中并未设有网球场,但确实对外宣传配建网球场。法院认为开发企业就商品房开发规划范围内的网球场的说明和允诺具体确定,并对商品房买卖合同的订立以及房屋价格的确定有重大影响的,应当视为要约,即使未载入商品房买卖合同,也应当视为合同内容,法院认定房地产开发企业违约,并判决向邹先生等人每户一次性赔偿经济损失。

案例提示:出卖人擅自变更规划应承担违约责任,承诺的规划内容未兑现也应承担违约责任,且该违约成本要高于出卖人通过违约所能够得到的经济利益。

第十六条　设计变更

(一)双方签订合同后,出卖人按照法定程序变更建筑工程的施工图设计文件,涉及下列可能影响买受人所购商品房质量或使用功能情形的,出卖人应当在变更确立之日起 10 日内将书面通知送达买受人。 出卖人未在规定期限内通知买受人的,买受人有权解除合同。

　　1.该商品房结构形式、户型、空间尺寸、朝向;

　　2.供热、采暖方式;

　　3._____;

　　4._____;

　　5._____。

全装修住宅双方签订合同后,出卖人按照法定程序变更室内装修工程的施工图设计文件,涉及下列可能影响买受人所购商品房质量或使用功能情形的,出卖人应当在变更确立之日起 10 日内将书面通知送达买受人。 出卖人未在规定期限内通知买受人的,买受人有权解除合同。

　　1.商品房使用分区和设计功能发生改变;

　　2.增加或减少室内楼梯的数量;

　　3.主要使用空间层高降低超过 10%;

4.＿＿＿＿＿＿＿＿＿＿＿＿＿＿＿＿＿＿＿＿＿＿＿＿＿＿＿＿＿＿＿＿＿＿＿；

5.＿＿＿＿＿＿＿＿＿＿＿＿＿＿＿＿＿＿＿＿＿＿＿＿＿＿＿＿＿＿＿＿＿＿＿。

（二）买受人应当在通知送达之日起 15 日内做出是否解除合同的书面答复。买受人逾期未予以书面答复的，视同接受变更。

（三）买受人解除合同的，应当书面通知出卖人。出卖人应当自解除合同通知送达之日起 15 日内退还买受人已付全部房款（含已付贷款部分），并自买受人付款之日起，按照＿＿＿＿＿＿％（不低于中国人民银行公布的同期贷款基准利率）计算给付利息；同时，出卖人按照全部房价款的＿＿＿＿＿＿％向买受人支付违约金。

买受人不解除合同的，有权要求出卖人赔偿由此造成的损失，双方约定如下：

＿＿＿＿＿＿＿＿＿＿＿＿＿＿＿＿＿＿＿＿＿＿＿＿＿＿＿＿＿＿＿＿＿＿＿。

【概要】

本条是商品房预售后，因建设工程施工图设计变更，涉及影响买受人购买商品房质量和功能时，规定出卖人与买受人之间权利义务的条款。

【说明】

规划和设计变更均可能影响买受人所购商品房权益。本条款除了约定商品房结构型式、户型、空间尺寸、朝向、供热、采暖等可能影响质量或使用功能的设计变更情形外，还加入了住宅全装修情况下的设计变更条款，创设性地规定了全装修住宅设计变更解除合同的情形。

（一）设计变更确立的条件

（1）设计变更的法定程序。根据《商品房销售管理办法》第二十四条第二款规定："经规划部门批准的规划变更、设计单位同意的设计变更导致商品房的结构型式、户型、空间尺寸、朝向变化，以及出现合同当事人约定的其他影响商品房质量或者使用功能情形的，房地产开发企业应当在变更确立之日起 10 日内，书面通知买受人。"在相关法律法规没有修订的情况下，该规定依然具有法律效力。本款所指的出卖人变更建筑工程施工图设计文件、室内装修工程的施工图设计文件的法定程序，即要求经过设计单位同意的设计变更。

（2）设计变更涉及情形。

本条约定的设计变更所涉及情形，除商品房结构型式、户型、空间尺寸、朝向以外，还规定了供热、采暖方式的设计变更。目前我国南方地区居民住宅供暖主要有空调、单户锅炉、零星的电取暖设备、小区集中供暖等四大类。其中，锅炉供暖以天然气为主要燃料，新建小区实行地源热泵系统集中供暖，节能环保，舒适性高。因此可以预见的是越来越多的新建小区，将通过地源热泵、天然气等形式加装供暖设备，对于此类供暖设备的设计也必将引起买受人的注意，对此，出卖人在预售房屋时，对于合同约定的供热、采暖方式的问题应当予以明确,以避免因为上述问题发生争议。

室内装修工程的设计变更是本合同示范文本的创设性条款。全装修住宅的情况下,本条列举了室内装修工程的施工图设计文件变更所涉及三个事项分别是:

①使用分区和设计功能发生改变

根据《住宅设计规范》2.0.2套型的定义,套型包括居住空间、厨房和卫生间等共同组成的基本住宅单位。因此,居住空间、厨房、卫生间应当作为分区的基本构成单位。居住空间包括卧室、起居室(厅)等。合同示范文本中附件一列明的装修设计方案平面图中,要求开发商应当对设计方案平面图标明功能。同时,根据附件六关于装饰装修及相关设备标准的约定,内装饰装修部分,已经列明了具体的使用分区,具体包括:起居厅、卧室(书房)、厨房、卫生间等。因此,使用分区包括卧室、起居室(厅)、厨房、卫生间等,针对该使用分区或设计功能进行改变,如卧室变为厨房,厨房变为卫生间等,应当通知买受人。而即便使用分区的名称未变化,实质功能上存在变化,如明为卧室,实为厨房的,也应当理解为违反该项合同约定。

②增加或减少室内楼梯的数量

本项规定至少表明,交付的商品房应属跃层住宅。根据《住宅设计规范》2.0.16规定,跃层住宅系套内空间跨越两个楼层且设有套内楼梯的住宅。由于跃层住宅中的套内楼梯应按照自然层楼的使用面积总和计入套内使用面积,因此增加室内楼梯的数量,将会占用更多使用面积。

③主要使用空间层高减低超过10%

《住宅设计规范》2.0.9规定:"层高是上下相邻两层楼面或者楼面与地面之间的垂直距离。"5.5.2规定:"卧室、起居室(厅)的室内净高不应低于2.40m,局部净高不应低于2.10m,且局部净高的室内面积不应大于室内使用面积的1/3。"5.5.3规定:"利用坡屋顶内空间作卧室、起居室(厅)时,至少有1/2的使用面积的室内净高不应低于2.10m。"上述两项规定属于强制性条款。

本条所述的主要使用空间应当指的是卧室、起居室(厅),如该空间层高不符合上述《住宅设计规范》,或者与本合同示范文本第四条中所约定的商品房层高相比较减低幅度超过10%的,应当认定违反本项约定,买受人具有解除合同的权利。

(二)设计变更确立及通知程序

上述设计变更应当履行通知义务,其中买受人的考虑期与规划变更相同,均为通知送达之日起15日内。如买受人解除合同的,还应当在约定期限内书面通知出卖人。出卖人除在收到通知之日起15日内退还房款以外,还应当承担支付利息和赔偿违约金的双重责任。

设计变更的确立及通知程序,与规划变更在条款内容上并无区别。

(三)规划、设计变更时出卖人所承担责任的探讨

根据我国《合同法》规定:依法成立的合同,自成立时生效;当事人应当按照约定全面履行自己的义务;当事人协商一致,可以变更合同。可见,《合同法》明确规定了合同的变更是双方的法律行为,不仅要有双方当事人变更合同意思的表示,并且要求双方就合同变更达成合意。变更既存的合同关系,本身就是合同。合同变更的成立,应完全符合合同成立的条件,即要经过要约和承诺。当事人一方未经另一方的同意,擅自变更合同内容应当按照合同约定承担违约责任。

按照《合同法》的上述规定,出卖人在规划、设计变更前不仅应征得规划部门批准、设计单位同意,如商品房已经预售的,还应征得买受人的同意。如未征得规划部门批准、设计单位同意而擅自变更规划、设计的,出卖人应当承担相应的行政责任;如未征得买受人的同意而擅自变更规划、设计的,出卖人应当承担相应的民事责任。出卖人对行政主管部门所承担的行政责任和对买受人所承担的民事责任,是两种性质完全不同的责任,不能互相代替。规划部门批准出卖人的规划变更、设计单位同意出卖人的设计变更,只是表明出卖人的变更方案符合规划、设计要求,规划部门、设计单位无权就出卖人提交的规划、设计变更方案是否违反出卖人与买受人的合同约定进行审查,因此,只经规划部门批准、设计单位同意而没有征得买受人同意就变更规划、设计的,出卖人不能免除其民事责任;相反,只有买受人同意而没有报经规划部门批准、设计单位同意而变更规划、设计的,出卖人也不能免除其行政责任。

本合同示范文本中有关规划、设计变更的约定,只注意到出卖人变更规划、设计在行政手续上的合法性,而没有考虑到买受人作为合同主体之一应有的权利,显然不符合《合同法》的规定。按照该约定,出卖人在规划部门批准规划变更、设计部门同意设计变更后,买受人就只有接受变更或者解约两种选择,而无权拒绝变更。买受人接受该条款,就意味着被剥夺了法律所赋予的权利。

【注意事项】

(1)本条部分规定为浙江省推行全装修住宅的情形下,新制定的内容,具有极强的创新性。日常买卖房屋过程中,买受人在签订合同的时候,首先,应当明确购买的住宅是否属于全装修;其次,如果购买的系全装修住宅,应当对合同中关于全装修设计变更部分格外关注。除双方另有约定以外,对于使用分区、设计功能、室内楼梯数量、使用空间层高在签订合同、住宅交付时,应当进行对比审核,维护自己的合法权益。

(2)对于出卖人而言,全装修条款无疑极大增加双方产生争议的可能,增加买受人拒绝收房的理由,因此应当非常重视全装修中的设计变更条款。对于合同示范文本规定的三种情形,应当从工程、法律等各个方面评估相应的情形,在遇到相关买受人拒绝收房时,应当及时跟进和评估,积极解决。

(3)合同虽然约定了三种全装修设计变更的解除情形,但是三种情形目前尚无相关立法条款及司法裁判明确其中的内涵。特别是商品房(住宅)使用分区和设计功能发生改变这一条款,具体尺度、标准依然模糊。什么情况属于使用分区发生改变,什么情况属于设计功能发生改变,存在可解释空间,有待从立法、行政、司法角度进一步丰富其内涵。

◎ **案 例 一** 周女士购买了某小区联排商品房。商品房交付后,周女士发现房屋多处设计不合理,且有房屋质量问题,遂与房地产开发企业沟通解决问题,因设计不合理问题无法整改,开发企业多次推脱,周女士的诉求无法得到有效解决。后经调查发现,周女士所购商品房顶楼露台与相邻卫生间的隔墙位置与合同所附房屋平面图不一致,实际交付的房屋中此处隔墙位置进行过变更,但并未在变更后通知周女士。周女士因此向人民法院起诉房地产开发企业并要求退房,法院认定房地产开发企业设计变更违约,并判决支持周女士解除合同的请求。

案例提示:出卖人设计变更涉及房屋空间尺寸等可能影响房屋使用功能的,应履行通知义务,并允许购房人可以选择解除合同或者继续履行合同。设计变更违约导致购房人损失的,出卖人还要承担损失赔偿责任。

第十七条　商品房质量

(一)地基基础和主体结构

出卖人承诺该商品房地基基础和主体结构合格,并符合国家、地方及行业标准。

商品房交付使用时,买受人对该商品房地基基础和主体结构质量提出异议的,出卖人应当予以说明;买受人认为该商品房地基基础和主体结构不合格的,双方委托进行质量检测。经检测合格的,因此发生的检测费用由买受人承担。经检测不合格的,买受人有权解除合同。买受人解除合同的,应当书面通知出卖人。出卖人应当自解除合同通知送达之日起 15 日内退还买受人已付全部房款(含已付贷款部分),并自买受人付款之日起,按照_____%(不低于中国人民银行公布的同期贷款基准利率)计算给付利息。给买受人造成损失的,由出卖人支付【已付房价款百分之_____】【买受人全部损失】的赔偿金。因此而发生的检测费用由出卖人承担。

买受人不解除合同的,_____。

(二)其他质量问题

该商品房质量应当符合有关工程质量规范、国家、地方、行业标准和施工图设计文件的要求。发现除地基基础和主体结构外质量问题的,双方按照以下方式处理:

（1）及时更换、修理；如给买受人造成损失的，还应当承担相应赔偿责任。

_____。

（2）经过更换、修理，仍然严重影响正常使用的，买受人有权解除合同。 买受人解除合同的，应当书面通知出卖人。 出卖人应当自解除合同通知送达之日起 15 日内退还买受人已付全部房款（含已付贷款部分），并自买受人付款之日起，按照_____%（不低于中国人民银行公布的同期贷款基准利率）计算给付利息。 给买受人造成损失的，由出卖人承担相应赔偿责任。 因此而发生的检测费用由出卖人承担。

买受人不解除合同的，_____

_____。

（三）装饰装修及设备标准

该商品房应当使用合格的建筑材料、构配件和设备，装置、装修、装饰所用材料的产品质量必须符合国家的、地方的强制性标准及双方约定的标准。 涉及安装的还应符合国家的、地方的强制性标准及双方约定的标准。 不符合上述标准的，买受人有权要求出卖人按照下列第（1）、_____、_____方式处理（可多选）：

（1）及时更换、修理；

（2）出卖人赔偿双倍的装饰、设备差价；

（3）_____；

（4）_____。

具体装饰装修及相关设备标准的约定见附件六。

（四）室内空气质量、建筑隔声和民用建筑节能措施

1.该商品房室内空气质量符合【国家】【地方】标准，标准名称：_____，标准文号：_____。

该商品房为住宅的，建筑隔声情况符合【国家】【地方】标准，标准名称：_____，标准文号：_____。

该商品房室内空气质量或建筑隔声情况经检测不符合标准，由出卖人负责整改，整改后仍不符合标准的，买受人有权解除合同。 买受人解除合同的，应当书面通知出卖人。 出卖人应当自解除合同通知送达之日起 15 日内退还买受人已付全部房款（含已付贷款部分），并自买受人付款之日起，按照_____%（不低于中国人民银行公布的同期贷款基准利率）计算给付利息。 给买受人造成损失的，由出卖人承担相应赔偿责任。 经检测不符合标准的，检测费用由出卖人承担，整改后再次检测发生的费用仍由出卖人承担。 因整改导致该商品房逾期交付的，出卖人应当承担逾期交付责任。

2.该商品房应当符合国家有关民用建筑节能强制性标准的要求。

未达到标准的，出卖人应当按照相应标准要求补做节能措施，并承担全部费

用；给买受人造成损失的，出卖人应当承担相应赔偿责任。

_____。

3.该商品房的绿色建筑及建筑节能技术措施为：

(1)_____；

(2)_____；

(3)_____；

(4)_____；

(5)_____。

【概要】

本条约定了商品房交接时质量问题处理和装饰、设备标准及出卖人违反装饰、设备标准承诺的违约责任。

【说明】

在商品房买卖合同中,房屋质量合格交付是出卖人根据法律规定或依据当事人的约定交付标的物的主要义务,该义务是法定义务,是法律直接规定的特别义务。就是说出卖人交付的商品房如果不合格,依照法律规定应承担相应的法律责任。

买受人在购房以后一般还需要对房屋进行装饰并配置设备,但随之也产生了种种弊端,如"马路施工队"的违规操作,装修材料以次充好,二次装修造成的破坏结构、浪费和扰民现象等。为解决上述弊端,住房和城乡建设部已决定将逐步停止销售未经装修的商品房。在一些经济发达地区,经过装修的商品房比例越来越高,但房地产开发企业与购房者之间因装修质量而发生的纠纷也越来越多。因此,买受人在购买经过装修的商品房时,应在签订商品房买卖合同时与出卖人详细约定有关装饰、设备的内容。

(一)商品房质量问题

根据《建筑法》的有关规定,房屋质量问题是指房屋的地基基础工程、主体结构工程、屋面防水工程、其他土建工程、电气管线、给排水系统管线的安装工程、供热、供冷系统工程等出现的质量问题。

(1)地基基础工程和主体结构工程的质量问题。房屋的地基基础工程和主体结构工程出现质量问题一般表现为:地基下沉、房屋倾斜、承重结构变形、墙体开裂、倾斜等严重的质量问题。因此《建筑法》规定,建筑物在合理使用寿命内,必须确保地基基础工程和主体结构的质量。规定中所称的建筑物的合法使用寿命即指设计年限,是指建筑物的设计单位设计的建筑物的地基基础和主体结构形式、施工方式和工艺等技术条件所确定的保证该建筑物正常使用的最低年限。

(2)屋面防水工程的质量问题。该问题是目前房屋建筑工程中一个突出的问题。屋面防水工程质量问题包括屋顶、墙壁出现漏水以及有防水要求的卫生间、房间和外墙等存在的漏水等情况。按照建设部(现住房和城乡建设部)2000年颁布的《房屋建筑工程质量保修办法》第七条规定,在正常使用条件下,屋面防水工程,有防水要求的卫生间、房间和外墙面的防渗漏,最低保修期限为5年。

(3)其他土建工程质量问题,一般包括地面、楼面工程,门窗工程等出现的问题。地面工程质量问题,如室内地坪空鼓、开裂、起砂、地面渗水;楼面工程质量问题,如墙面浆活起碱脱皮、龟裂,顶棚抹灰,墙纸、面砖镶贴、油漆等饰面脱落,卫生间、厨房地面泛水、积水,阳台积水漏水;门窗工程质量问题,如铝合金窗框扇相碰,密封条、毛刷条短缺,密封股封闭不严向内渗水等质量问题。

(4)电气管线、给排水系统管线安装工程的质量问题,主要是指电气的线路、开关,电表的安装,电气照明灯具的安装,给水管道、排水管道的安装等出现的问题。如电器照明的开关、插座安装倾斜,插座缺项或短路,给排水管道漏水、堵塞,给水阀门关闭不严、脱丝,连接件滴水、渗水,截止阀生锈,水表空走等均属安装工程质量问题。

(5)供热、供冷系统工程的质量问题,是指暖气设备、中央空调设备等的安装工程等出现的质量问题。供热与供冷系统的最低保修期限为2个采暖期、供冷期。

另外,房屋质量问题还包括合同约定的与施工项目有关的质量问题。以上质量问题不包括因使用不当或第三方造成的或不可抗力造成的质量缺陷。

(二)关于商品房质量要求的约定

商品房质量纠纷多的一个重要原因,是商品房买卖合同缺乏有关商品房质量的约定,一旦出现质量纠纷,房地产开发企业与购房者无法就是否存在质量问题达成共识,也无法在合同中找到纠纷的解决机制。虽然我国制定了大量有关建筑工程质量的国家标准,但普通的购房者无法了解到这些标准的具体内容,也不知道哪些现象是正常的,哪些现象属于质量问题,而且一旦遇到质量问题,也不知道该如何处理。个别房地产开发企业和施工单位也正因为购房者专业知识欠缺,且合同中质量约定不明等原因敢于降低施工质量。因此,在商品房买卖合同中约定商品房的质量要求,可有效地防止质量纠纷的发生,也有利于规范房地产开发企业的行为。合同双方在签订合同时就商品房的质量要求应当约定的主要内容包括:

(1)套内建筑质量。

买卖双方可以根据商品房常见质量问题做出相应的约定。一般要求做到内墙墙体垂直偏差以及墙面、顶棚、地面和门窗等质量达到国家规定标准;墙体、顶棚不出现裂缝(砂灰层细碎裂缝除外);户门以内基层地面混凝土表面平整、压实,黏结牢固,无裂缝;房屋顶棚经过雨季或防水试验后无水渍,厨房、卫生间防水良好,给排水管与地板结合处无漏水、渗水;门窗能自由开关,密封性好,关闭后门(窗)与门(窗)框之间缝隙均匀;各种管道(给、排、雨水、暖、热)全部完成并已经过通水、试压试验和暖气的调试,均为合格;电器设备安装到位,按规定已完成各种试验项目。

(2)外墙质量。外墙质量主要指外墙使用的材料和质量要求,根据出卖人的承诺或买受人的要求据实约定。

(3)室内空气质量、建筑隔声情况。随着生活质量的提高,买受人对房屋室内空气质量、建筑隔声的要求也越来越高。根据《民用建筑工程室内环境污染控制规范》要求,商品房交付时,室内空气污染物的活度和浓度应当符合规定限值。根据《住宅建筑规范》的规定,住宅应在平面布置和建筑构造上采取防噪声措施。卧室、起居室在关窗状态下的白天允许噪声级为50dB(A声级),夜间允许噪声级为40dB(A声级)。楼板的计权标准化撞击声压级不应大于75dB。空气声计权隔音量,楼板不应小于40dB(分隔住宅和非居住用途空间的楼板不应小于55dB),分户墙不应小于40dB,外窗不应小于30dB,户门不应小于25dB。此外,隔热、保温、通风、水、暖、电、气管线穿过楼板和墙体的隔声措施等要求也应符合《住宅建筑规范》《住宅设计规范》的规定。

(4)室外环境。室外环境主要是指采光情况(周边建筑物距离),周边有无电磁辐射设施,有无影响买受人生活的垃圾中转站、噪声源等。如有必要,也可加以约定。

(5)装饰、设备标准。由于房屋装修过程中,所采用的材料、设备品种较多,因此,买卖双方可以以菜单的方式进行约定。如果是全装修商品房,房地产开发企业还应当在合同中明确所用主要装修材料的名称、品牌、规格、型号、等级和施工质量标准等内容;提供室内设施设备的,应当明确提供的设施设备的名称、品牌、规格、型号、等级和安装标准等内容。以下以商品住宅为例,提供《商品住宅装修一次到位实施细则》推荐的装修一次到位住宅功能空间标准与装饰标准:

①住宅功能空间推荐标准。

表1 住宅功能推荐标准表

室内空间等级	标准	设备名称					
		电视插口	电话	空调专用线	电热水器专用线	电源插座	信息插口
主卧室	普通住宅	1	1	1		3组	1
	中高级住宅	1	1	1		4组	
	高级住宅	1	1	1		5组	
双人卧室	普通住宅			1		2组	
	中高级住宅	1	1	1		3组	
	高级住宅	1	1	1		4组	
单人卧室	普通住宅			1		2组	1
	中高级住宅		1	1		3组	1
	高级住宅	1	1	1		3组	1

室内空间等级	标准	设备名称					
		电视插口	电话	空调专用线	电热水器专用线	电源插座	信息插口
起居室	普通住宅	1	1	1		4组	
	中高级住宅	1	1	1		5组	
	高级住宅	1	1	1		6组	1
厨房	普通住宅					3组	
	中高级住宅					4组	
	高级住宅	1	1		1	5组	
卫生间	普通住宅					3组(含洗衣机插座)	
	中高级住宅				1	4组	
	高级住宅		1		1	5组	
餐厅	中高级住宅					1组	
	高级住宅	1	1	1		2组	1
书房	中高级住宅		1	1		3组	1
	高级住宅		1	1		4组	
其余设备	给水设备	用水量200～300升/人·日　热水管道系统					
	采暖通风	散热器(空调机)北方地区采暖如用电					
	电器设备	电表5(20)～10(40)A(特殊设备选型用电量由设计定)负荷6000W以上					

注:这里将住宅分为:普通住宅、中高级住宅和高级住宅。普通住宅相当于商品住宅性能评定中的 A 级商品住宅;中高级住宅相当于商品住宅性能评定中的 AA 级商品住宅;高级住宅相当于商品住宅性能评定中的 AAA 级商品住宅。

②厨房、卫生间部分推荐标准。

表 2　厨房、卫生间部分推荐标准表

功能空间	标准	设施配置标准
厨房	普通住宅	灶台、调理台、洗池台、吊柜、冰箱位、排油烟机(操作面延长线≮2400 毫米)、吸顶灯(防水防尘型)、配置厨房电器插座3组
	中高级住宅	灶台、调理台、洗池台、搁置台、吊柜、冰箱位、排油烟机(操作面延长线≮2708 毫米)、消毒柜、微波炉位、厨房电器插座4组、吸顶灯(防水防尘型)
	高级住宅	灶台(带烤箱)、调理台、洗池台、洗碗机、搁置台、吊柜、冰箱位、排油烟机(操作面延长线≮3000 毫米)、微波炉位、电话电视插口、厨房电器插座5组、吸顶灯(防水防尘型)

续表

功能空间＼标准		设施配置标准
卫生间	普通住宅	淋浴、洗面盆、坐便器、镜(箱)、洗衣机位、自然换气(风道)吹风机、电剃须等电器插座 3 组,吸顶灯(防水型)镜灯
	中高级住宅	浴盆(1.5 米)和淋浴器(蒸汽房)、洗面化妆台、化妆镜、洗衣机位、坐便器(2 个)、排风扇(风道),吹风机、电剃须等电器插座 4 组,电话(挂墙式分机)接口
	高级住宅	浴盆(水按摩)和淋浴器(蒸汽房)、洗面化妆台、化妆镜、洗衣机位、坐便器(2 个)、净身盆、换气扇、红外线灯、吹风机、电剃须等电器插座 5 组,电话接口、顶灯、镜灯

注:不含整体浴室。

③装修标准。

表 3　装修标准表

位置	项目	名称	品牌	规格/型号	颜色	备注
客厅	地坪					
	墙面					
	平顶					
	过道平顶					
	踢脚板					
	灯具					
	分户门					
	门套线					
	大门锁					
	门槛石					
	跃层扶手					
	台阶面					
	开关、插座					
餐厅	地坪					
	墙面					
	平顶					
	踢脚板					
	门槛石					
	灯具					
	开关、插座					

位置	项目	名称	品牌	规格/型号	颜色	备注
主卧	地坪					
	墙面					
	平顶					
	踢脚板					
	灯具					
	卧房门					
	门套线					
	门锁					
	窗台面					
	开关、插座					
客卧（1、2）	地坪					
	墙面					
	平顶					
	踢脚板					
	灯具					
	卧房门					
	门套线					
	门锁					
	窗台面					
	开关、插座					
主卫	地坪					
	墙面					
	平顶					
	灯具					
	卫生间门					
	门套线					
	卫生间门锁					
	洁具					
	洗面盆台面					
	门槛石					
	开关、插座					

位置	项目	名称	品牌	规格/型号	颜色	备注
客卫	地坪					
	墙面					
	平顶					
	灯具					
	卫生间门					
	门套线					
	卫生间门锁					
	洁具					
	洗面盆台面					
	门槛石					
	开关、插座					
厨房	地坪					
	墙面					
	平顶					
	灯具					
	门套线					
	橱柜					
	台面石					
	洗涤盆					
	水嘴					
	开关、插座					
阳台	阳台地面					
	阳台护栏					
	阳台落地门					
	窗					

④公共设施的配置标准。

买卖双方同时还应约定门禁系统、电梯、供水、供电、供暖、消防、热水供应、智能化管理系统等公共设施的配置标准。对所使用的重要设备如电梯等,应约定该设备的品牌、产地、规格型号。

商品房买受人与出卖人在商品房买卖合同中除约定以上商品房的质量要求外,还可以约定商品房质量问题的委托检测机构、检测费用垫付、结算等内容。

(三)按样板房销售的商品房在交付时的特别约定

根据《商品房销售管理办法》第三十一条的规定:房地产开发企业销售商品房时设置样板房的,应当说明实际交付的商品房质量、设备及装修与样板房是否一致,未做说明的,实际交付的商品房应当与样板房一致。

在商品房销售过程中,房地产开发企业经常会设置样板房,使购房者通过样板房更加直观地了解所销售商品房的户型、设备、装修等情况。样板房虽不完全等同于待售的商品房,但购房者可能会认为样板房就是"凭样品交付"中的样品。而销售人员在介绍时往往也模棱两可,误导购房者,使购房者相信这就是样品。但当商品房交付时,买受人发现"货不对板",从而引发纠纷。因此,《商品法销售管理办法》对此制定了严格的规定,只要出卖人未做说明,样板房就是样品,买受人接收交付的商品房时就可以按照样板房的标准进行验收。实践中,房地产开发企业都会特别说明展示样板房"非交付标准",但如果具备法律上的特定条件,对买受人购房合同订立有重大影响的,仍应当作为房屋装修质量的交付标准。如果涉及全装修商品房预售的,则一些地方性法规、规章还要求房地产开发企业提供全装修商品房的交付样板房,并且交付样板房的实体状态还应保留至交房后的固定期限内。类似的规定或措施有利于保护全装修商品房买受人的合法权益,并能有效督促房地产开发企业合规合约完成全装修工程。

(四)发生质量纠纷后的处理方式

房屋质量问题按性质和程度可分为房屋的地基基础和主体结构质量不合格、影响正常使用的严重质量问题、其他一般质量问题等三种情况。

(1)房屋地基基础和主体结构质量经核验确属不合格。

根据法释〔2003〕7号《解释》第十二条的规定,因房屋主体结构质量不合格不能交付使用,或者房屋交付使用后,房屋主体结构质量经核验确属不合格,买受人有权要求退房和赔偿损失,这在司法实践中争议不大。如果通过加固等能够修复,且确保建筑物安全的可以修复,其建筑物继续使用,但出卖人应承担逾期交房的违约责任,给买受人造成其他损失的,出卖人应予以赔偿。

(2)因质量问题严重影响正常居住使用的。

因质量问题严重影响正常居住使用,是指房屋买受人所购的房屋出现严重质量问题,且该质量问题如不修复就无法保证房屋买受人的人身、财产安全及正常居住使用的情形。根据法释〔2003〕7号《解释》第十三条的规定,出现这种情况的,买受人有权要求退房和赔偿损失。但究竟哪些质量问题属于严重影响正常居住使用的情形,在实践中有较大争议,如果在合同中没有明确约定,一旦形成纠纷,买卖双方很难就此达成一致意见,需要由工程质量检测机构进行检测,并根据检测结论进行确认。也有一些地方性法规做出了明确规定,如《浙江省实施〈中华人民共和国消费者权益保护法〉办法》第十九条规定,商品房因勘察、设计、施工原因,在保修期限内发生渗漏的,经营者应当自与消费者就维修方案达成一致之日起六个月内予以修复,并依法赔偿损失;同一区位的渗漏,经营者自与消费者就维修方案达成一致之日起六个月内未予修复的,消费者有权要求退房或者自行委托维修单位进行维修。鉴于上述原因,建议买卖双方参照类似规定在合同中就退房事项做出明确约定。

(3)房屋的其他质量问题。

房屋质量问题,在未严重影响正常居住使用的情况下,出卖人应承担修复责任。出卖人拒绝修复或在合理期限内拖延修复的,买受人可自行或者委托他人修复。修复费用及修复期间造成的其他损失等,应由出卖人承担。出卖人应承担的修复责任是《建筑法》第六十条、《合同法》第一百一十一条、《城市房地产开发经营管理条例》第三十一条等所明确规定的义务,对房屋的出卖人来说,修复房屋存在的质量问题是其法定义务。出卖人交付的房屋不符合合同约定的质量要求,但通过修复的方法可以补救的,出卖人应当及时修复,以满足买受人的需要,因此增加的费用,应当由出卖人承担。

(五)出卖人交付使用的商品房的装饰、设备达不到约定标准时的处理方式

出卖人交付使用的商品房的装饰、设备达不到约定标准的,应区别不同情况做出约定:

(1)达不到约定标准并存在安全隐患或影响买受人正常使用的,如使用的材料不符合环保、消防、安全用电的要求或在安装过程中造成安全隐患的,管道密封性能差致使水、气外泄的,供水、供电达不到合同要求的,应约定由出卖人调换材料或修复,直至消除安全隐患或能够正常使用为止。由此而导致房屋逾期交付的,由出卖人承担逾期交房的违约责任。

(2)达不到约定标准但不影响买受人正常使用的,如安装的电梯、装修所采用的材料的品牌与合同约定不一致的,可以约定由出卖人赔偿双倍的装饰、设备差价。

由于商品房买卖合同的履行期限长,特别是预售合同从合同签订到房屋交付往往需要一年以上的时间,而装饰材料、设备的市场价格是在不断变动的,不同日期的装饰、设备差价也不一样。因此,如果买卖双方约定赔偿双倍差价的,应约定确定价格的日期,即双方应约定按哪一天的价格赔偿双倍差价。

(3)没有按约定的要求装修,但约定使用的装饰材料、设备与实际使用的材料、设备之间没有差价的,如约定的房间地板颜色为暗红色,实际使用的房间地板为米黄色,虽然两者的标准、价格都一样,但买受人不满意,这种情况下,原则上应当由出卖人重新施工。如果买受人同意,也可以约定由出卖人支付一定数额的违约金。

【注意事项】

(1)由于没有一个行政主管部门负责对装修工程的整体验收,因此,装修工程是否竣工、装修质量是否符合相应标准,就没有统一的核验依据,即全装修商品房具备交付使用条件缺乏证据。鉴于此,房地产开发企业可与买受人约定装修工程竣工验收合格作为交付使用条件之一,如通过建设、设计、施工、监理单位组织的竣工验收。只有当合同约定了明确的交付使用条件,才不会对装修工程是否竣工及质量是否符合相应标准产生争议。

(2)买卖双方在约定装饰、设备标准时不应使用诸如"高档""高级""豪华""进口""名牌""一流"等模糊词语。如果在签订合同时,设备、材料的品牌、规格型号、产地已经确定的,应在合同中明确,确实难以确定的可以在合同中约定最低标准。

(3)出卖人提供菜单装修的,有关颜色等方面的约定应十分明确,如不能将某一种装饰的颜色简单地约定为蓝色,而应确定为深蓝色还是浅蓝色,最好能够封存颜色样品。

◎ **案例一**　王先生购买了某热销楼盘中的一套商品房,在房屋交付时发现,出卖人实际交付的电梯根本不是事先承诺的高级名牌电梯,房屋装修也与出卖人承诺的所谓"精装修"相差甚远。王先生在与出卖人交涉时,才注意到商品房买卖合同"附件三"中所约定的内容,绝大部分是模糊用词。出卖人坚持认为,出卖人所交付房屋装修标准与合同的约定是一致的。由于合同约定不明确,王先生无法追究出卖人的违约责任。

案例提示:为避免在房屋交付时就装饰、设备标准发生纠纷,买卖双方应明确约定装修的标准以及所采用的材料、设备的品牌等内容。

◎ **案例二**　某房企开发了精装修楼盘,对外销售宣称"产品精雕细琢""采用国际知名品牌",精装修标准为6000元/平方米。商品房装修内容包括室内的地面、墙面、顶棚装修工程、室内楼梯工程、门窗工程、水电改造工程、家具工程以及家用电器等。张先生等四十多位买受人购买了该精装修商品房。房屋交付后,业主发现该房企并没有按承诺确定的6000元/平方米标准进行房屋室内装修,该房企选用的装修用材低劣,达不到合同约定的精装高品质要求,严重降低了精装修标准。张先生等诉至法院,要求赔偿房屋精装修差价损失。为查明房屋实际装修标准,法院委托第三方机构对装修工程造价进行司法鉴定,确认该房企并未按承诺的标准进行精装修。经法院主持调解,双方达成房屋装修补偿方案。

案例提示:全装修商品房预售合同应当就装饰装修主材和设备的品牌、产地、规格、级别、数量等进行明确清晰的约定,如商品房总价中已对全装修部分价款明确金额的,则交付的装修标准整体还应当不低于装修价款,否则,应当承担装修差价损失赔偿责任。目前,全装修楼盘对外销售承诺的精装修标准通常比较笼统含糊,购房人在认购之前,有必要询问、甄别装修标准所涵盖的具体装修范围、装修总价与单价的计价组成,切勿偏听偏信装修标准而盲目购房。

◎ **案例三**　　陈先生购买了某知名品牌房企开发的号称"区域标杆"精装修商品房。陈先生与其他购买了同一期商品房的买受人在楼盘装修过程中,进施工场地发现小区人行道路系柏油路,大面积采用空心砖铺设地面,小区绿植品种单一、低端,绿化景观效果与楼书广告宣传效果差距较大。陈先生等买受人集体与开发商进行交涉,提出小区公共区域装修品质的提升要求,经多方协调谈判,该房企同意小区人行道路柏油路改石材路,优化小区入口、单元门设计,并新增绿化、水景、亭廊等。

案例提示:房地产项目开发涉及的建筑装饰装修、设施设备种类繁多,买卖双方签署的商品房买卖合同无法一一约定明确,尤其是涉及小区公共区域的装饰设备标准,更是难以在合同中约定具体标准,这就给买卖双方履约带来诸多争议纠纷。比较典型的现象,便是楼书广告中精美奢华的品质承诺与实际交付时粗糙低端的减配现状,形成鲜明反差,让众多购房人无法接受。尽管商品房的销售广告和宣传资料为要约,但法律上,房企发布具体确定的广告允诺,对购房合同的订立及房价确定有重大影响时,我们仍可依据相关司法解释规定,认定此类广告为合同内容,据此督促房企按广告允诺提升、完善商品房项目的装饰装修标准。

第十八条　保修责任

(一)**商品房实行保修制度。** 该商品房为住宅的,出卖人自该商品房交付之日起,按照《住宅质量保证书》承诺的内容承担相应的保修责任。 该商品房为非住宅的,双方应当签订补充协议详细约定保修范围、保修期限和保修责任等内容。具体内容见附件七。

(二)**下列情形,出卖人不承担保修责任:**

1.因不可抗力造成的房屋及其附属设施的损害;

2.因买受人不当使用造成的房屋及其附属设施的损害;

3. _____。

(三)在保修期内，买受人要求维修的书面通知送达出卖人_____日内，出卖人既不履行保修义务也不提出书面异议的，买受人可以自行或委托他人进行维修，维修费用及维修期间造成的其他损失由出卖人承担。

【概要】

本条是商品房质量保修条款。商品房在保修期限内发生质量问题，出卖人应当履行保修义务。

【说明】

(一)现行法律法规、规章对商品房保修的规定

(1)《城市房地产开发经营管理条例》第三十条规定：房地产开发企业应当在商品房交付使用时，向购房人提供《住宅质量保证书》和《住宅使用说明书》。

《住宅质量保证书》应当列明工程质量监督单位核验的质量等级、保修范围、保修期和保修单位等内容。房地产开发企业应当按照住宅质量保证书的约定，承担商品房保修责任。保修期内，因房地产开发企业对商品房进行维修，致使房屋使用功能受到影响，给买受人造成损失的，应当依法承担赔偿责任。

(2)《建设工程质量管理条例》第四十条规定：在正常使用条件下，建设工程的最低保修期限为：

①基础设施工程、房屋建筑的地基基础工程和主体结构工程，为设计文件规定的该工程的合理使用年限；

②屋面防水工程，有防水要求的卫生间、房间和外墙面的防渗漏，为5年；

③供热与供冷系统，为2个采暖期、供冷期；

④电气管线、给排水管道、设备安装和装修工程，为2年。

其他项目的保修期限由发包方(商品房开发项目的发包方一般为房地产开发企业)与承包方(施工单位)约定。

建设工程的保修期，自竣工验收合格之日起计算。

(3)《商品住宅实行住宅质量保证书和住宅使用说明书制度的规定》第五条、第六条规定：地基基础和主体结构在合理使用寿命年限内承担保修。

正常使用情况下各部位、部件保修内容与保修期：屋面防水3年；墙面、厨房和卫生间地面、地下室、管道渗漏1年；墙面、顶棚抹灰层脱落1年；地面空鼓开裂、大面积起砂1年；门窗翘裂、五金件损坏1年；管道堵塞2个月；供热、供冷系统和设备1个采暖期或供冷期；卫生洁具1年；灯具、电器开关6个月。

其他部位、部件的保修期限，由房地产开发企业与用户自行约定。

住宅保修期从开发企业将竣工验收的住宅交付用户使用之日起计算，保修期不应低于本规定第五条规定的期限。房地产开发企业可以延长保修期。

国家对住宅工程质量保修另有规定的,保修期限按照国家规定执行。

(4)《商品房销售管理办法》第三十三条规定:房地产开发企业应当对所售商品房承担质量保修责任。当事人应当在合同中就保修范围、保修期限、保修责任等内容做出约定。保修期从交付之日起计算。

商品住宅的保修期不得低于建设工程承包单位向建设单位出具的质量保修书约定保修期的存续期;存续期少于《商品住宅实行住宅质量保证书和住宅使用说明书制度的规定》中确定的最低保修期限的,保修期不得低于《商品住宅实行住宅质量保证书和住宅使用说明书制度的规定》中确定的最低保修期限。

非住宅商品房的保修期限不得低于建设工程承包单位向建设单位出具的质量保修书约定保修期的存续期。

在保修期限内发生的属于保修范围的质量问题,房地产开发企业应当履行保修义务,并对造成的损失承担赔偿责任。因不可抗力或者使用不当造成的损坏,房地产开发企业不承担责任。

(5)法释〔2003〕7号《解释》第十三条第二款规定:交付使用的房屋存在的质量问题,在保修期内,出卖人应当承担修复责任;出卖人拒绝修复或者在合理期限内拖延修复的,买受人可以自行或者委托他人修复。修复费用及修复期间造成的其他损失由出卖人承担。

(6)《浙江省实施〈中华人民共和国消费者权益保护法〉办法》第十九条规定:商品房的屋面防水工程,有防水要求的厨房、卫生间、地下室和外墙面的防渗漏保修期限不得低于八年,保修期限自商品房交付消费者之日起计算。商品房因勘察、设计、施工原因,在保修期限内发生渗漏的,经营者应当自与消费者就维修方案达成一致之日起六个月内予以修复,并依法赔偿损失;同一区位的渗漏,经营者自与消费者就维修方案达成一致之日起六个月内未予修复的,消费者有权要求退房或者自行委托维修单位进行维修,维修费用由经营者承担。保修期限内的维修费用(包括公共部位的维修费用)由经营者承担。第二十条规定:全装修商品房交付时,埋设在墙体、地面内的电气网络管线和给排水管道等隐蔽工程的保修期限不得低于八年,自全装修商品房交付消费者之日起计算。

以上法律法规、规章、司法解释对商品房的保修范围、最低保修期限、保修责任已明确规定。买卖双方可以根据以上规定通过协商约定相关内容。需要说明的是,《建设工程质量管理条例》与《商品住宅实行住宅质量保证书和住宅使用说明书制度的规定》对建筑物同一部位规定的保修期限不一致,两者的保修责任人和保修起算的日期也不同,《建设工程质量管理条例》规定的保修责任人是施工单位,保修期限自建设工程竣工验收合格之日起计算;而《商品住宅实行住宅质量保证书和住宅使用说明书制度的规定》规定的保修责任人是房地产开发企业,保修期限自商品房交付之日起计算。《商品房销售管理办法》为此还就两个"期限"如何衔接做出了明确规定。地方性法规对商品房的保修范围、保修期限、保修责任有特别规定的,还应按照当地的规定执行。

由于建筑物的地基基础和主体结构是建筑物工程的重要基础和主体,如果一项建筑工程的地基基础工程和主体结构出现质量问题,即使其他部分施工质量再好也难以保证整个建筑工程质量。因此,《建设工程质量管理条例》等法规、规章规定地基基础和主体结构在合理使用寿命年限内承担保修责任。建筑物的合理使用寿命即设计年限,是指建筑物的设计单位按设计的建筑物的地基基础和主体结构型式、施工方式和工艺技术等技术条件所确定的保证该建筑物正常使用的最低年限。关于合理使用寿命年限,目前国家还没有统一的规定,具体各类建筑工程的合理使用年限,要根据建筑物的使用功能、所处的自然环境等因素,由有关技术部门做出判断。也有一些地区为规范管理,避免纠纷,在《住宅质量保证书》中对住宅规定了合理使用年限,如《上海市新建住宅质量保证书》规定的合理使用年限一般为多层 50 年,高层 70 年。

(二)出卖人不履行保修义务时所应当承担的违约责任

在保修期限内,出卖人或者出卖人委托的维修单位没有按照合同约定履行保修义务的,出卖人应当依约承担违约责任。出卖人违约主要有以下两种情形:

(1)出卖人接到报修通知后没有在约定或承诺的期限内前去维修也不提出书面异议的。对这种情形,根据法释〔2003〕7 号《解释》的规定,买受人可以自行或委托他人修复,修复费用及修复期间造成的其他损失由出卖人承担。双方也可以约定出卖人每延期一日,应承担一定数额的违约金,由此而造成的损失由出卖人赔偿。

(2)《浙江省实施〈中华人民共和国消费者权益保护法〉办法》规定,在设计使用期限内,商品住宅发生地基下沉、房屋倾斜、承重的柱墙梁板等构件结构开裂变形等问题,超出工程建设强制性标准规定的安全限值,无法维修或者一次维修后仍超出安全限值的,买受人有权要求退房。在保修期限内,商品住宅发生渗漏的,出卖人自与买受人就维修方案达成一致之日起六个月内未予修复的,买受人有权要求退房。退房的,遇价格下降时,按原价格退还房款;遇价格上涨时,按同类地段同类商品房标准的新价格退还房款。

(3)根据法释〔2003〕7 号《解释》的规定,房屋交付使用后,房屋主体结构质量经核验确属不合格,或者因房屋质量问题严重影响正常居住使用,买受人有权请求解除合同和赔偿损失。

【注意事项】

(1)法律法规和规章只规定了商品房的最低保修期限和最基本的保修范围,经买受人与出卖人协商,出卖人同意延长保修期限或扩大保修范围的,买卖双方可以在合同中约定。约定保修责任,应当符合法律法规要求,如果商品房项目所在地的地方性法规、规章对保修责任有更加严格规定的,还应当符合其要求。

(2)买卖双方在约定商品房套内建筑保修责任的同时还应当在合同中约定公共部位的保修责任,具体保修范围和保修期限由双方协商确定。

(3)买受人所购商品房经过装修的,买卖双方应当另行约定装修工程的保修责任。

(4)在保修期限内出现保修情形的,经出卖人或出卖人委托的单位修复的,出卖人的保修期限仍从该商品房交付之日起计算,而不会从修复后重新计算保修期限,且保修期限也不会因此发生中断、中止、延长等情形。

(5)商品房质量保修责任与逾期交房违约责任可能会同时存在。因房屋地基基础、主体结构质量问题或者质量问题严重影响正常居住使用时,房屋不具备交付使用条件,导致逾期交付违约责任,同时触发商品房质量保修责任。修复后符合法定安全要求或正常使用条件的,仍应当承担逾期交付违约责任,无法修复或修复后仍无法到达法定安全限值的,触发退房条件。如果商品房虽存在一般质量问题但具备房屋交付使用条件,出卖人与买受人双方因质量维修方案无法达成一致等原因未能按期交房的,通常不构成逾期交付违约,但买受人仍可适用商品房质量保修责任的相关规定要求出卖人承担质量保修责任。

◎ **案例一** 李先生于2001年3月购买了一套商品房,同年12月办理了入住手续。入住后只几个星期,李先生发现卧室、厨房的墙壁上出现了细小的裂缝,卫生间砂灰脱落,就立即找房地产开发企业协商处理此事。房地产开发企业经过检测后认为墙壁出现的裂缝为抹砂层裂缝,是由于李先生使用了暖气设备,室内温度较高、空气湿度较小造成的,是正常现象,只要经过维修,注意养护就可以避免。房地产开发企业随即派人对出现质量问题的墙面进行了维修。房屋修好后,李先生按照房地产开发企业的要求购买了空气加湿器,每天定时打开以增加室内湿度。但没过两星期,那些细小的裂缝又出现在卧室、厨房的边缘角落。李先生就此认为房屋存在内在质量问题,且如果屡坏屡修、屡修屡坏,会对生活带来极大不便,便向法院起诉,要求退房。法院受理此案后,委托法定机构对李先生所购房屋进行鉴定,鉴定结论是商品房主体结构合理,出现裂缝是由于室内气温、湿度因素所造成。法院根据鉴定结论和有关法律规定做出了判决,驳回了李先生的诉讼请求。

案例提示:根据《城市房地产开发经营管理条例》和《商品房销售管理办法》的规定,只有经工程质量检测机构核验,商品房主体结构不合格的,买受人才有权以质量原因要求退房。本案中,李先生所购商品房出现的质量问题经鉴定并非主体结构质量问题,法院因此判决李先生败诉。

◎ **案例二**　张某及其妻在2015年贷款购置了一套排屋,2017年经开发商通知后前往验房,买卖双方办理了房屋面积差异房价款结算,签署了房屋交接单,张某妻结清了全部房价款,开发商向其开具了商品房销售不动产统一发票。因验房过程中,张某妻提出房屋室内空鼓修复,未能收房。此后,张某妻多次查看房屋,其间还进入室内办了装修开工仪式,开发商完成房屋产权初始登记后要求张某夫妻及时办理过户、抵押登记,但因双方在违约责任上谈不拢,张某及其妻拒绝收房、办证并起诉开发商,以开发商未能提供"两书"为由要求承担逾期交房、逾期办证违约责任。法院经审理驳回了其诉讼请求。

案例提示:在房屋具备交付使用条件后,出现迟延交房现象的,需要探究导致迟延交房的真实原因,如因房屋一般质量问题维修方案、赔偿金额等问题未能协商一致导致交房迟延的,通常不适用逾期交房违约责任,但出卖人应当承担商品房质量保修责任。房屋交接手续是买卖双方相互配合方能完成的,例如房屋钥匙、商品房质量保证书、使用说明书等移交少了一方的配合行为便无法交接,在出现房屋质量争议时拒绝收房的一方仅仅以未能移交"两书"为由并不是逾期交房的有力说明。

第十九条　质量担保

_____为该商品房质量提供担保。 出卖人不按照第十七条、第十八条约定承担相关责任的, 由_____承担连带责任。

关于质量担保的证明见附件八。

【概要】

本条是关于商品房质量担保的约定。

【说明】

质量问题是商品房买卖合同纠纷中的常见问题,在全装修商品房买卖中尤为突出。商品房质量关系到买受人的切身利益,关系到买受人购房目的的实现。我国现行法律、法规、规定对商品房质量问题进行了明确的规定。

(一)承担商品房质量责任的主体

承担商品房质量责任的主体有:施工单位,勘察、设计、监理单位,房地产开发企业,等等。

施工单位对建设工程(建设工程,是指土木工程、建筑工程、线路管道和设备安装工程及装修工程)的施工质量负责。建设工程实行总承包的,总承包单位应当对全部建设工程质量负责;建设工程勘察、设计、施工、设备采购的一项或者多项实行总承包的,总承包单位应当对其承包的建设工程或者采购的设备的质量负责。总承包单位依法将建设工程分包给其他单位的,分包单位应当按照分包合同的约定对其分包工程的质量向总承包单位负责,总承包单位与分包单位对分包工程的质量承担连带责任。施工单位对施工中出现质量问题的建设工程或者竣工验收不合格的建设工程,应当负责返修。

勘察、设计单位必须按照工程建设强制性标准进行勘察、设计,并对其勘察、设计的质量负责。工程监理单位应当依照法律、法规以及有关技术标准、设计文件和建设工程承包合同,代表建设单位对施工质量实施监理,并对施工质量承担监理责任。

我国商品房开发建设实行质量保修制度。建设工程在保修范围和保修期限内发生质量问题的,施工单位应当向房地产开发企业履行保修义务,并对造成的损失承担赔偿责任。房地产开发企业采购、定制的设施设备不符合质量要求的,供货商、承揽方应当承担违约责任,如凭样品买卖的,房地产开发企业应当封存样品,并可以对样品质量予以说明,供货商、承揽方交付的标的物应当与样品及其说明的质量相同。如交付标的物时并不知道样品有隐蔽瑕疵的,即使交付的标的物与样品相同,供货商、承揽方交付的标的物的质量仍然应当符合同种物的通常标准。房地产开发企业对出售给买受人的商品房及其附属设施设备的质量问题依法向买受人承担质量保修责任。虽然勘察单位、设计单位、施工单位、工程监理单位依法应对建设工程质量负相关责任,但勘察单位、设计单位、施工单位、工程监理单位与商品房买受人之间并未建立商品房合同关系,根据合同相对性原则,商品房出现质量问题时,买受人一般只能选择其合同的相对方即房地产开发企业承担相关质量责任,而不能突破合同相对性要求施工单位等其他主体承担质量责任。

(二)商品房质量连带责任

根据《中华人民共和国担保法》(下简称《担保法》)规定,当事人约定保证人与债务人对债务承担连带责任的,为连带责任保证。连带责任,由法律规定或者当事人约定。本条规定的目的在于通过增加商品房质量连带责任主体的方式,增加商品房质量的直接责任承担主体,为商品房质量问题的解决增加保障措施,维护买受人的合法权益。二人以上依法承担连带责任的,权利人有权请求部分或者全部连带责任人承担责任。连带责任人的责任份额根据各自责任大小确定;难以确定责任大小的,平均承担责任。实际承担责任超过自己责任份额的连带责任人,有权向其他连带责任人追偿。

本条保证人的保证范围是本合同示范文本第十七条(商品房质量)、第十八条(保修责任)约定的商品房质量责任与保修责任。如"出卖人不按照第十七条、第十八条约定承担相关责任",则出卖人履行合同义务违约,买受人既可以要求出卖人继续履行合同义务,承担质量责任,也可以要求质量担保人在其担保范围内承担担保责任,而无论买受人是否先行向出卖人主张权利。

本条约定的保证人主体应由房地产开发企业提供,并应当出具质量担保的证明。施工总承包单位、房地产开发企业股东、实际控制人、担保公司等,在法律上均可以作为本条的质量担保主体,其中施工总承包单位作为首选担保人,主要是基于以下三点考量:①开发商与施工总承包单位之间存在发承包施工合同关系,开发商需要对施工总承包单位进行工程质量、施工工期、安全责任等方面的管理,掌握着工程款支付的主动权,法律上开发商具有要求施工总承包单位承担质量担保责任的天然优势;②根据《建设工程质量管理条例》第二十六条的规定,施工单位对建设工程的施工质量负责,这是施工总承包单位的法定义务,无论是否将施工总承包单位作为本条质量担保人,其均应当履行法定义务;③施工总承包单位是商品房的施工主体,具备商品房建设与质量问题修复专业优势,能够更有针对性地提出质量问题解决方案。

【注意事项】

(1)开发商进行商品房开发建设时,需要统筹房地产开发的全流程,提前选择、确定质量担保人。开发商可以在施工总承包单位招标的时候,将需要施工总承包单位质量担保的事宜列入招标条件。避免施工总承包单位确定后,施工总承包单位拒绝承担本条的质量担保责任,拒绝出具关于质量担保的证明,影响商品房买卖合同范本的制作、审核、备案,影响销售进程等。

(2)房地产开发企业可以就承担质量担保责任的范围、时间、责任划分,以及追偿问题等,与依约承担本条的质量担保责任的主体签署协议,明确责任边界。

(3)房地产开发企业自身无法作为本条的质量担保人。本条的质量担保人应当是房地产开发企业之外的民事主体。

◎ **案 例 一**　时代公司向润房公司购买了某小区 1—2006 号房屋一套,时代公司使用该房屋过程中玻璃幕墙出现损坏,为此,时代公司向润房公司反映并要求其更换破损的玻璃。但润房公司以玻璃幕墙的维修应由施工单位即江河公司负责为由,拒不更换破损玻璃幕墙。时代公司于是诉至法院,要求润房公司和江河公司共同更换涉案房屋损坏的玻璃一块。法院审理认定案涉房屋玻璃幕墙尚在保修期内。法院最终判决认为,本案涉及了两个相互关联的合同关系,一是时代公司与润房公司之间的商品房买卖合同关系,二是润房公司与江河公司之间的幕墙工程承包合同关系。虽然两个合同关系中均涉及玻璃保修事宜,但时代公司与江河公司之间并未形成直接的法律关系,故江河公司不存在向时代公司直接履行的合同义务。根据合同相对性原则,时代公司只能要求润房公司承担保修责任。

◎ **案例二**　　某工业园区新厂房由三创公司开发,中宇公司是承建单位。该工程竣工验收合格满 2 年后,三创公司将该厂房转让给天龙公司,并办理完毕产权转移手续。天龙公司使用厂房的过程中发现厂房存在外墙漏水、地坪开裂等质量问题,于是天龙公司起诉中宇公司要求赔偿其工程质量维修费。法院经审理后认为建筑施工单位对建筑工程的质量保修是一种法定义务,其保修的期限应按照保证建筑物合理寿命年限内正常使用,维护使用者合法权益来确定。天龙公司向三创公司购得涉案厂房并登记为权利人,涉案厂房的相关权利义务亦随之转移给天龙公司,与天龙公司具有利害关系,故其有资格向被告中宇公司主张权利。

案例提示:我国法律没有规定房地产开发企业与商品房施工单位对房屋质量问题承担法定连带责任,因此,在没有合同约定承担连带责任的情况下,我们认为商品房买受人不应突破合同相对性原则要求施工单位承担合同义务,但关于商品房买受人能否直接要求施工单位承担保修责任的问题,理论和实践中存在争议。有观点认为应坚持合同相对性原则,买受人只能要求其商品房买卖合同的相对方(开发商)承担保修责任,案例一法院方即是持有该观点。也有观点认为,买受人可以要求施工单位承担保修责任,因为承担质量保修责任是施工单位的法定义务,且买受人从开发商处购买商品房后,商品房所产生的权利义务一并转让给了买受人,若商品房出现质量问题,买受人有权要求施工单位承担保修责任,案例二虽然是厂房而非商品房,但也反映了该种观点。我们姑且不讨论两种观点的正确与否,保修期内买受人遇到房屋质量问题时较为稳妥的做法为向开发商主张相关权利,要求开发商承担相应责任,如在商品房买卖合同中约定了连带责任,买受人也可直接依据合同约定要求质量担保人承担责任。

第二十条　预售合同登记备案

(一)出卖人应当自本合同签订之日起【30 日内】【　　　　日内】(不超过 30 日)到当地房产管理部门办理商品房预售合同备案手续,并将本合同备案情况告知

买受人。

（二）有关预售合同登记备案的其他约定如下：

_____；_____。

【概要】

本条是有关合同登记备案制度的约定。

【说明】

《城市房地产开发经营管理条例》第二十六条规定：房地产开发企业应当自商品房预售合同签订之日起 30 日内，到商品房所在地的县级以上人民政府房地产开发主管部门和负责土地管理工作的部门备案。

商品房预售合同登记备案制度，可有效监督房地产开发企业的销售行为，防止一房多售以及出卖人使用不规范的合同损害买受人利益等现象的发生。虽然国务院行政法规规定商品房预售应当登记备案，但当事人没有办理预售登记备案手续的，并不影响合同效力。法释〔2003〕7 号《解释》第六条规定：当事人以商品房预售合同未按照法律、行政法规规定办理登记备案手续为由，请求确认合同无效的，不予支持。

2004 年，建设部（现住房和城乡建设部）修订了《城市商品房预售管理办法》，要求房地产管理部门应当积极应用网络信息技术，逐步推行商品房预售合同网上登记备案。此后，各地方房地产主管部门相继出台了商品房预（销）售合同网上备案办法，细化了网上登记备案方式，相关流程通常为：商品房预售的当事人双方根据网上公布的合同备案文本，协商拟订合同条款，经当事人双方确认后，由房地产开发企业将双方确认的商品房预售合同通过网上操作系统进行备案。房地产开发企业传送商品房预售合同后，由网上操作系统自动生成并将合同编号，同时在商品房楼盘表内自动显示该单元（套）商品房已预售。房地产开发企业用专用纸张打印已备案的商品房预售合同，并与购房人共同在书面合同上签名（盖章）。预售合同网上备案后，在购房人取得房屋产权证前，合同主体不得变更。购房人申领房屋产权证前，当事人双方经协商一致，需要对合同中的选择性条款或双方可以自由约定的条款内容进行变更的，应当持已备案的书面合同、变更合同的书面协议及其他有关材料，向房产管理部门申请办理合同变更备案手续。当事人双方协商一致，需要解除商品房预售合同的，应当向房产管理部门申请办理注销合同备案手续。

【注意事项】

（1）为督促出卖人按约及时办理合同备案手续，买受人可以要求在合同中约定出卖人不按约履行备案义务时所应当承担的违约责任。

（2）商品房预售合同网上登记备案与合同签章不一定同步进行。仅有签章，没有网签，这是在签署线下合同，可能是为了规避网签程序或限购政策，因为网签是实施限购政策的技术手段。仅有网签，没有签章，这种情况比较罕见，有可能要被认定合同不成立，但依据诚实信用原则,不应当轻易否定当事人双方已达成商品房预售的真实意思表示。

第二十一条 房屋交易、不动产登记

(一)双方同意共同向房产管理部门和不动产登记部门申请办理该商品房交易手续和不动产登记。

(二)因出卖人的原因,买受人未能在该商品房交付之日起_____日完成该商品房的房屋交易手续和取得不动产权证的,双方同意按照下列第_____种方式处理:

1.买受人有权解除合同。 买受人解除合同的,应当书面通知出卖人。 出卖人应当自解除合同通知送达之日起 15 日内退还买受人已付全部房款(含已付贷款部分),并自买受人付款之日起,按照_____%(不低于中国人民银行公布的同期贷款基准利率)计算给付利息。 买受人不解除合同的,自买受人应当完成房屋交易手续和取得不动产权证的期限届满之次日起至实际全部完成房屋交易手续和取得不动产权证之日止,出卖人按日计算向买受人支付全部房价款万分之_____的违约金。

2._____。

(三)因买受人的原因未能在约定期限内完成该商品房的房屋交易手续和不动产登记的,出卖人不承担责任。

【概要】

本条约定了房屋交易、不动产权登记过程中出卖人的义务以及因出卖人的责任导致买受人不能在规定期限内完成房屋交易手续、取得不动产权证时的处理方式。

【说明】

(一)房地产产权登记的概念及功能

房地产产权登记是指房地产行政主管部门对房地产的权属状况进行持续的记录。商品房买受人通过产权登记获得房地产权属证书。

《物权法》规定了不动产统一登记制度。不动产登记,是指不动产登记机构依法将不动产权利归属和其他法定事项记载于不动产登记簿的行为。国务院发布的《不动产登记暂行条例》自 2015 年 3 月 1 日施行以来,各地陆续启动了不动产统一登记制度,改变了以往土地与房屋分别登记(一宗房地产两本产权证书,一本是国有建设用地使用权证书,一本是房屋所有权证书)的制度。

房地产产权登记作为现代房地产法律制度的基础,具有三个方面的功能,即产权确认功能、公示功能和管理功能。

(1)产权确认功能是指房地产产权登记具有的确认房地产的权属状态,承认并保护房地产与其权利人之间的法律支配关系的功能。经过登记的房地产权利受法律确认,有国家强制力予以保护,可以对抗权利人以外的任何主体的侵害。

(2)公示功能是指将房地产权利变动的事实向社会公开,可供公众查阅,即起到向社会公开所有权的作用,具有直接表明所有权的公示功能。这是为了维护房地产交易安全的需要,一方面可以防止不具有支配权或者不再具有支配权的人进行欺诈;另一方面可以公示房地产已经设立的相关权利,如抵押权,防止以隐瞒权利瑕疵进行交易的情况。房地产产权通过登记这一国家行政行为,使之具有公信力,成为社会公众信赖的基础,一般社会公众就可以根据房地产产权登记的内容来决定具体房地产交易进行与否以及如何进行房地产交易。

(3)管理功能是指房地产产权登记所具有的实施国家管理意图的功能。主要体现在两个方面:一是产籍管理功能,即通过房地产产权登记建立产籍资料,为房地产的税收、规划提供依据。二是审查监督功能,即通过房地产产权登记的审查程序,对房地产的方位、面积等自然状况及其权属的真实情况进行调查,核实房地产及其权属;同时,依据实体法的规定,对房地产权利的设立、变更、终止的合法性进行审查,取缔违反法律法规、政策和社会公共利益的行为。

(二)房地产产权登记的效力

在世界各国的立法中,关于房地产产权登记的效力主要有两种形式的规定:一是成立要件主义;二是对抗要件主义。我国《物权法》规定的是成立要件主义,即房地产权利的转移和设定在登记之前只体现债权的存在,在登记之后才能认为是完成了产权转移或权利的设立,未经登记,房地产交易的权利受让方只能受到债权的保护,而不能得到物权的保护。

商品房买卖法律关系中,买受人在房屋交接后,虽然拥有了房屋的使用权,但房屋的所有权并不随着房屋的交接而转移,出卖人在产权登记以前对房屋仍拥有所有权,买受人并不能以合同或交接后占有房屋的事实来对抗善意第三人。房屋交接的事实,可以认为是出卖人将房屋所有权的部分权能进行了事先交付,但买受人还不是房屋的产权人,其对出卖人只有债权,即享有房屋产权的期待权,占有房屋并不能改变这一事实,如果出卖人此时将已交付的房屋抵押或再次出售,房屋原来的买受人就会面临被赶走的可能。因此,买受人在房屋交付后,应立即办理产权登记手续,领取房地产产权证书。

(三)办理商品房买卖产权登记相关资料的提供

根据《城市房地产开发经营管理条例》第三十二条的规定:预售商品房的购买人应当自商品房交付使用之日起 90 日内,办理国有建设用地使用权变更和房屋所有权

登记手续;现售商品房的购买人应当自销售合同签订之日起 90 日内,办理国有建设
用地使用权变更和房屋所有权登记手续。房地产开发企业应当协助商品房购买人办
理国有建设用地使用权变更和房屋所有权登记手续,并提供必要的证明文件。《商品
房销售管理办法》第三十四条对上述规定又进行了细化,要求房地产开发企业应当在
商品房交付使用之日起 60 日内,将需要由其提供的办理房屋权属登记的资料报送房
屋所在地房地产行政主管部门。

申请房屋登记,应当由有关当事人双方共同申请,因此,本合同示范文本要求买
卖双方共同向房产管理部门和不动产登记部门申请办理不动产登记。关于共同申请
登记的期限,示范文本未做统一要求,而是由买卖双方当事人自行约定,依据《城市房
地产开发经营管理条例》的规定,该期限通常为 90 天,自商品房交付使用之日起算。
房地产开发企业预售商品房,系因合法建造原始取得物权,因此在买卖双方共同申请
房屋所有权转移登记之前,出卖人应当单方先行申请房屋所有权初始登记,本合同示
范文本并未对初始登记的期限做出要求。

根据《房屋登记办法》要求,出卖人申请初始登记应当提交下列材料:①登记申请
书;②申请人身份证明;③建设用地使用权证明;④建设工程符合规划的证明;⑤房屋
已竣工的证明;⑥房屋测绘报告;⑦其他必要材料。此外,房地产开发企业申请房屋
所有权初始登记时,应当对建筑区划内依法属于全体业主共有的公共场所、公用设施
和物业服务用房等房屋一并申请登记,由房屋登记机构在房屋登记簿上予以记载,不
颁发房屋权属证书。

买卖双方共同申请房屋所有权转移登记需要提交以下资料:①登记申请书;②申
请人身份证明;③房屋所有权证书或者房地产权证书;④证明房屋所有权发生转移的
材料;⑤其他必要材料。前述第④项材料指的是商品房买卖合同,第⑤项材料包括商
品房销售发票、纳税凭证、房屋交接书等。如买受人通过按揭贷款方式支付部分房价
款的,在办理房屋所有权转移登记的同时,还应当办理该套房屋的抵押权登记,并将
抵押他项权证移交给按揭贷款机构持有。

(四)预告登记制度

如前所述,房地产产权登记作为现代房地产法律制度的基础,具有产权确认功
能、公示功能和管理功能。从法律上讲,房产证上写的是谁的名字,房子的产权就是
属于谁的。对于买受人来讲,房子真正登记在自己名下,买受人才可以说是放心了。
但是在现行的制度设计下,买受人签订合同,交了房款后,需要隔一段时间才能办好
房地产权属证书。这期间即买受人对房屋权属失去监管的"真空期"常常会引发复杂
的权属纠纷,典型的就是一房数售。针对这个问题,《物权法》第二十条创设了全新的
预告登记制度,能有效降低"真空期"给买受人带来的法律风险。《物权法》第二十条

规定:"当事人签订买卖房屋或者其他不动产物权的协议,为保障将来实现物权,按照约定可以向登记机构申请预告登记。预告登记后,未经预告登记的权利人同意,处分该不动产的,不发生物权效力。预告登记后,债权消灭或者自能够进行不动产登记之日起三个月内未申请登记的,预告登记失效。"

买受人需要注意的是,申请预告登记,出卖人与买受人需要在合同中明确约定,但本合同示范文本并未对预告登记做出约定。如果出卖人与买受人在合同中明确约定了申请预告登记,而出卖人未按照约定履行义务的,买受人可以单方申请预告登记。但预告登记也是有时间限制的,债权消灭或者自能够进行房屋登记之日起三个月内未申请登记的,预告登记失效,这就促使买受人及时行使权利。

2008 年 7 月 1 日起施行的《房屋登记办法》则对预告登记制度规定了相应的适用情形、程序等相关规定,对《物权法》第二十条进行了具体细化,使得《物权法》第二十条有了实践上的可操作性。《房屋登记办法》第六十七条规定了申请预告登记的适用情形。有下列情形之一的,当事人可以申请预告登记:

(1)预购商品房;

(2)以预购商品房设定抵押;

(3)房屋所有权转让、抵押;

(4)法律法规规定的其他情形。

根据《房屋登记办法》第六十九条、第七十条规定,申请预购商品房预告登记,应当提交下列材料:①登记申请书;②申请人的身份证明;③已登记备案的商品房预售合同;④当事人关于预告登记的约定;⑤其他必要材料。预购人单方申请预购商品房预告登记,预售人与预购人在商品房预售合同中对预告登记附有条件和期限的,预购人应当提交相应的证明材料。预购人单方申请预购商品房预告登记,预售人与预购人在商品房预售合同中对预告登记附有条件和期限的,预购人应当提交相应的证明材料。

预售商品房预告登记的法律效力在于预告登记后,未经预告登记的权利人书面同意,处分该房屋申请登记的,房屋登记机构应当不予办理。通俗来讲,当买受人就签订合同、交了房款后的房屋进行预告登记后,未经买受人的书面同意,这套房子再到房屋登记机构办理其他登记,房屋登记机构将不予受理,这样就有效避免了"一房二卖"现象。预告登记后,债权消灭或者自能够进行相应的房屋登记之日起三个月内,当事人申请房屋登记的,房屋登记机构应当按照预告登记事项办理相应的登记。因此,对于买受人来讲,应该有效利用法律赋予自身的武器,来维护自身权利,预防风险。

(五)买受人不能在规定时间内取得房产权属证书的主要原因

(1)土地使用手续不合法。如在农村集体所有土地上建造的房屋和联建房产中自用部分房屋。根据我国现行土地管理法律法规的规定,农村集体所有的土地在办理农用地转用手续和土地征用手续以前,不能直接进入市场流通。因城市建设需要利用农村集体土地的,应先办理农用地转用和征地手续,再由有关部门将国有建设用地使用权出让或划拨给用地单位或个人。房地产开发企业在农村集体土地上建造房屋因土地使用手续不合法而不能办理产权证;联建是一方提供国有建设用地使用权,一方提供资金,双方联合开发建设住宅。提供国有建设用地使用权一方提供的如果是划拨的国有建设用地使用权,其分得的房产往往只能自用,不能直接作为商品房出售,如果按商品房出售的,其买受人不能领取房产权属证书。

(2)未办理或未补办相关的审批手续。房地产项目在开工建设前应向有关部门办理立项、规划、国有建设用地使用权出让、施工等审批手续,在相关审批手续办妥前,该项目不得开工,更谈不上办理所有权证。另外,如果在建设过程中变更规划指标(如容积率、建筑面积、绿化率等)而未补办相关审批手续的,也有可能影响到产权登记。

(3)房地产开发企业未支付全部国有建设用地使用权出让金。支付国有建设用地使用权出让金是国有建设用地使用权受让人的主要义务,在受让人按约履行全部义务前,土地管理部门一般会限制办理国有建设用地使用权的变更手续。

(4)未经必要的验收或经验收不合格。

(5)未提供房屋的测绘成果资料。测绘成果是确认产权登记面积的依据,未经测绘或者虽经测绘但测绘部门尚未提供测绘成果资料的,产权登记部门无法办理产权登记。

(6)其他原因。如房地产开发企业没有将代收的物业维修资金上缴,没有将抵押权注销,房屋、土地被有关部门依法查封、限制交易等情况也会影响房产权登记手续的办理。

(六)办理房屋权属证书迟延的法律责任

根据《城市房地产开发经营管理条例》第三十二条的规定,房地产开发企业应当协助商品房购买人办理国有建设用地使用权变更和房屋所有权登记手续,并提供必要的证明文件。如果出卖人未在法律规定或合同约定的时间内提供必要的证明文件,则构成违约,应根据《合同法》第一百零七条的规定承担继续履行、采取补救措施或者赔偿损失的违约责任,买受人也可以根据《合同法》第九十三条或第九十四条的规定解除合同。

买受人选择解除合同的,则出卖人应当在合同约定的时间内退还已收取的购房款,并按照约定的比例支付利息或违约金。如果合同约定的违约金小于实际损失(包括可得利益损失),买受人还可以要求增加违约金数额。

买受人选择不解除合同的,则出卖人应当继续履行合同,协助办理产权登记并按照合同约定支付违约金。买受人迟延得产权证,将会带来一定损失,如不能办理抵押登记、不能进行交易等,但由此而引起的具体损失却很难计算,因此,建议在合同中明确约定具体的赔偿数额或者违约金数额。如合同没有约定,则根据法释〔2003〕7号《解释》第十八条的规定处理。该条规定:由于出卖人的原因,买受人在下列期限届满未能取得房屋权属证书的,除当事人有特殊约定外,出卖人应当承担违约责任。①商品房买卖合同约定的办理房屋所有权登记的期限;②商品房买卖合同约定的标的物为尚未建成房屋的,自房屋交付使用之日起90日内;③商品房买卖合同标的物为已竣工房屋的,自合同订立之日起90日内。合同没有约定违约金或者损失数额难以确定的,可以按照已付购房款总额,参照中国人民银行规定的金融机构计收逾期贷款利息的标准计算。

【注意事项】

(1)出卖人与买受人共同申请办理不动产登记的期限应约定在商品房交付使用后90日内。有些房地产开发企业为减轻自己的责任,将该期限延长,个别房地产开发企业甚至将该期限延长至360日,这些做法显然不符合《城市房地产开发经营管理条例》和《商品房销售管理办法》的规定。

(2)如果买卖双方约定由出卖人代办房地产权属证书的,可以直接约定买受人取得房地产权属证书的期限,出卖人超过该期限仍不能提供权属证书的,应承担相应的违约责任。

(3)因出卖人的责任而导致买受人延期取得权属证书的,买受人是否解除合同不一定在签订合同时予以明确,买受人可以根据出卖人违约的原因、逾期时间等具体因素在出卖人违约后再做出选择,即在约定有关处理方式时,买受人可以保留解除权或选择多项处理方式。

(4)如果买受人办理了住房抵押贷款,则在产权登记同时应办理他项权登记,买受人取得房地产权属证书,抵押权人取得房地产他项权证。如因买受人原因迟迟不办理所有权转移登记,使得出卖人为买受人贷款提供的连带保证责任无法如期解除并导致出卖人最终承担保证责任或者产生损失的,买受人应就此向出卖人承担损失赔偿责任。

◎ **案 例 一** 张先生在2000年初与某开发公司签订购房合同,约定开发公司在同年4月30日交房,如因开发公司的责任造成张先生不能在双方实际交接房屋之日起360天内取得房地产权属证书,张先生有权提出退房,并索赔已付款2%的损失。合同签订后,张先生依约支付了购房款,开发公司按期交付了房屋。但直至2001年11月,张先生仍没有取得房地产权属证书。据调查,张先生不能按期取得房地产权属证书的原因是开发公司在交房16个月后才提供办证所需材料。2001年12月,张先生和其他20多位买受人一起向人民法院起诉,要求开发公司按房价款的2%支付违约金。法院经审理认为,张先生等人不能按期取得房地产权属证书是由于开发公司的违约行为所造成,且张先生等人的诉讼请求合理,故在判决中支持了张先生等人的诉讼请求。

案例提示: 因出卖人的原因致使买受人不能按期取得房地产权属证书的,买受人有权要求出卖人支付违约金或赔偿损失。

◎ **案 例 二** 某房地产开发企业向吴某出售一套商品住宅,房屋交付多年后,吴某因无力偿还购房按揭贷款,被银行诉至人民法院,该房企作为吴某贷款的连带责任保证人,也被一并列为案件被告。人民法院支持银行提出的提前归还贷款本息的诉求,并在判决生效后,依银行的执行申请,强制扣划了该房企的银行存款,用于代为清偿吴某贷款本息。该房企表示很委屈,多次联系吴某要求其赔付损失,但吴某因外债累累,表示无能为力,无奈之下,该房企只能起诉吴某主张担保追偿,法院虽然判决支持了该房企的诉讼请求,但拿着生效判决的该房企只能与吴某的众多债权人一样作为普通债权人,走上漫漫执行路。

案例提示: 因买受人的原因致使房地产权属证书无法取得的,买受人按揭贷款机构也无法及时取得房屋抵押他项权证,这就极有可能导致出卖人无法解除连带保证责任。买受人无力归还贷款之时,也就是出卖人应当履行连带保证责任之时,因此给出卖人带来极大的法律风险。

第二十二条　前期物业管理

(一)出卖人依法选聘的前期物业服务企业为_____。

(二)物业服务时间从_____到_____。

(三)物业服务期间,物业收费计费方式为【包干制】【酬金制】【_____】。物业服务费为_____元/月·平方米(建筑面积)。

（四）买受人同意由出卖人选聘的前期物业服务企业代为查验并承接物业共用部位、共用设施设备，出卖人应当将物业共用部位、共用设施设备承接查验的情况书面告知买受人。

（五）买受人已详细阅读前期物业服务合同和临时管理规约，同意由出卖人依法选聘的物业服务企业实施前期物业管理，遵守临时管理规约。业主委员会成立后，由业主大会决定选聘或续聘物业服务企业。

（六）物业服务用房坐落＿＿＿＿＿＿＿＿＿＿＿＿＿＿＿＿＿＿＿＿＿＿＿。

该商品房前期物业服务合同、临时管理规约见附件九。

【概要】

本条约定了前期物业管理的起止时间、物业收费方式、物业服务用房坐落、物业共用部位、共用设施设备、物业服务企业的续聘等事项。

【说明】

（一）前期物业管理的相关法律法规

物业管理，是指业主通过选聘物业服务企业，由业主和物业服务企业按照物业服务合同约定，对房屋及配套的设施设备和相关场地进行维修、养护、管理，维护物业管理区域内的环境卫生和相关秩序的活动。在业主、业主大会选聘物业服务企业之前，建设单位选聘物业服务企业的，应当签订书面的前期物业服务合同。

建设单位应当在销售物业之前，制定临时管理规约，对有关物业的使用、维护、管理，业主的共同利益，业主应当履行的义务，违反临时管理规约应当承担的责任等事项依法做出约定。建设单位制定的临时管理规约，不得侵害物业买受人的合法权益。

建设单位应当在物业销售前将临时管理规约向物业买受人明示，并予以说明。物业买受人在与建设单位签订物业买卖合同时，应当对遵守临时管理规约予以书面承诺。

国家提倡建设单位按照房地产开发与物业管理相分离的原则，通过招投标的方式选聘物业服务企业。住宅物业的建设单位，应当通过招投标的方式选聘物业服务企业；投标人少于3个或者住宅规模较小的，经物业所在地的区、县人民政府房地产行政主管部门批准，可以采用协议方式选聘物业服务企业。建设单位与物业买受人签订的买卖合同应当包含前期物业服务合同约定的内容。前期物业服务合同可以约定期限；但是，期限未满，业主委员会与物业服务企业签订的物业服务合同生效的，前期物业服务合同终止。物业服务合同期限届满后未续签，物业服务企业继续提供物业服务，且业主委员会不能证明已明确拒绝接受服务的，应当认定构成事实物业服务合同关系，双方权利义务可参照原物业服务合同确定；但双方可以随时终止该事实物业服务合同关系，并在合理期限内提前通知对方。

(二)物业承接验收的要求

物业服务企业承接物业时,应当对物业共用部位、共用设施设备进行查验。建设单位应当将物业共用部位、共用设施设备承接查验的情况书面告知买受人。在办理物业承接验收手续时,建设单位应当向物业服务企业移交下列资料:

(1)竣工总平面图,单体建筑、结构、设备竣工图,配套设施、地下管网工程竣工图等竣工验收资料;

(2)设施设备的安装、使用和维护保养等技术资料;

(3)物业质量保修文件和物业使用说明文件;

(4)物业管理所必需的其他资料。

物业服务企业应当在前期物业服务合同终止时将上述资料移交给业主委员会。

(三)物业服务费

物业服务收费应当区分不同物业的性质和特点,分别实行政府指导价和市场调节价。物业服务收费实行政府指导价的,有定价权限的人民政府价格主管部门应当会同房地产行政主管部门根据物业管理服务等级标准等因素,制定相应的基准价及其浮动幅度,并定期公布。具体收费标准由业主与物业管理企业根据规定的基准价和浮动幅度在物业服务合同中约定。实行市场调节价的物业服务收费,由业主与物业管理企业在物业服务合同中约定。

业主与物业管理企业可以采取包干制或者酬金制等形式约定物业服务费用。包干制是指由业主向物业管理企业支付固定物业服务费用,盈余或者亏损均由物业管理企业享有或者承担的物业服务计费方式。酬金制是指在预收的物业服务资金中按约定比例或者约定数额提取酬金支付给物业管理企业,其余全部用于物业服务合同约定的支出,结余或者不足均由业主享有或者承担的物业服务计费方式。

实行物业服务费用包干制的,物业服务费用的构成包括物业服务成本、法定税费和物业管理企业的利润。

实行物业服务费用酬金制的,预收的物业服务资金包括物业服务支出和物业管理企业的酬金。预收的物业服务支出属于代管性质,为所交纳的业主所有,物业管理企业不得将其用于物业服务合同约定以外的支出。物业管理企业应当向业主大会或者全体业主公布物业服务资金年度预决算并每年不少于一次公布物业服务资金的收支情况。业主或者业主大会对公布的物业服务资金年度预决算和物业服务资金的收支情况提出质询时,物业管理企业应当及时答复。

业主应当根据物业服务合同的约定交纳物业服务费用。业主与物业使用人约定由物业使用人交纳物业服务费用的,从其约定,业主负连带交纳责任。已竣工但尚未出售或者尚未交给物业买受人的物业,物业服务费用由建设单位交纳。

经书面催交,业主无正当理由拒绝交纳或者在催告的合理期限内仍未交纳物业费,物业服务企业可以通过诉讼途径请求业主支付物业费。物业服务企业已经按照合同约定以及相关规定提供服务,业主不得以未享受或者无须接受相关物业服务作为拒绝交纳物业服务费用的抗辩理由。物业服务企业未以书面形式向业主催交物业服务费而直接提起诉讼的,法院将告知其先行向业主送达催交通知书;物业服务企业坚持起诉的,法院不予受理。

物业服务企业向欠费业主送达催交通知书,应当采取直接送达、邮寄送达、留置送达的方式;仍不能送达的,可以采取在欠费业主物业门口和小区内张贴公告的方式送达。经书面形式催交后,业主无正当理由拒绝交纳或者在催告的合理期限内仍未交纳物业服务费的,物业服务企业可以依法向有管辖权的基层人民法院申请支付令。欠费业主对债权债务关系没有异议,仅对清偿能力、清偿期限、清偿方式等提出异议的,不影响支付令的效力。

【注意事项】

(1)建设单位依法与物业服务企业签订的前期物业服务合同,以及业主委员会与业主大会依法选聘的物业服务企业签订的物业服务合同,对业主具有约束力。业主不得以其并非合同当事人为由主张不受其约束。

(2)物业服务企业违反物业服务合同约定或者法律、法规规定以及相关行业规范确定的义务,造成业主人身、财产损失,业主有权依法请求其承担相应赔偿责任。业主的损害系由第三人侵权造成的,应由该第三人承担侵权责任;物业服务企业确有明显过错的,可以根据其过错程度、物业服务收费标准、安保能力等情况,综合确定其承担相应的补充赔偿责任。物业服务人承担责任后,可以向第三人追偿。业主起诉物业服务企业承担侵权责任的,应当将第三人作为共同被告,但第三人不能确定的除外。

◎ **案例一**　张先生常年驻外地上班,为了将来子女在市区上学方便,张先生购买了某房地产开发企业开发的小区住宅一套,临近合同约定的房屋交付期限,张先生收到了房地产开发企业的交房通知书,不急于入住的张先生查验完房屋后,与房地产开发企业结算了房屋面积差异房价款,并签署了房屋交接书,但在交接物业钥匙时,张先生拒绝预交一年的前期物业服务费用,物业服务企业坚持要求张先生先预交费用,双方形成僵局。

案例提示:交房应交付房屋钥匙,房地产开发企业委托前期物业服务企业交付房屋钥匙,是为委托交付关系。物业服务企业不得以先行预交物业服务费为交接钥匙的前提条件,如因此导致最终交房迟延的,房地产开发企业应当承担逾期交房违约责任，并且应当承担逾期交房期间产生的物业服务费。但如果房屋钥匙交接后，购房人以暂不入住为由，拒绝预交物业服务费的，购房人应当向物业服务企业承担逾期交费违约责任，因此产生的违约金由购房人承担。

◎ 案 例 二　　某小区虽交付多年，因尚未召集业主大会，小区一直由建设单位选聘的前期物业服务企业提供小区物业服务。李某夫妇为上班便利，租住在本小区，某晚因天黑下雨，李某驾车进入小区后一时找不到停车位，便将车子停在小区绿化带上。李某妻下车去后备厢取物件，不小心踏空坠入车身下方的窨井中，李某当场下井救援，因井深无法救出，发出呼救，路过业主闻讯告诉物业并报消防紧急救援。因错过最佳救援时间，李某妻不治身亡。意外事件发生后，经相关部门调查，发现事发现场的井盖经车轮碾压碎裂，物业服务企业表示几个月前刚更换了该井盖，但相关部门认为井盖材质不符合此窨井配套井盖材质与承重要求。经多方协商，物业服务企业表示愿意就此意外事件承担相应赔偿责任。

案例提示：物业服务企业应当协助做好物业管理区域内的安全防范工作，日常应当尽到合同约定的小区共用设施、设备维护保养的职责。发生安全事故时，物业服务企业在采取应急措施的同时，应当及时向有关行政管理部门报告，协助做好救助工作。物业服务企业未履行物业服务合同约定义务，导致业主人身、财产受到损害的，依法承担民事责任。

第二十三条　建筑物区分所有权

（一）买受人对其建筑物专有部分享有占有、使用、收益和处分的权利。

（二）以下部位归业主共有：

1. 建筑物的基础、承重结构、外墙、屋顶等基本结构部分，通道、楼梯、大堂等公共通行部分，消防、公共照明等附属设施、设备，避难层、设备层或者设备间等结构部分；

2. 该商品房所在建筑区划内的道路（属于城镇公共道路的除外）、绿地（属于城镇公共绿地或者明示属于个人的除外）、占用业主共有的道路或者其他场地用于停放汽车的车位、物业服务用房；

3. _____。

（三）双方对其他配套设施约定如下：

1. **规划的车位、车库：** _____ ；

2. **会所：** _____ ；

3. _____ 。

【概要】

本条是关于建筑物区分所有权的约定。

【说明】

（一）专有部分及共有部分的法律规定

根据《物权法》第七十条的规定："业主对建筑物内的住宅、经营性用房等专有部分享有所有权，对专有部分以外的共有部分享有共有和共同管理的权利。"

专有部分应按照不动产登记簿记载确认，但建筑区划内特定空间符合法定要件的，也应当认定为《物权法》所称的专有部分，根据《最高人民法院关于审理建筑物区分所有权纠纷案件具体应用法律若干问题的解释》第二条规定，符合下列条件的车位、摊位等特定空间属专有部分：（1）具有构造上的独立性，能够明确区分；（2）具有利用上的独立性，可以排他使用；（3）能够登记成为特定业主所有权的客体。露台是商品房户型设计上常见的功能空间，规划上专属于特定房屋，且建设单位销售时已经根据规划列入该特定房屋买卖合同中的露台，应当认定为专有部分的组成部分。业主对专有部分的所有权权能包括占有、使用、收益和处分。

共有部分有依照不动产登记簿记载确认的，也有未见诸不动产登记簿，而是依据法律、行政法规规定的。法律、行政法规以列举的方式规定了共有部分的内涵。共有部分包括建筑物的基础、承重结构、外墙、屋顶等基本结构部分，通道、楼梯、大堂等公共通行部分，消防、公共照明等附属设施、设备，避难层、设备层或者设备间等结构部分；建筑区划内的建设用地使用权、道路、绿地依法由业主共同享有，但属于业主专有的整栋建筑物的规划占地或者城镇公共道路、绿地占地以及明示属于个人的绿地除外；建筑区划内的其他公共场所、公用设施和物业服务用房，属于业主共有。占用业主共有的道路或者其他场地用于停放汽车的车位，属于业主共有。为维护业主共有权益，除列举方式立法外，法律、行政法规还采取了概括兜底的方式将"其他不属于业主专有部分，也不属于市政公用部分或者其他权利人所有的场所及设施等"依法归属于共有部分。

（二）本合同示范文本关于专有部分与共有部分的相关约定

本条约定"买受人"对专有部分享有所有权，《物权法》规定业主对专有部分享有所有权。我国遵循物权法定原则，债权是物权发生变动的原因，但房地产开发行业施行商品房预售制度，在签署商品房预售合同、成立债权之时起至物权发生变动止，有较长的权利待定状态，在买受人完全或者大部分支付购房款之后，能否最终实现物权，很大程度上依赖于房地产开发企业对项目开发运行的把控，为保护买受人合法权益,司法层面上已对专有部分"业主"的概念做了扩大解释,即"基于与建设单位之间的商品房买卖民事法律行为,已经合法占有建筑物专有部分,但尚未依法办理所有权登记的人,可以认定为《物权法》第六章所称的业主"。

本条以列举方式提示买卖双方就规划的车位、车库、会所等其他配套设施的归属进行明确约定。本条所列规划的车位、车库,首先应当将"占用业主共有的道路或者其他场地用于停放汽车的车位"排除在外,该等车位属于业主共有,自无争议。《物权法》第七十四条规定,建筑区划内,规划用于停放汽车的车位、车库应当首先满足业主的需要。建筑区划内,规划用于停放汽车的车位、车库的归属,由当事人通过出售、附赠或者出租等方式约定。据此规定,本条中规划车位、车库等归属通常约定归出卖人。商品房交付后,出卖人可依法出售、附赠、出租规划车位、车库。

本条约定的会所,并无法律定义,实际形态也多种多样,有的房地产开发项目中的会所是《物权法》意义上的专有部分,有的会所仅是半地下、地下空间的围合,还有的会所将归属于全体业主的物业服务用房或者社区服务用房等专属配套用房包括进来,笼统地称为小区会所。《物权法》及其他法律法规对小区会所的产权归属未做出任何规定。买卖双方关于会所的约定应当基于项目规划设计定位,不能把法定归属于全体业主的物业纳入会所范围,如项目并没有规划会所,也不应当将小区不计入容积率的半地下、地下空间包装成会所,博取买受人的购房热情。对于项目中的特定空间在交付后具备会所、娱乐等功能的,买卖双方可以在本条中明确约定特定空间的范围,并确认该空间在项目交付后的归属以及功能业态的运营管理和成本列支等事项。如出卖人将专有部分(如商铺)作为会所运营管理,则在本条中除约定会所坐落与归属外,还应当约定会所服务收费情况以及是否对非小区业主开放等事项。

(三)商品房所在楼宇的屋面、外墙面使用权的约定

业主对专有部分以外的共有部分享有共有和共同管理的权利。取得了专有部分所有权即意味着取得了共有部分共有权及共同管理权。出卖人将整幢商品房的所有权转移后,该商品房的区分所有权三项权利已全部转移,出卖人对该商品房不再享有所有权,包括屋顶和外墙面。商品房交付后,如因绿化、广告等需要使用屋顶或外墙面的,应由所有权人或共有权人讨论决定。

所有权和使用权在一定情况下可以分离,在所有权人或共有权人一致同意的情况下,屋面和外墙面可以交付给他人或其中某人使用。但在所有权人或共有权人达成一致意见前,为避免发生纠纷,买卖双方在签订商品房买卖合同时一般将商品房所在楼宇的屋面、外墙面的使用权人约定为小区全体业主或该栋楼的全体业主,不宜约定为使用权归出卖人、物业服务企业或部分业主(如顶层业主)甚至业主委员会等。根据权利与义务对等的原则:如果此条将该商品房所在楼宇的屋面、外墙面使用权约

定为归小区全体业主共有,则非本栋楼的业主也享有对它的使用权(例如利用该外墙面做广告的,可以与其他业主共同享有广告收入),同时也应承担相应义务(例如需维修、保养的,也应与其他业主共同承担维修费用);如果此条将该商品房所在楼宇的屋面、外墙面使用权仅约定为归该栋楼全体业主共有,则非本栋楼的业主不享有对它的使用权,同时也不必承担相应义务。

(四)本条中还可以约定的其他事项

1."明示属于个人的"绿地

何谓"明示属于个人",并没有具体法律法规确定。在最高人民法院《关于审理建筑物区分所有权纠纷案件具体应用法律若干问题的解释》征求意见稿中曾规定,建筑区划内根据规划文件规定专属于个人的绿地部分,应当认定为《物权法》第七十三条所称"明示属于个人的"绿地。绿地未按法律法规规定方法明示的,不得以出售、赠与等方式承诺给个别业主使用,也不得就绿地的使用向业主收取费用。如果必须体现绿地价值的,可以对所售商品房按套计价,并将绿地价值体现在商品房价格中。

2."首先满足业主的需要"

车位、车库的归属问题,涉及广大业主的切身利益,规划用于停放汽车的车位、车库,应当首先满足业主的需要。即首先要保证在商品房建设过程中,设置规定数量的停车设施,禁止房地产开发企业将停车设施纳入自己的所有权范围单独开发;其次,按规划要求配置的机动车停放设施,只有在保证小区业主使用的前提下,方可许可小区业主以外的人使用。建设单位在没有确保每一户业主能够按照规划文件中有关车位、车库配比的规定,通过购买或者承租等方式取得或者使用一个建筑区划内规划用于停放汽车的车位或者车库的情况下,将其通过出售、赠与或者出租等方式处分给业主以外的人的,可以认定为违反《物权法》有关"首先满足业主的需要"规定。

【注意事项】

(1)由于屋面的使用权归小区全体业主或该栋楼全体业主,出卖人有关买顶楼送屋顶花园(依法属于专有部分的组成部分的露台等特定空间除外)的承诺没有法律根据,是不可能实现的。顶楼住户也不能单独拥有屋面使用权。

(2)商品房所在楼宇和小区的命名权

商品房所在楼宇和小区的"命名权"实际意思应为"命名申请权"。根据《〈地名管理条例〉实施细则》第七条规定,县级以上民政管理部门(或地名委员会)审核、承办本辖区地名的命名、更名。因此,地名命名权是法定的,买受人与出卖人在合同中约定没有实际意义。但是,民政管理部门(或地名委员会)一般不会主动对建筑物、构筑物命名,而是根据申请人的申请进行审核,因此,地名的申请权就相对显得比较重要。

由于《地名管理条例》及其实施细则没有规定地名命名的具体程序,相关规定多出现在地方法规、规章中。如《杭州市地名管理办法》第十六条规定,杭州市区范围内的建筑物、物需要使用名称的,由建设单位或产权所有人征求市地名主管部门意见后,报市人民政府审批。在该规定中,建设单位或产权所有人是地名的命名申请人。

(3)在签订商品房买卖合同时,出卖人和买受人应当对规划的车位、车库、会所及其他配套设施等内容约定明确清楚。特别是对于车位权属、会所问题,在买受人购买车位的情况下,买受人是否可以依据合同进行产权登记,各个地方规定不同。此外,车位中还存在人防车位和非人防车位的区别,在涉及车位的登记问题之上,人防车位与非人防车位的物权属性是否一致的问题,在立法、司法实践中存在不小争议。故在约定本条内容时,应当结合当地的地方性规定及政策,以避免歧义。

◎ **案例一**　某贸易有限公司总经理周某花了数百万元买下了市中心某高档写字楼的数百平方米办公楼,他准备在2006年底交付之后将自己的公司搬进新居,借着这个高档写字楼的地位提升一下企业形象。2006年4月,周某去写字楼现场研究装修方案的时候得知,某银行买下了该写字楼其中的8层,作为大客户,房地产开发企业已经同意银行提出的将写字楼更名为"某银行大厦"的要求。为此,部分业主联合向地名委员会提交了异议书,认为房地产开发企业为了取得销售业绩,不惜侵害早期购房者的权益,去满足后期购房者的要求,是极不负责和不诚信的行为。大厦被更换成企业名字后,具有强烈的暗示性,使得大家认为其为企业的大楼、而非正规的高档写字楼,投资价值明显下降。而地名委员会则认为,房地产开发企业作为建设单位,有权提出命名申请,且其申请内容不违反地名管理的相关规定,认定异议不成立。

案例提示:楼宇或小区的名称有时具有很高的商业价值,特别是写字楼、商场等经营性用房。为避免纠纷,建议在商品房买卖合同中约定楼宇及小区的命名申请权以及现行名称变更的条件及程序。

◎ **案例二**　刘某、郭某入住某商品房小区后,又向房地产开发企业购买了地下车位,在使用过程中,刘某、郭某偶然发现他们购买的车位是人防车位,因此向开发企业提出更换非人防车位的要求,开发企业解释说当初出售人防车位时已在车位价款上予以了综合考虑,与非人防车位相比,已经给予了适当优惠,拒绝业主的更换要求。刘某、郭某因此诉至人民法院,认为合同无效。法院经审理认为《中华人民共和国人民防空法》(下简称《人民防空法》)未明确规定作为人防工程的设施的使用权禁止买卖。当地政府实施《人民防空法》办法中也规定人民防空工程除重要的指挥、通信等工程外,在不影响其防空效能的条件下,鼓励平时予以开发利用。因此,法律和行政法规未禁止人防车位使用权的买卖,双方之间签订的地下车位买卖合同合法有效。故原告的诉讼请求无法律依据,法院不予支持。

案例提示:根据《人民防空法》的规定,国家鼓励、支持企业事业组织、社会团体和个人,通过多种途径,投资进行人民防空工程建设;人民防空工程平时由投资者使用管理,收益归投资者所有。因此,人防工程遵循"谁投资、谁收益"原则,但人防工程使用收益前应向人防主管部门办理人防工程平时使用备案手续,其使用权也有特定的限制,即发生战争时必须作为人民防空工程使用,如果原告在购买讼争车位的使用权时,对该车位系人民防空工程不知情,存在重大误解的,原告可以提出要求变更或撤销合同。

第二十四条　税费

双方应当按照国家的有关规定,向相应部门缴纳因该商品房买卖发生的税费。因预测面积与实测面积差异,导致买受人不能享受税收优惠政策而增加的税收负担,由＿＿＿＿＿＿承担。

【概要】

本条系对相关税费及因面积差异产生的税收差额由哪一方承担的约定。

【说明】

(一)买受人购买预售商品房所涉相关税费

买受人购买预售商品房所涉税费包括契税、印花税。契税是指不动产产权发生转移变动时,就当事人所订契约按产价的一定比例向新业主征收的一次性税收。契税采取比例税率,《中华人民共和国契税暂行条例》规定契税税率为3％～5％。契税的适用税率,由省、自治区、直辖市人民政府在前款规定的幅度内按照本地区的实际情况确定,并报财政部和国家税务总局备案。我国多数省份的契税适用税率为3％。印花税是对经济活动和经济交往中书立、领受具有法律效力的凭证的行为所征收的一种税。纳税人根据应纳税凭证的性质,分别按比例税率或者按件定额计算应纳税额。具体的征收方式和税率各地税务部门在地方性文件内常有不同规定。

买受人是企业还是个人,购买的房产性质是住宅还是非住宅,都会对应当缴纳的税别和税率产生影响。这些税费是否及时缴纳会直接影响产权过户手续的办理。因此买受人在交易前、交易中,应对此做充分了解,及时向有关部门缴纳。

(二)因面积差异产生的税负差额费用

我国在房地产市场发展的早期便已提出"个人购买自用普通住宅,暂减半征收契税"的优惠政策。2008年金融危机后,为鼓励居民换购住房,对个人首次购买90平方米及以下普通住房的,契税税率暂统一下调到1%。2010年后,契税又有所调整,其中,对个人购买普通住房,且该住房属于家庭(成员范围包括购房人、配偶以及未成年子女,下同)唯一住房的,减半征收契税。对个人购买90平方米及以下普通住房,且该住房属于家庭唯一住房的,减按1%税率征收契税。行政主管部门对不同面积的房屋采取了差别化税率。以杭州为例,对个人唯一住房,90平方米及以下契税税率为1%,90平方米以上为1.5%;个人第二套改善性住房90平方米及以下契税税率为1%,90平方米以上为2%。商品房的面积和随之联动的税费税率联系紧密,房地产开发企业会针对性地开发房产,消费者购买时也会综合考量税费成本。

但对预售商品房来说,买受人签订合同时支付的房价款是依据预测绘面积计算的,在实际交房时需要按照实测绘面积进行差异结算。预测面积与实测数据差异的绝对值在3%以内时,通常买卖合同继续履行,买卖双方据实结算房价款。房屋交付使用后,购房者依据最终的房价款发票向税务部门缴纳税费。如果实测测绘面积超出上述契税优惠政策的面积临界点,则买受人缴纳契税的适用税率就与签约当初的预期不符,因此会增加税负。本条的出发点在于,因面积差异导致买受人不能享受税收优惠而增加的税收负担由买卖双方在签约当初通过约定明确由谁来承担。如果双方在签订合同时没有明确约定,那么买受人首先作为契税缴纳义务人应当承担增加的税收负担,而后根据合同约定,并需要结合本合同示范文本第十四条"面积差异处理"以及其他关于面积差异条款的约定来综合判断责任承担方。

【注意事项】

(1)购买全装修商品房以实际成交价格总额作为计税依据,按相应的税率征收契税。

(2)住房契税优惠具有政策时效性,如在个人签署购房合同后因国家契税政策调整而增加的税负,不适用本条约定,买卖双方应综合审查个人购房合同签署时间、办证时间及政策规定后依法界定增加税负的责任承担。

第二十五条 销售和使用承诺

1.出卖人承诺不采取分割拆零销售、返本销售或者变相返本销售的方式销售商品房;不采取售后包租或者变相售后包租的方式销售未竣工商品房;全装修住宅不得对室内装饰装修部分拆分销售。

2.出卖人承诺按照规划用途进行建设和出售，不擅自改变该商品房使用性质，并按照规划用途办理交易确认和不动产登记。 出卖人不得擅自改变与该商品房有关的共用部位和设施的使用性质。

3.出卖人承诺对商品房的销售，不涉及依法或者依规划属于买受人共有的共用部位和设施的处分。

4.出卖人承诺已将遮挡或妨碍房屋正常使用的情况告知买受人。 具体内容见附件十。

5.买受人使用该商品房期间，不得擅自改变该商品房的用途、建筑主体结构和承重结构。

6.＿＿＿＿＿＿＿＿＿＿＿＿＿＿＿＿＿＿＿＿＿＿＿＿＿＿＿＿＿。

7.＿＿＿＿＿＿＿＿＿＿＿＿＿＿＿＿＿＿＿＿＿＿＿＿＿＿＿＿＿。

【概要】

本条是关于商品房销售时以及交付后在使用过程中买卖双方有关承诺的约定。

【说明】

（一）关于商品房违规销售方式的规定

(1)根据《商品房销售管理办法》第十一条的规定,房地产开发企业不得采取返本销售或者变相返本销售的方式销售商品房。房地产开发企业不得采取售后包租或者变相售后包租的方式销售未竣工商品房。第十二条规定,商品住宅按套销售,不得分割拆零销售。

根据《商品房销售管理办法》的规定:返本销售是指房地产开发企业以定期向买受人返还购房款的方式销售商品房的行为;售后包租是指房地产开发企业以在一定期限内承租或者代为出租买受人所购该企业商品房的方式销售商品房的行为;分割拆零销售是指房地产开发企业以将成套的商品住宅分割为数部分分别出售给买受人的方式销售商品住宅的行为。房地产开发企业采取上述方式现售或预售商品房的,系违规销售行为,房地产开发主管部门可以对房地产开发企业处以警告,责令限期改正,并可处以 1 万元以上 3 万元以下罚款。房地产开发企业的上述违规销售行为,虽不影响买卖双方签署的商品房买卖合同及其相关协议的效力,但会造成合同约定的销售返本、售后包租等约定无法履行,买受人可要求出卖人承担合同违约责任。如出卖人将商品房分割拆零销售的,各买受人所购的合同标的物因不具备登记成为所有权客体的条件,而无法通过不动产登记取得物权,买受人只能向出卖人主张解除合同、返还价款并要求赔偿损失,买受人明知出卖人采用分割拆零销售方式仍进行交易的,应承担自己过错部分的损失。

(2)全装修住宅不得对室内装饰装修部分拆分销售

根据杭州市房地产市场持续健康发展协调小组发布的《关于进一步加强和完善商品住房销售价格行为监管的意见》要求,房地产经营者在销售商品住房时,向价格主管部门备案的"一房一价"销售价格(包括装修价格)为购房者在购买商品住房时的最高支付价格,具体价格通过购房合同约定。同时,要求房地产开发企业在领取《杭州市区商品住房销售价格备案工作联系单》时一并提交《商品住房销售价格行为承诺书》,承诺的主要内容包括不得以任何方式、任何名义向购房者收取超过备案价格(包括装修价格)以外的其他任何费用,包括改造费、第三方平台收取服务费、咨询费、中介费、居间费等。同时要求新建商品住房以全装修销售的,房地产经营者应在销售现场公开装修价格、装修预算明细,其内装饰装修主要材料和设备的品牌、产地、规格、级别、数量等内容应严格按照《关于推行使用 2018 版〈浙江省商品房买卖合同示范文本〉的通知》(浙建〔2018〕2 号)的规定同时在销售现场公示。上述措施要求房地产开发企业将室内装饰装修部分的价格直接写入商品房买卖合同且进行相应的公示、备案,防止房地产开发企业将装饰装修部分与商品房拆分销售。

(二)出卖人关于共用部位和设施的承诺

(1)对于买受人已分摊面积的共用部位,其所有权属于全体业主,相应的使用权也应当由业主或业主委员会选聘的物业管理公司行使。出卖人不得擅自改变共用部位的用途,也不得擅自处分共用部位。

(2)对于不计入分摊面积的物业管理用房以及小区共用设施,出卖人不得擅自改变约定用途,并应在移交物业时一并移交给物业管理公司管理使用。

买卖双方还可以在合同中约定出卖人或出卖人选聘的物业管理公司擅自改变共用部位和设施时所应当承担的违约责任。

(三)不利因素告知义务

房地产开发项目红线外,道路、绿地、公园、学校、公共停车场、周边建筑形态、建筑高度等,可能给部分买受人所购商品房造成噪声、照明、粉尘、废气等不利因素的影响。房地产开发项目建筑区划范围内,因建筑设计要求、公共管道检修口、柱子、变电箱等因素,也可能导致部分商品房户型的室内窗台高度、门窗尺寸、室外立面、空调机位、阳台栏板的材质和形式等与标准层有所不同的,可能对该户型商品房的通风、采光、噪音、视线、景观等产生一定影响。出卖人应将此类遮挡或妨碍房屋正常使用的情况在附件十中告知买受人,保证买卖双方在签订商品房买卖合同时对商品房不利情况是知悉且确认的。商品房交付后,如存在附件十未告知的不利因素或瑕疵,买受人可以要求出卖人承担责任。

(四)买受人在使用过程中的义务

(1)不得擅自改变房屋用途。商品房的建筑结构、设计标准是根据商品房的用途而确定的,买受人擅自改变商品房用途,可能会造成安全隐患,同时也会给物业管理和相邻业主或其他利害关系人带来不便。根据《物权法》第七十七条的规定,业主将住宅改变为经营性用房的,除遵守法律法规以及管理规约外,还要经过有利害关系业主的同意。

(2)不得擅自改变商品房的建筑主体结构、承重结构。根据《物权法》的规定,业主对其建筑物专有部分享有占有、使用、收益和处分的权利。但业主行使权利不得危及建筑物的安全,不得损害其他业主的合法权益。业主作为建筑物专有部分的权利人,业主负担不得危及建筑安全的义务。商品房的建筑主体结构、承重结构是经规划部门批准和设计单位设计后确立的,具有整体属性,涉及整幢楼的安全、外观等方面的内容。在房屋使用过程中,特别是装修时应保证房屋的整体性、抗震性和结构安全,不得对房屋内部主体结构进行拆改,不得拆除承重墙,不得在阳台上搭建卫生间或厨房等。为使买受人了解房屋的承重结构,出卖人应在《住宅使用说明书》中提供有关图纸并在图纸上标明承重墙体。业主在装饰装修房屋前,还应当事先告知物业管理企业。

(3)在共同享有共用部位和设施权利的同时,承担相应的义务:

①维持共用部位正常使用功能。根据《物业管理条例》的规定,业主应当遵守物业管理区域内物业共用部位和共用设施设备的使用、公共秩序和环境卫生的维护等方面的规章制度;业主还不得擅自占用、挖掘物业管理区域内的道路、场地,损害业主的共同利益。

②不能随意改动共用部位的使用性质和结构外貌。根据《物业管理条例》第五十条的规定,物业管理区域内按照规划建设的公共建筑和共用设施,不得改变用途。业主依法确需改变公共建筑和共用设施用途的,应当在依法办理有关手续后告知物业管理企业。

③分担共用部位共同费用和负担。包括:日常维修和更新土地或楼房的共同部位及共用设备的费用、管理事务的费用、由区分所有人共同负担的公法上的捐税等。

对于上述义务,因共有所有人的义务涉及建筑物的整体安全及全体区分所有人的共同利益,而不允许作为共有权人之一的个别业主,以放弃权利享有的方式,不履行义务。

【注意事项】

(1)本条除以上事项承诺外,买卖双方如有其他有关专有部分使用限制或者共用部位和设施专属使用的承诺,也可以在本条空白位置进行明确约定。

(2)本条没有约定具体的违约责任。出卖人和买受人可以根据实际情况做出约定,如恢复原状、赔偿损失、买受人解除合同条件等。

◎ **案例一**　某小区沿街道底层的一个业主擅自将自家外墙拆除后,租赁给外人开了一家食杂店,引发楼上住户不满。楼上业主认为,墙体被改动后,房屋的质量受到影响,此外,住宅改变成经营性场所后,影响了其他业主的休息。为此,楼上业主向人民法院起诉,要求该业主恢复原状。法院经审理后支持了楼上业主的诉讼请求。

案例提示:业主将住宅改变为经营性用房,在遵守法律法规和管理规约的前提下,还必须征得有利害关系的业主同意。这两个条件必须同时具备,缺一不可。

◎ **案例二**　某房地产开发企业设计建造了外立面错层跳高阳台的户型,即在楼下住户的双层跳高阳台上方浇筑楼板后,便可为楼上住户增加一个阳台的使用空间,并为购房人提供统一的施工方案与施工单位。该房地产开发企业将上下楼相邻的两套毛坯商品住宅分别出售给杨某与孙某,并为杨某购买的楼上户型房屋浇筑了楼板。购买了楼下户型的孙某在收房时发现了浇筑楼板的支架搭在自家阳台上,便对开发企业浇筑楼板的行为提出质疑。开发企业解释说,每个户型都可以通过浇筑楼板来增加阳台使用空间,对业主来说是拓展空间的好事。孙某不接受其解释,协商无果,孙某起诉到法院要求解除合同、返还价款、赔偿损失。法院审理后支持了楼下购房人孙某的退房诉讼请求。

案例提示:商品房外立面系房屋整栋业主的共有部位,单个业主或房地产开发企业均无权擅自改变外立面,并且擅自在楼栋墙体之外浇筑楼板改变了规划设计的房屋主体结构,房地产开发企业以此房屋现状交付,将构成合同根本违约,相关利益受损的买受人可要求解除合同。

第二十六条　送达

出卖人和买受人保证在本合同中记载的通讯地址、联系电话均真实有效。 任何根据本合同发出的文件,均应采用书面形式,以【快递】【邮寄挂号信】【＿＿＿＿＿＿＿】方式送达对方。 任何一方变更通讯地址、联系电话的,应在变更之日起＿＿＿＿＿＿日内书面通知对方。 变更的一方未履行通知义务导致送达不能的,应承担相应的法律责任。

【概要】

本条是商品房买卖合同中有关通知送达的约定。

151

【说明】

由于买卖双方在合同的履行过程中需经常保持联系,因此,双方有必要在合同中约定联络的方式。本条所指的通讯地址和联系电话即本合同示范文本第一部分中约定的通讯地址及联系方式。商品房买卖合同中列举了六类应以书面方式发出通知的情形,分别为:出卖人及买受人解除合同通知、房屋交付通知、规划变更通知、设计变更通知、维保期内要求维修通知、通讯地址变更通知。以上通知若未以书面方式做出且按合同约定收件信息寄出的,该通知不符合合同约定的送达要求,除收件人自认已收到书面通知外,不发生合同约定的通知送达效力。

(一)各类通知送达行为的法律后果

(1)解除合同通知。解除合同通知包括出卖人因买受人违约而发送的解除通知以及买受人因出卖人违约而发送的解除通知。出卖人通知解除合同的,买受人应自通知送达之日起的约定时间内按照累计应付款的约定比例向出卖人支付违约金;买受人通知解除合同的,出卖人应自通知送达之日起的约定时间内退还买受人已付全部房款并支付违约金、利息等。

(2)交付通知。出卖人应至少提前10日将写明查验房屋的时间、办理交付手续的时间地点以及应当携带的证件材料的通知书面送达买受人,买受人如未收到,以本合同约定的交付日期届满之日为办理交付手续的时间,以该商品房所在地为办理交付手续的地点。此处"提前不少于10日"指的是通知送达而非通知寄出时间,应预留合理的邮寄在途时间。

(3)规划变更通知。应自变更确立之日起10日内通知,未在规定时间内通知的,买受人有权解除合同;买受人应当在通知送达之日起15日内做出是否解除合同的书面答复,买受人逾期未予书面答复的,视同接受变更。

(4)设计变更通知。应自变更确立之日起10日内将书面通知送达买受人,出卖人未在规定期限内通知买受人的,买受人有权解除合同;买受人应自通知送达之日起15日内做出是否解除合同的书面答复,如买受人逾期未予书面答复的,视同接受变更。

(5)要求维修的书面通知是买受人自行委托第三方进行维修的必要不充分条件,通知送达出卖人后的约定时间内,出卖人既不履行保修义务也不提出书面异议的,买受人可以自行或委托他人进行维修,维修费用及维修期间造成的其他损失由出卖人承担。

(6)通信地址变更的通知。如一方变更通讯地址的,应以书面通知方式按合同约定的通知送达地址向对方寄送变更通知。如未进行书面通知或通知未按合同约定地址寄出的,该变更通讯地址的通知不产生送达的效力;对方按原合同约定的地址寄送通知的,仍为有效送达。

(二)邮寄送达的认定

书面通知文件是否已发生送达效力,在法律上并无明文规定,司法实践中由法官自由裁量。根据《最高人民法院关于以法院专递方式邮寄送达民事诉讼文书的若干规定》第九条关于诉讼文书送达的规定,有下列情形之一的,即为送达:

(1)受送达人在邮件回执上签名、盖章或者捺印的;

(2)受送达人是无民事行为能力或者限制民事行为能力的自然人,其法定代理人签收的;

(3)受送达人是法人或者其他组织,其法人的法定代表人、该组织的主要负责人或者办公室、收发室、值班室的工作人员签收的;

(4)受送达人的诉讼代理人签收的;

(5)受送达人指定的代收人签收的;

(6)受送达人的同住成年家属签收的。

受送达人为自然人的,本人及其法定代理人、指定代收人、同住成年家属在邮件回执上签名、盖章或者捺印即可视为送达。

(三)完善送达程序与送达方式

买卖双方因商品房合同履行形成诉讼纠纷后,一方给对方发送的书面通知在邮政机构投递过程中,可能会被"拒绝签收"或者出现"查无此人"等情况,导致实际送达失败。对此,《最高人民法院关于以法院专递方式邮寄送达民事诉讼文书的若干规定》第十一条第一款规定:"因受送达人自己提供或者确认的送达地址不准确、拒不提供送达地址、送达地址变更未及时告知人民法院、受送达人本人或者受送达人指定的代收人拒绝签收,导致诉讼文书未能被受送达人实际接收的,文书退回之日视为送达之日。"《最高人民法院关于进一步推进案件繁简分流优化司法资源配置的若干意见》进一步指出,当事人在纠纷发生之前约定送达地址的,人民法院可以将该地址作为送达诉讼文书的确认地址。因此,合同约定的通信地址、联系电话真实有效是非常重要的,有助于防止损失扩大并减少纠纷处置成本。

【注意事项】

(1)买卖双方送达通知时,为提高证据证明力以及网上查询快递记录盖章便利,建议采用邮政特快专递(EMS)方式邮寄书面通知文件,并要求提供快递返单或回执。

(2)寄送通知应严格按照合同约定的收件地址、收件人信息填写,内件品名应注明邮寄的通知文件名称并简要概括通知内容。

◎ **案例一**　　沈女士购买了某小区的住宅,商品房买卖合同中确定的沈女士的通讯地址为××医院××科,并约定双方在合同中所注明的通信地址(应以中文的书面文字为准)为双方履行有关通知、协议等义务之唯一地址。后房地产开发公司于合同约定交付时间前将《收房通知书》寄到××医院,但无人签收,直至2016年10月15日双方签署商品房交接书,载明2016年10月15日甲、乙双方对房屋进行验收交接。后沈女士以开发公司逾期交房为由诉至法院。法院经审理认为,合同已约定合同内载明的地址为双方履行有关通知、协议等义务之唯一地址,而开发公司提供的邮寄面单上记载的收件地址与合同内地址不完全一致,且该邮件并未签收,沈女士亦否认收到该通知,因此认定开发公司并未向沈女士寄送了收房通知,导致双方于2016年10月15日才签署商品房交接书进行房屋交付,过错在于开发公司,因此法院认定2016年10月15日为交房时间,开发公司存在逾期交房的情形,开发公司的行为已构成违约,开发公司应向沈女士承担逾期交房的违约责任。

案例提示:出卖人应严格按照合同约定的收件地址向购房人寄送文件并保留相应的邮寄和签收证明;买受人应真实有效地填写合同内约定的收件地址以避免文件无法收到而错过合同通知事项,地址有变更的应及时书面通知开发公司。

第二十七条　买受人信息保护

出卖人对买受人信息负有保密义务。 非因法律、法规规定或国家安全机关、公安机关、检察机关、审判机关、纪检监察部门执行公务的需要,未经买受人书面同意,出卖人及其销售人员和相关工作人员不得对外披露买受人信息,或将买受人信息用于履行本合同之外的其他用途。

【概要】

本条是关于买受人信息保护与出卖人保密义务、法定披露义务的规定。

【说明】

个人信息权是一项基本的人权。随着互联网的迅猛发展和网络应用的普及,在云计算环境下,个人信息的保护面临着更加严峻的挑战。但是当前对个人信息的法律保护和现实状况却令人不容乐观。生活中,一旦信息被非法出售,房产代理、中介服务、广告公司、金融贷款等公司不定时就会向客户发送骚扰信息和拨打骚扰电话,让人不胜其烦,而人们往往都不知道自己的信息是如何被泄露的。"共享客户资源"在商业界几乎是公开的秘密,更有甚者已形成利用个人信息从事非法获利的黑色链条。

2009 年全国人大常委会通过了《刑法修正案(七)》,其中特意增加了"非法提供公民个人信息罪"和"非法获取公民个人信息罪";2013 重新修订的《消费者权益保护法》第十四条也规定:"消费者在购买、使用商品和接受服务时,享有人格尊严、民族风俗习惯得到尊重的权利,享有个人信息依法得到保护的权利。"这是我国首次以立法形式规定了对消费者个人信息之保护。在此背景下,本合同示范文本首次将买受人信息保护加入了合同条文,明文规定了房地产开发企业对买受人信息负有保密义务。本条约定的保密义务主体是房地产开发企业,但如果房地产开发企业的销售人员或工作人员擅自披露买受人信息,依然构成出卖人违约。本条未对销售人员和相关工作人员进行界定,也未区分销售人员和相关工作人员是否因职务行为而获取买受人信息,因此在实务中容易引发纠纷。

立法关于消费者个人信息保护的完善只是一方面,消费者隐私信息的保护还有很长的路要走。房产、金融行业从业人员的混乱,从业人员容易受到利益驱使是另一方面,更重要的还是消费者自身要更注重个人信息保护,不随便乱填写有个人信息的表格,遇到个人信息泄露时及时根据合同及法律维护自己的合法利益。

【注意事项】

(1)依据本条约定,因法律、法规规定或国家安全机关、公安机关、检察机关、审判机关、纪检监察部门执行公务的需要,房地产开发企业披露买受人信息不构成合同违约。

(2)房地产项目开发涉及上下游链条的多方主体,如物业服务企业、中介代理销售方、广告营销合作方、大数据、软件开发、客户端运行等,一旦某个环节因某一方或多方故意或过失而导致买受人信息不当披露的,均会导致买受人个人信息保护纠纷,但如何界定其中的责任方,实属难题。

第二十八条　争议解决方式

本合同在履行过程中发生的争议,由双方当事人协商解决,也可通过消费者权益保护委员会等相关机构调解;或按照下列第_____种方式解决:

1.依法向房屋所在地人民法院起诉。

2.提交_____仲裁委员会仲裁。

【概要】

本条约定了解决合同争议的方式。

【说明】

《合同法》第一百二十八条规定:当事人可以通过和解或者调解解决合同争议。当事人不愿和解、调解或者和解、调解不成的,可以根据仲裁协议向仲裁机构申请仲裁。涉外合同的当事人可以根据仲裁协议向中国仲裁机构或者其他仲裁机构申请仲裁。当事人没有订立仲裁协议或者仲裁协议无效的,可以向人民法院起诉。当事人应当履行发生法律效力的判决、仲裁裁决、调解书;拒不履行的,对方可以请求人民法院执行。

(一)和解、调解

和解是指合同纠纷发生后,由合同当事人就合同争议的问题进行协商,双方都做出一定的让步,在彼此都可以接受的基础上达成和解协议。协商是在合同各方当事人之间进行的,一般没有外界参与,有一定的灵活性,气氛一般比较友好,若可以通过协商、和解解决合同争议,是最理想的,解决争议的成本也较低。调解是指合同当事人自愿将合同争议提交给合同之外的第三方,在第三方的主持下协商解决的方式。调解与和解的主要区别在于调解由第三方主持,而和解则由合同当事人之间直接进行。和解、调解并不是解决合同争议的必经程序,当事人也可以不经过和解、调解直接向仲裁机构申请仲裁或向人民法院起诉。

(二)仲裁

仲裁是指各方当事人自愿将他们之间的争议交给各方所同意的仲裁机构进行审理和裁决,以仲裁机构的裁决作为最终解决争议依据的法律制度。仲裁的性质介于民间性与国家性之间,可称为"准司法性"。仲裁的民间性质表现为仲裁机构是民间解决纠纷的组织而非国家机关。仲裁的国家性表现为仲裁裁决一经做出,即具有法律效力。仲裁同诉讼相比较,既有许多共性,又有其自身独特的特点:

(1)自愿性。当事人之间的纠纷,是否提交仲裁,交由哪个仲裁机构裁决,仲裁员的选择,都是在当事人自愿的基础上,由当事人协商确定,能充分体现当事人意思自治原则。

(2)专业性。由于仲裁所涉大多为民商事纠纷,常常涉及复杂的法律和相关专业知识,所以,各仲裁机构大多具有分专业的仲裁员名册,供当事人选定仲裁员。而仲裁员一般都是相关行业的专家,从而能够保证仲裁的专业权威性。

(3)灵活性。仲裁的灵活性比较大,在程序上不像诉讼那样严格,程序灵活,很多环节可以简化。

(4)保密性。仲裁以不公开审理为原则,并且各国有关的仲裁法律和规则都规定了仲裁员和仲裁秘书人员的保密义务。

(5)快捷性。仲裁实行一裁终局制,相比诉讼的二审终审制,有利于当事人之间纠纷的迅速、及时解决。

(6)独立性。独立是保证案件处理公正性的前提条件。各国有关仲裁的法律都规定,仲裁独立于行政机关,仲裁机构之间也没有隶属关系,仲裁独立进行,不受任何机关、社会团体和个人的干涉,甚至仲裁庭审理案件的时候,也不受仲裁机构的干涉,显示出最大的独立性。但是,由于仲裁裁决的自由度高,再加上一些地区仲裁员专业化程度不高等因素,对于同一案件,有时会做出不同甚至截然相反的裁决,当事人很难预知自己行为的法律后果。

(三)诉讼

诉讼是解决合同争议最常用的方式。在合同纠纷发生后,当事人可以直接向人民法院起诉(除当事人之间存在有效的仲裁协议外)。

依照《中华人民共和国民事诉讼法》(下简称《民事诉讼法》)第一百一十九条规定,当事人起诉应当符合下列条件:

(1)原告是与本案有直接利害关系的公民、法人或其他组织。合同纠纷的原告只能是合同双方的当事人,因为只有合同双方才对实体的合同权利义务有直接利害关系。

(2)有明确的被告。合同纠纷的被告是合同的对方当事人。

(3)有具体的诉讼请求和事实、理由。合同纠纷的原告在起诉时应有具体的诉讼请求,如请求法院确认合同已经成立、已经变更及变更的内容,请求法院判决赔偿损失,等等。在起诉时,原告还应说明与对方当事人之间合同法律关系产生、变更、消灭的法律事实。

(4)属于人民法院受理民事诉讼的范围和受诉人民法院管辖。商品房买卖合同纠纷的标的物是不动产,因商品房买卖发生的合同纠纷,不属于不动产纠纷,不适用不动产所在地人民法院管辖的相关规定。

【注意事项】

(1)买卖双方在选择解决纠纷的方式时,诉讼与仲裁只能两者取其一,无论选择了哪一种方式,都必须尊重最后的裁判结果,不能再使用另一种方式处理同一案件。

(2)买卖双方选择以仲裁方式解决合同纠纷的,应当在合同中约定双方所选定的仲裁机构名称,该仲裁机构可以是本地的,也可以是外地的。根据《中华人民共和国仲裁法》(下简称《仲裁法》)第十条的规定,直辖市和设区的市可以设立仲裁委员会,县、县级市、区不设仲裁委员会。因为仲裁机构不按行政区划层层设立,所以仲裁机构的名称一般不称某某市仲裁委员会而称某某仲裁委员会。

第二十九条　补充协议

对本合同中未约定或约定不明的内容,双方可根据具体情况签订书面补充协议(补充协议见附件十三)。

补充协议中含有不合理的减轻或免除本合同中约定应当由出卖人承担的责任，或不合理的加重买受人责任、排除买受人主要权利内容的，仍以本合同为准。

【概要】

本条是有关补充协议的约定。

【说明】

根据合同自愿原则,买卖双方经协商同意,可以就示范文本中不完善或不具体的方面在补充协议中做出约定。比较常见的有以下几个方面:

(一)出卖人违约所应承担的违约责任的补充约定

本合同示范文本第十五条、第十六条、第十七条等条款中均规定,因出卖人违约导致买受人解除合同的,出卖人应当将买受人的已付款退还,并按一定比例支付利息、违约金;如买受人不解除合同的,并未约定具体责任方式,对出卖人起不到该有的制约作用,而且买受人所受到经济损失主要是可得利益损失,因此买受人还可以在补充协议中要求出卖人赔偿可得利益损失。

《合同法》第一百一十三条规定:当事人一方不履行合同义务或者履行合同义务不符合约定,给对方造成损失的,损失赔偿额应当相当于因违约所造成的损失,包括合同履行后可以获得的利益。合同履行后可以获得的利益简称可得利益,它具有以下特点:

(1)未来性。可得利益是未来利益,它在违约行为发生时并没有为合同当事人所享有,而必须通过合同的实际履行才能实现。

(2)期待性。可得利益是当事人订立合同时期望通过合同的履行所获得的利益,是当事人在订立合同时能够预见到的利益,而可得利益的损失也是当事人所能够预见到的损失。

(3)可得利益具有一定的现实性。也就是说,只要合同如期履行,可得利益就会被当事人所得到。可得利益的损失虽然不是实际的财产损失,但它是可以得到的利益的损失,即如果没有违约行为发生,合同当事人能够实际得到的财产利益。因此,违约者应当向买受人赔偿可得利益损失。

《浙江省实施〈中华人民共和国消费者权益保护法〉办法》第十九条规定,商品房因勘察、设计、施工原因,在设计使用期限内发生地基下沉、房屋倾斜、承重的柱墙梁板等构件结构开裂变形等问题,超出工程建设强制性标准规定的安全限值,无法维修或者一次维修后仍超出安全限值的,消费者有权要求退房;商品房因勘察、设计、施工原因,在保修期限内发生渗漏的,经营者应当自与消费者就维修方案达成一致之日起六个月内予以修复,并依法赔偿损失;同一区位的渗漏,经营者自与消费者就维修方案达成一致之日起六个月内未予修复的,消费者有权要求退房;根据本条规定退房的,遇价格下降时,按原价格退还房款;遇价格上涨时,按同类地段同类商品房标准的新价格退还房款。该规定旨在从可得利益损失角度对消费者权益进行保护。

(二)格式条款

格式条款是当事人为了重复使用而预先拟定,并在订立合同时未与对方协商的条款。房地产开发项目使用的商品房买卖合同及其补充协议经工商、房管部门备案,除了买受人、房号、面积、总价等事项外,其他内容是预先拟定重复使用且无法协商修改的条款,这是典型的格式条款。对此,房地产开发企业应当就合同重大事项对购房人尽到"提示义务"。按照《合同法》第39条的要求,应当采取合理的方式提请对方注意免责、限责的条款,按对方的要求予以说明。房地产开发企业对格式条款中免除或者限制其责任的内容,在合同订立时采用足以引起对方注意的文字、符号、字体等特别标识,并按照对方的要求对该格式条款予以说明的,人民法院应当认定符合《合同法》第三十九条所称"采取合理的方式"。对于是否已尽合理提示及说明义务等举证责任,由房地产开发企业承担。

格式条款分类有无效、可撤销和有效三种类型。无效格式条款有:(1)格式条款具有《合同法》第五十二条和第五十三条规定情形的;(2)提供格式条款一方免除其责任、加重对方责任、排除对方主要权利的,该条款无效。提供格式条款的一方当事人违反《合同法》第三十九条第一款关于提示和说明义务的规定,并具有《合同法》第四十条规定的上述两种情形之一的,人民法院应当认定该格式条款无效。可撤销格式条款有:提供格式条款的一方当事人违反《合同法》第三十九条第一款关于提示和说明义务的规定,导致对方没有注意免除或者限制其责任的条款,对方当事人申请撤销该格式条款的,人民法院应当支持。

商品房买卖合同补充协议中的格式条款涉及事项繁多,如有关于规划设计变更等补充条款,有全装修装饰设备标准补充约定,还有关于违约责任形式与违约行为认定的补充约定。为防范出卖人一方利用其优势地位,通过补充协议的形式擅自改变主合同的权利义务对等状态,本条特别约定将此类恶意补充约定排斥在买卖双方合同之外。

【注意事项】

(1)买卖双方可以将合同各条的补充约定集中起来组成合同的补充条款。买卖双方可以就其他需要明确的内容在补充协议中约定,合同条款越完善,产生纠纷的可能性就越小。

(2)买卖双方除了在签订商品房买卖合同时可签订补充协议以外,在合同履行过程中,经双方协商一致也可以签订补充协议,补充协议可以对在此之前已签订的合同、协议的内容进行变更。当事人之间的合同、协议书内容不一致的,一般应以签署时间在后的合同、协议的内容为准。

第三十条 合同生效

本合同自双方签字或盖章之日起生效。 本合同的解除应当采用书面形式。

本合同及附件共_____页，一式_____份，其中出卖人_____份，买受人_____份，【_____】_____份，【_____】_____份。 合同附件与本合同具有同等法律效力。

【概要】

本条是有关合同生效日期以及解除方式的约定。

【说明】

《合同法》第四十四条规定:依法成立的合同,自成立时生效。法律、行政法规规定应当办理批准、登记等手续生效的,依照其规定。《合同法》第三十二条又规定:当事人采用合同书形式订立书面合同的,自双方当事人签字或者盖章时合同成立。由于现行法律、行政法规没有要求商品房买卖合同以批准或登记为生效要件,因此,商品房买卖合同自双方签字盖章之日起生效。

同时,该条约定了合同解除必须以书面的方式。现行法律法规并未对合同解除的方式做出特别规定。该条约定表明了主管机关对合同解除方式的关注。

【注意事项】

(1)在签订合同时,合同双方应当在同一场所同时签字盖章,不宜在一方签字或盖章后由另一方带到另一场所签字盖章。

(2)出卖人除加盖公章外,其法定代表人或委托代理人应当在合同上签字;买受人为单位的,其法定代表人(负责人)或委托代理人也应当在合同上签字。

(3)为防止合同对方换页,买卖双方应在合同的每一页上签字或者加盖专用的骑缝章。

出卖人（签字或盖章）:　　　　　　　　　　**买受人**（签字或盖章）:

【法定代表人】（签字或盖章）:　　　　　**【法定代表人】**（签字或盖章）:

【委托代理人】（签字或盖章）:　　　　　**【委托代理人】**（签字或盖章）:

【法定代理人】（签字或盖章）:

签订时间:____年____月____日　　　　　签订时间:____年____月____日

签订地点:_____　　　　　签订地点:_____

附件一　房屋平面图(应当标明方位)

1.房屋分层分户图(应当标明详细尺寸,并约定误差范围)
2.建设工程规划方案总平面图
3.装修设计方案平面图(全装修住宅提供)(应标明功能和主要空间层高)

附件二　关于该商品房共用部位的具体说明(可附图说明)

1.纳入该商品房分摊的共用部位的名称、面积和所在位置
2.未纳入该商品房分摊的共用部位的名称、所在位置

附件三　抵押权人同意该商品房转让的证明及关于抵押的相关约定

1.抵押权人同意该商品房转让的证明
2.解除抵押的条件和时间
3.关于抵押的其他约定

附件四　关于该商品房价款的计价方式、总价款、付款方式及期限的具体约定

附件五　关于本项目内相关设施、设备的具体约定

1.相关设施的位置及用途
2.其他约定

附件六　关于装饰装修及相关设备标准的约定

交付的商品房达不到本附件约定装修标准的,按照本合同第十七条第(三)款约定处理。出卖人未经双方约定增加的装置、装修、装饰,视为无条件赠送给买受人。

(一)外装饰装修部分(该商品房所在幢)

1.外墙:【瓷砖】【涂料】【玻璃幕墙】【＿＿＿＿＿＿＿＿】。

2.电梯：_____；

3.管道：_____；

4.窗户：_____；

5._____；

6._____；

（二）内装饰装修部分

双方就内装饰装修主要材料和设备的品牌、产地、规格、级别、数量等内容约定如下（品牌、级别等内容应明确清晰，不得出现"其他同级别产品"等模糊字样）：

表 4　内装饰装修主要材料及其他约定表

	序号	菜单内容	装修材料	品牌、产地、规格、级别、数量	备注
起居厅	1	地面	瓷砖		
			大理石		
			木地板		
	2	墙面	涂料		
			壁纸		
			木饰面		
			软包		
			石材		
			石材		
	3	吊顶	石膏板		
卧室（书房）	1	地面	瓷砖		
			石材		
			木地板		
	2	墙面	涂料		
			壁纸		
			木饰面		
			软包		
	3	门	木门		
			玻璃门		

续表

	序号	菜单内容	装修材料	品牌、产地、规格、级别、数量	备注
厨房	1	地面	瓷砖		
			石材		
		墙面	瓷砖		
			石材		
		吊顶	铝合金		
			石膏板		
	2	橱柜	洗涤池		
			柜门材料		
			台面材料		
	3	厨房设备	油烟机		
			燃气灶		
	4	门	木门		
			玻璃门		
卫生间	1	地面	瓷砖		
			石材		
	2	墙面	瓷砖		
			石材		
			马赛克		
	3	吊顶	铝合金扣板		
			防潮石膏板		
	4	淋浴空间	淋浴房		
	5	卫浴	盥洗盆		
			马桶		
	6	门	木门		
			玻璃门		
其他未尽事项					

注:表格不够,可另附纸。

附件七　关于保修范围、保修期限和保修责任的约定

该商品房为住宅的，出卖人应当提供《住宅质量保证书》；该商品房为非住宅的，双方可参照《住宅质量保证书》中的内容对保修范围、保修期限和保修责任等进行约定。

该商品房的保修期自房屋交付之日起计算，关于保修期限的约定不应低于国家和省有关法律法规规定的最低保修期限。

（一）保修项目、期限及责任的约定

1.地基基础和主体结构：

保修期限为：＿＿＿＿＿＿＿＿＿＿＿＿＿＿（不得低于设计文件规定的该工程的合理使用年限）；

＿＿＿＿＿＿＿＿＿＿＿＿＿＿＿＿＿＿＿＿＿＿＿＿＿＿＿＿＿＿＿＿＿＿。

2.屋面防水工程、有防水要求的卫生间、房间、厨房、地下室和外墙面的防渗漏：

保修期限为：＿＿＿＿＿＿＿＿＿＿＿＿（不得低于8年）；

＿＿＿＿＿＿＿＿＿＿＿＿＿＿＿＿＿＿＿＿＿＿＿＿＿＿＿＿＿＿＿＿＿＿。

3.供热、供冷系统和设备：

保修期限为：＿＿＿＿＿＿＿＿＿＿＿＿（不得低于2个采暖期、供冷期）；

＿＿＿＿＿＿＿＿＿＿＿＿＿＿＿＿＿＿＿＿＿＿＿＿＿＿＿＿＿＿＿＿＿＿。

4.电气管线、给排水管道、设备安装：

保修期限为：＿＿＿＿＿＿＿＿＿＿＿＿（不得低于8年）；

＿＿＿＿＿＿＿＿＿＿＿＿＿＿＿＿＿＿＿＿＿＿＿＿＿＿＿＿＿＿＿＿＿＿。

5.装修工程：

（1）埋设于墙体、地面内的电气网络管线和给排水管道等隐蔽工程保修期限为：＿＿＿＿＿＿＿＿＿＿＿＿（不得低于8年）；

＿＿＿＿＿＿＿＿＿＿＿＿＿＿＿＿＿＿＿＿＿＿＿＿＿＿＿＿＿＿＿＿＿＿。

（2）＿＿＿＿＿＿＿＿＿＿＿＿＿＿＿＿＿＿＿＿＿＿＿＿＿＿＿＿＿＿＿＿。

（3）＿＿＿＿＿＿＿＿＿＿＿＿＿＿＿＿＿＿＿＿＿＿＿＿＿＿＿＿＿＿＿＿。

6.＿＿＿＿＿＿＿＿＿＿＿＿＿＿＿＿＿＿＿＿＿＿＿＿＿＿＿＿＿＿＿＿。

7.＿＿＿＿＿＿＿＿＿＿＿＿＿＿＿＿＿＿＿＿＿＿＿＿＿＿＿＿＿＿＿＿。

8.＿＿＿＿＿＿＿＿＿＿＿＿＿＿＿＿＿＿＿＿＿＿＿＿＿＿＿＿＿＿＿＿。

（二）其他约定

＿＿＿＿＿＿＿＿＿＿＿＿＿＿＿＿＿＿＿＿＿＿＿＿＿＿＿＿＿＿＿＿＿＿。

附件八　关于质量担保的证明

附件九　关于前期物业管理的约定

1.前期物业服务合同

2.临时管理规约

附件十　出卖人关于遮挡或妨碍房屋正常使用情况的说明

（如：该商品房公共管道检修口、柱子、变电箱等有遮挡或妨碍房屋正常使用的情况）

附件十一　车位、车库或者停车设施买卖、赠予、租赁协议书

（车位、车库或者停车设施的坐落位置、产权约定、使用期限、面积或尺寸、价款与结算、交付、违约责任等）。

附件十二　其他物业买卖、赠予、租赁协议书

（该物业的名称、面积或尺寸、物业及占用土地的权属情况、价款与结算、交付、违约责任等）。

附件十三　补充协议

【说明】

在合同的相关条款中已就合同附件内容做了说明,在此不再重复。

《房屋转让合同示范文本》条文释义

房屋转让合同

本合同双方当事人：

卖方（以下简称甲方）：＿＿＿＿＿＿＿＿＿＿＿＿＿＿＿＿

【本人】【法定代表人】姓名：＿＿＿＿＿＿＿＿＿＿＿＿＿

【身份证】【军官证】【外籍护照】【营业执照】【户口本】【护照】【港澳台证件】【组织机构代码证】：＿＿＿＿＿＿＿＿＿＿＿＿

地址：＿＿＿＿＿＿＿＿＿＿＿＿＿＿＿＿＿＿＿＿＿＿＿＿

邮政编码：＿＿＿＿＿＿＿＿＿＿　　联系电话：＿＿＿＿＿＿＿＿

委托代理人：＿＿＿＿＿＿＿＿＿＿＿＿＿＿＿＿＿＿＿＿＿

地址：＿＿＿＿＿＿＿＿＿＿＿＿＿＿＿＿＿＿＿＿＿＿＿＿

邮政编码：＿＿＿＿＿＿＿＿＿＿　　联系电话：＿＿＿＿＿＿＿＿

买方（以下简称乙方）：＿＿＿＿＿＿＿＿＿＿＿＿＿＿＿＿

（如果有多个买受人，请用"，"分隔。）

【本人】【法定代表人】姓名：＿＿＿＿＿＿＿＿＿＿＿＿＿

【身份证】【军官证】【外籍护照】【营业执照】【户口本】【护照】【港澳台证件】【组织机构代码证】：＿＿＿＿＿＿＿＿＿＿＿＿

地址：＿＿＿＿＿＿＿＿＿＿＿＿＿＿＿＿＿＿＿＿＿＿＿＿

邮政编码：＿＿＿＿＿＿＿＿＿＿　　联系电话：＿＿＿＿＿＿＿＿

委托代理人：＿＿＿＿＿＿＿＿＿＿＿＿＿＿＿＿＿＿＿＿＿

地址：＿＿＿＿＿＿＿＿＿＿＿＿＿＿＿＿＿＿＿＿＿＿＿＿

邮政编码：＿＿＿＿＿＿＿＿＿＿　　联系电话：＿＿＿＿＿＿＿＿

房地产经纪机构：＿＿＿＿＿＿＿＿＿　　联系电话：＿＿＿＿＿＿＿＿

房地产经纪人：＿＿＿＿＿＿＿＿＿　　执业证号：＿＿＿＿＿＿＿＿

联系电话：＿＿＿＿＿＿＿＿＿＿

【概要】

买卖双方、委托代理人及中介机构的基本信息。

【说明】

(一)买卖双方主体

二手房转让属民事法律行为的一种,买方和卖方都应是适格的民事主体。所谓民事主体是指参加民事法律关系,享有民事权利和承担民事义务的人。在民事法律关系中,享有权利的一方为权利主体,负有义务的一方为义务主体。多数民事法律关系中,主体双方一般都既享有权利又负有义务,既是权利主体又是义务主体。在我国民法上,民事主体主要包括自然人和法人,还包括不具有法人资格的其他组织。在目前的二手房市场中,自然人是交易的主力参与者,本书所指的买方、卖方除特别说明之处,均为自然人的情形。

作为民事主体的自然人,应具备相应的民事行为能力,其行为才能产生法律效力。所谓民事行为能力,是指能以自己的行为取得民事权利、承担民事义务的资格。我国《民法总则》按照智力、精神状态情况,将自然人的民事行为能力分为三类:完全民事行为能力、限制民事行为能力和无民事行为能力。

完全民事行为能力人是指年满18周岁,智力、精神状态正常的成年人,他具有独立地进行活动,享有民事权利、承担民事义务的能力。因此,他可以合法、有效地从事包括签订合同、转让房屋一类的复杂民事行为。

限制民事行为能力人又称不完全民事行为能力人,此类自然人在一定范围内具有民事行为能力,超出一定范围便不具有相应的民事行为能力。10周岁以上的未成年人及不能完全辨认自己行为的精神病人都是限制民事行为能力人,此类民事主体对于房屋转让等比较复杂的或重大的民事法律行为缺乏判断能力和自我保护能力,并且不能预见其后果,因此不适合作为房屋买卖关系的主体,从事此类民事行为应由他们的法定代理人代理或征得其法定代理人的同意。

无民事行为能力人不具有以自己的行为取得民事权利和承担民事义务的能力,不满10周岁的未成年人和不能辨认自己行为的精神病人均是无民事行为能力人,他们不能直接从事房屋转让等民事活动,所以必须通过其法定代理人代理。

(二)委托代理人

法律上的委托是指委托人授权委托代理人,由代理人以委托人的名义,为委托人的利益而与第三人进行民事活动的行为。委托卖房,就是房屋产权人委托个人或中介机构以产权人的名义出售房屋,并办理相关手续的行为。委托购房,就是购买者委托个人或中介机构以购买者的名义购买房屋,并办理相关手续的行为。代理人必须是完全民事行为能力人,限制民事行为能力人及无民事行为能力人不能接受委托。根据委托人的授权,代理人可以从事挂牌报价、看房询价、签订合同、收支房款、房屋交接等行为,代理人处理委托购房事务中取得的一切财产,应当及时转交给委托人。

委托代理可以是有偿的,也可以是无偿的。若是有偿代理,则因代理人的过错给委托人造成损失的,委托人可以要求赔偿损失。若是无偿代理,则代理人存在故意或者重大过失给委托人造成损失的,委托人可以要求赔偿损失。

在进行委托时,可以签署授权委托书,也可以与代理人签订委托合同。在委托合同中需要写明委托事项、授权权限、委托期限、有无报酬等情况。

(三)中介机构

二手房交易涉及的专业性问题较多,房产中介公司、专业律师事务所、房产评估机构等,因其具备相关的专业知识、熟悉操作程序,在二手房交易过程中扮演着重要的角色。房产中介公司在房屋交易过程中通常提供包括信息发布、居间推荐、参与协商、受托办证等一条龙服务,房屋交易通过房产中介操作已经成为一种趋势。专业律师的作用主要是减少和避免法律风险。在交易过程中,律师可以提供的服务包括审查买卖双方当事人的身份证明、审查房屋所有权的真实性、见证房屋权属登记申请书和买卖契约的签署、房屋现场调查、卖方权利瑕疵审查(共有权、优先权、抵押权、拆迁、司法查封)等。房产评估机构则可以就交易房屋的价值做出客观公正的评估,为纳税和申请按揭贷款提供有效的依据。

二手房买卖并非必须通过中介机构进行,但没有中介机构介入的交易往往效率低、风险高,因为买卖双方一般都不熟悉交易过程中一系列复杂的手续,且双方一般相互都不了解、不信任,因此,从效率和交易安全的角度来说,二手房交易最好能通过中介机构。

找一家诚信度高、操作规范的品牌中介机构是买房卖房前很重要的一步。在委托中介机构时,谨慎的做法是慎审证照、细签合同:

(1)慎审证照就是了解掌握中介机构是否具备相应的资格和专业水平。

委托人可通过查看中介机构的营业执照、资质证书等,来核查该中介机构是否具备提供服务的相应资格。在此基础上,还应着重考察中介机构的专业服务水平,了解其在这一领域知名度及影响力如何,考察其工作人员在处理房产事务方面的专业知识、经验及责任心如何。

(2)细签合同就是仔细签订委托代理合同(或居间合同),细化双方权利义务。

委托代理合同是委托人与中介机构确立代理关系,明确各自权利义务的法律文件,在此合同中应体现各方的利益。中介机构一般会事先准备好合同,委托人在签订之前,应仔细阅读合同所有条款,重点是注意合同中关于中介服务的范围、代理费的计算及数额、代理费支付方式、双方违约责任等的约定。对内容若有异议,可及时向中介机构提出,协商一致后对合同内容进行变动、增减。

【注意事项】

(1)在进行二手房转让过程中,买卖双方的资格审查主要应注意以下事项:

①要考虑是否具有从事房屋转让相应的民事行为能力,如果买方或卖方不具有完全民事行为能力,除了要写明买方或卖方的姓名、住址等基本情况外,还应写明其监护人、法定代理人的姓名、住址,并应考察此房交易是否会损害该买方或卖方的合法权益。若有此情形,则根据法律规定,此房屋转让行为可能无效。

②了解卖方是否有共有权人,如果有,应让共有权人一同在此署名。

③买方应仔细核对卖方身份证上姓名是否与房屋不动产权证上的权利人姓名一致,是否为同一人。如果两人以上共同购买房屋,则应把所有购买人的姓名都写上。

(2)独家代理协议,也称独家委托协议,这类协议的内容一般是卖方将自己的房屋委托房产中介公司代为挂牌出售,同时,卖方承诺在协议规定的时间内不再委托其他中介公司,否则承担相应的责任。而作为回报,中介公司一般也会在协议中承诺在中介费用等方面给予卖方一定的优惠。对于一些市场前景比较好的房源,中介公司会要求房主签订独家代理协议,以保证交易的独占性和成功率。

对于这种协议,卖方在签字之前要考虑清楚。事实上,独家代理有利有弊,要视具体情况而定。对于房东来说,选择一家中介公司做独家代理会比较省心,钥匙交给中介公司后,每次有人看房,也不用自己请假陪同。但是独家代理也会有风险,比如变现时间慢、中介公司的可信度存疑等。卖方和中介公司签订了独家委托协议后,就意味着放弃了委托其他公司的权利,否则要承担相应的违约责任。实践中,也有一些房东签了独家委托协议后反悔,又将同一房屋委托别家公司挂牌并成交,最后向前一家中介承担违约责任的例子。所以,在签订独家代理协议之前要根据自己实际情况慎重考虑。

根据《中华人民共和国合同法》《中华人民共和国城市房地产管理法》及其他有关法律、法规之规定,甲、乙双方在平等、自愿、诚实信用原则的基础上,就房屋买卖事项达成如下协议:

【概要】

本合同的法律依据和原则。

【说明】

与商品房买卖不同,目前并没有全国统一的二手房买卖示范合同文本,同时也没有专门调整二手房交易行为的法律法规,甚至连部门规章都很少。这是二手房市场的迅速兴起和国家立法、制定规章相对滞后造成的矛盾。目前,规范二手房交易行为的法律规范性文件散见于《中华人民共和国物权法》《中华人民共和国合同法》《中华人民共和国城市房地产管理法》等,其他还有一些部门规章和地方性政府规章,如建设部(现住房和城乡建设部)的《城市房地产转让管理规定》《北京市城市房屋转让管理办法》《上海市房地产转让办法》《杭州市房地产交易市场管理暂行办法》等,这些也是编写本合同示范文本的参考依据。

　　房屋转让作为不动产交易的一种形式,具有涉及金额大、风险高、手续复杂等特点,买卖双方在交易中都必须遵循自愿、公平、诚实信用的原则,谨慎从事才能使交易顺利完成。

第一条　房屋基本情况

　　1.甲方房屋(以下简称该房屋)坐落于_____市【_____】,房屋结构为_____,建筑面积_____平方米,房屋用途为_____,所有权证号为_____(共有权证号为_____)。(以房屋权属证书为准)

　　2.该房屋丘地号为_____。土地使用权取得方式为【出让】【划拨】_____,土地使用权年限自_____年_____月_____日至_____年_____月_____日止。(以土地使用权证为准)

　　3.该房屋的抵押情况【无】【有】,抵押权人为_____,抵押登记日期为_____,他项权利证号为_____。【1】甲方应当在签署本合同前取得抵押权人同意出售的书面证明;【2】甲方于_____前办理抵押注销手续。

　　4.该房屋的租赁情况【无】【有】,月租金人民币大写_____亿_____仟_____佰_____拾_____万_____仟_____佰_____拾_____元_____角_____分(小写:_____元),租期自_____年_____月_____日至_____年_____月_____日。甲方应当根据相关法律规定履行通知承租人的义务,甲乙双方经协商一致按下述第_____种方式处置租赁合同(只能选择其中一种):

　　(1)该房屋权属转移后,原租赁合同在有效期内对乙方仍然有效。甲方须于_____前协助乙方与承租人签订新的租赁合同,同时甲方须将承租方已交甲方的【租赁押金】【预交租金】转交给乙方,乙方自_____时起享有甲方在原租赁合同中的权利义务。

　　(2)甲方须于_____前解除原租赁合同和腾空房屋。乙方对因原租赁合同产生的纠纷不承担责任。

　　【概要】

　　本条是关于转让标的房屋的基本情况(房屋的位置、结构、用途、建筑面积等的描述,房屋产权状况的注明,房屋所占土地的取得方式及权利状态)。

【说明】

(一)关于"二手房"交易类型

房地产开发及交易分为三种情况,也就是通常所说的一、二、三级市场:一级市场是指国有建设用地使用权的出让,即开发商依法投资取得土地的开发使用权;二级市场是指开发商开发项目之后,向购房人出售所建造的房屋,即商品房的出售;三级市场是指符合上市交易条件的私房、单位自管房、房改房、经济适用房再次上市交易,也就是常说的"二手房"交易。

我们通常所称的"二手房"是一个总的概念,主要包括以下房屋类型:私房、单位自管房、获准上市交易的已购房改房、已购经济适用房等。并不是上述所有类型的房屋都可以上市交易。根据《城市房地产转让管理规定》,有下列情况之一的房屋,不得上市交易:

(1)权属有争议的。

(2)司法机关和行政机关依法裁定,决定查封或者以其他形式限制房地产权利的。

(3)共有房地产,未经其他共有人书面同意的。

(4)处于户籍冻结地区并已列入拆迁公告范围内的。

(5)已抵押且未经抵押权人书面同意转让的。

(6)未依法登记领取权属证书的。

(7)法律、行政法规规定禁止转让的其他情形。

目前市场上还有一种比较特殊的二手房交易类型,这类交易转让的标的物是尚未交付或尚未办理权属证书的商品房,也就是通常所说的"期房"。期房转让可分为两种:一种是预订权转让,另一种是期权转让。

预订权转让发生在卖方已和开发商签订预订协议但尚未签订商品房买卖合同之前,卖方将自己手中的预订协议转让给买方,就是通常所说的"炒号子",这并不是严格意义上的二手房交易。此时买方购买的实际并不是房屋,而是和开发商签订商品房买卖合同的权利。在开发商出于某种原因不同意转让的情况下,卖方仍然应按约在预定期限内签订商品房买卖合同,否则可视为私自取消预订。

期权转让是市场上操作较多的真正意义上的期房转让,这种转让发生在商品房买卖合同签订之后、卖方取得产权证之前,俗称"合同更名"。因为对此种行为性质的界定不同,各个地方对此采取了不同的具体政策。有些地方允许合同更名,有些地方不允许。对于这种行为如何从法律上来认定,目前理论上是有争议的。一种观点认为,这是一种物权的转让。转让方因为和开发商签订了商品房买卖合同而对建设中的商品房享有一种期待产权,这种产权是尚未得到但在将来一般情况下一定可以得到的。因此,转让方可以将这种期待产权转让并因此获利。而另外一种观点认为,这种交易并不涉及物权的转移,而只是一种商品房买卖合同的合同权益转让行为,是债权的转让。转让方在商品房买卖合同中享有的合同权利义务一并由受让方继受。根据我国《民法总则》规定,这种转让行为是不允许牟利的。笔者倾向于支持第二种观点,因为期待产权并没有被我国现行法律所承认,根据《物权法》规定的原则,我们认为转让的并不是物权而只是一种债权。

期房转让是否需要经过开发商同意,要视具体情况而定。对于转让方已付清房款的期房,转让的只有权利没有义务,因此不需要经过开发商同意;对于房款尚未付清的,转让就需经开发商同意。但是,何谓"已付清房款",法律并无相应解释。在一次性付款方式下,"已付清房款"并无争议,该种期房转让就不需要征得开发商的同意,只需通知即可。若以按揭贷款方式,开发商收到首付款和银行贷款后应当认定为买方"已经付清房款"。但由于开发商在按揭贷款支付方式中对银行要承担阶段性担保责任,实务操作中按揭贷款支付方式被认定为未付清房款。所以,按揭贷款方式下的期房转让必须征得开发商和银行的书面同意。

转让期房时,卖方应当按照买方付款方式,通知或者征得开发商及银行同意后再进行交易。在此种交易方式下,买卖双方应根据各自购买时的房价款分别缴付契税。如果卖方为逃契税而采取说服开发商注销原合同后再交易的不规范操作,其风险将由卖方自行承担。

(二)关于房屋的基本状况

二手房多为已经使用过一段时间的房屋,有些年代还会比较久远。这些房屋在使用过程中可能还会有添附、改造甚至重建等行为,因此确定房屋的基本状况就显得格外重要,特别是房屋的结构问题。由于有些二手房在原房主使用期间经过改建,其基本结构可能有所改变,要注意原房屋改建、加建部分的手续是否完善,加建的房屋是否属于临时建筑中的违章建筑,是否通过了有关部门规划、设计等有关要求,是否补办了房屋所有权证书,等等,均要充分了解,以免今后产生麻烦。

与商品房不同,二手房的建筑面积在签订合同时就是确定的。交易双方只要根据房屋产权证上登记的建筑面积进行交易即可。但有时也会出现产权证上所登记的建筑面积与房屋实际建筑面积不符的情况,一般有以下两种:一是房屋建筑面积在前次测绘时发生错误,导致产权证上的登记面积与实际建筑面积有差异。此种情况下,买卖双方可以共同委托一家测绘机构重新进行测绘,以测绘后的实际面积进行交易,同时应向房管部门申请变更登记;另一种情况是房主私自扩面或搭建了违章建筑,导致实际面积与产权面积不符。此种情况下,由于私自扩面或搭建部分没有合法产权,所以买方最后合法拥有的只能是产权证上所登记的面积,其余部分无法取得产权也就无法行使权利。

因此,如果存在上述情况,且卖方在转让房屋时是知情的,卖方应将情况如实告知买方,同时协助买方办理相应的变更手续。而作为买方对此也要有所警惕,注意查看产权证上的登记面积,并到实地查看测算实际面积,注意核对,以免遭受损失。

(三)关于房屋的产权状况

购买二手房要投入相当大的一笔资金,因此安全性是每一个买方必须考虑的首要因素,否则稍有不慎,购房人的利益就会受到损害。二手房交易一般都是个人之间的买卖行为,比较开发商出售的商品房而言,二手房交易更为复杂。买方或是房屋中介公司在交易进行前,应对该二手房的房屋权属证书进行谨慎审查,并对房地产权利人及其权利现状做一些调查和了解,以避免纠纷。以下简要介绍一下调查"二手房"产权状况的一般程序及方法。

首先是查产权。买方应查明卖方是否已经取得了产权登记机关颁发的房屋权属证书,未依法登记领取房地产权属证书的房地产是不得转让的。要查明卖方是否就是房屋权属证书"权利人"一栏所载明的权利人,并核对该权利人的身份证明。同时还须查明在房屋权属证书的"共有情况"一栏上是否有共有情况的记载,如果有其他共有人的,应审查共有人是否已签署同意转让的书面承诺。

其次是查物权受限情况。要查明该房屋是否存在抵押、租赁及权属争议等情况。如果房屋已设定抵押,那么债务人一旦不履行债务,抵押权人对抵押的房屋就享有处分权和优先受偿权,而且如果房屋权利人未告知抵押权人,该抵押的房屋要转让,抵押权人就有权要求确认该房屋转让无效;对于已经出租的房屋,在其买卖时,该房屋承租人有权在同等条件下优先购买,如果出租人未征求承租人的意见,就将房屋出卖给第三人,该承租人就有权请求确认该买卖合同无效,并以同等的条件购买已租用的房屋;如果房屋权属有争议,如尚在诉讼、仲裁或者行政处理中,则该房屋就不得转让。

要查明所选购的房屋是否存在抵押,主要是看房屋权属资料上是否有抵押登记。房屋抵押必须经过登记才生效,具有对抗第三人的效力,因此,房屋存在抵押,一般都会在房屋权属资料上有记载。至于有无房屋租赁和权属争议情况,则可通过实地查看、向周围邻居打听、到房管部门查阅资料等方式了解。

最后是查权属证件本身。在审查有关权利证件时,除了要注意证件所记载的内容,还要注意证件本身的真伪,以防假证。鉴别真假房产证的一般方法是:从外观上看,真的房产证是流水线生产的,因此墨色均匀,纸张光洁、挺实;假证多数是手工制作,线条不齐,油墨不均匀。

总之,要了解房屋产权的真实情况,买方或房屋中介公司除了要向卖方索要一切产权文件并仔细阅读外,还可到房屋管理部门查询有关房屋的产权记录,两相对照,才能清楚地知道该房的一切产权细节,不至于有所遗漏。

(四)关于房屋优先购买权、抵押权及其他所有权受限情况

1. 优先购买权

所谓优先购买权就是当房屋出售时,在同等条件下优先购买权人可以优先购买。从法律上讲,标的房屋涉及优先购买权的,出售时必须取得优先购买权人放弃优先权的书面材料;如果买卖双方未能事先征得优先购买权人的意见,而事后优先购买权人又提出异议的,就可能导致买卖行为被法院认定无效,造成不必要的损失和纠纷。司法实践中,如果房屋已经交付使用较长一段时间或者已经办理了过户手续,法院一般不会判令该转让行为无效。但如果房屋还未交付使用,也没有办理过户手续,一旦房屋共有人在知道该转让情况后提出反对,法院就有可能判定该交易无效。因此,这一程序不可忽略。

根据有关规定,出卖房屋时,在同等条件下,下列个人或单位享有优先购买权。

(1)出卖国家或单位以各种形式补贴购、建的房屋,房地产管理局所属经营部门或原出售单位有优先购买权。

(2)出卖已出租的房屋,须提前3个月通知承租人,承租人在承租期内有优先购买权。

(3)出卖共有房屋,出售人须提交共有人同意或委托出卖的证明,共有人有优先购买权。

买卖双方在房屋转让时,如存在以上三类优先购买权情况的,应注意征求他们的意见。已购公房上市除征得原产权单位同意外,一般还须征得同住成年人的同意。共有房屋在出售前,全体共有人必须以签字或者书面委托的形式表示同意。特别是涉及夫妻共有财产,即便该套房屋产权证上只有夫或妻一方的名字,在房屋交易过程中,买方也应当要求卖方出具夫妻双方就出售该房屋的同意证明,确保房屋的交易安全。房屋已经出租的,卖方应在房屋出售前提前3个月通知承租人,同时征求其意见,承租人放弃优先购买权的,应让其做出书面承诺。

2. 房屋抵押权

抵押是担保的一种重要形式。房屋抵押一般是房屋产权人为自身按揭贷款或第三人借款而将自己所有的房屋或享有处分权的房屋作为担保,如债务人不能履行债务,则债权人(一般是银行)有权依法申请处分抵押房屋,并从处分抵押房屋所得价款中优先受偿。

房屋抵押权是一种担保物权。提供抵押房屋的当事人称为房屋抵押人,享有抵押房屋抵押权的一方称为房屋抵押权人。如果房屋抵押人未经房屋抵押权人同意,将抵押房屋转给第三人时,房屋抵押权人对抵押的房屋享有追索权,房屋受让人因此受到的损失,由房屋抵押人承担。实际操作中,设有抵押权的房屋在没有得到抵押权

人的书面同意前是不允许过户的。为保证交易的安全性,买方有必要对房屋是否设定抵押权进行认真审查。

3.其他所有权被限制情况

共有权、抵押权都是对所有权的一种限制,除此以外,所有权还有可能因为司法而受到限制,如房屋被法院查封、产权被冻结,房屋已经被法院判决给其他人等情况。在这些情况下,房屋也是无法转让和过户的,因此,有必要了解清楚这类情况。

(五)关于房屋的国有建设用地使用权

我国实行的是"地随房走"的政策,简单说就是当地上建筑物产权发生转移时其所占范围内的国有建设用地使用权一并转移。在我国,国有建设用地使用权取得可分为行政划拨取得和出让取得两种,不同的土地取得方式会对所购二手房的土地使用年限、交易过程的手续及相关费用产生直接影响。二手房因为其构成品种的多样化,导致其土地取得方式也呈现多样性。大致来说有以下几种:

1.已购商品房

对于商品房而言,开发商以出让方式取得国有建设用地使用权时,必须按照出让合同的约定支付国有建设用地出让金后,才能进行房地产项目的开发。开发商在销售商品房时,会将相应面积的国有建设用地出让金列入建房成本并按比例分摊给房屋购买人,商品房购买者所付的房款中已包括国有建设用地出让金。房屋购买人通过购买而取得的产权是完全意义上的产权。所以,购买房源为商品房的二手房,无须缴纳国有建设用地出让金。

2.首次上市交易的房改房

自从我国公房上市的政策出台,二手房中存在着大量的房改房,其取得国有建设用地使用权有两种方式:出让和划拨。如果是以划拨方式取得的,则用地者无权处理,必须要报政府审批,由转让关系中的受让方来办理国有建设用地使用权出让手续,并按规定缴纳国有建设用地使用权出让金,实现国有建设用地使用权从无偿到有偿的变化。如果是出让方式取得,则国有建设用地出让金已由原产权单位交付。但无论哪种方式,都应在购房时由买方向房屋管理部门交付国有建设用地出让金。交付国有建设用地出让金后,该房改房所占土地的国有建设用地使用权改为出让性质,并核定相应的使用年限。这些房屋如果再次上市交易的话,就不需要再缴纳国有建设用地出让金了。

【注意事项】

(1)是否所有的已购房改房,拿到产权证后都可以上市出售?

根据《已购公有住房和经济适用住房上市出售管理暂行办法》,已取得合法产权证书但有下列情形之一的,不得上市出售:

①以低于房改政策规定的价格购买且没有按照规定补足房价款的。

②住房面积超过省、自治区、直辖市人民政府规定的控制标准,或者违反规定利用公款超标准装修,且超标部分未按照规定退回或者补足房价款及装修费用的。

③处于户籍冻结地区并已列入拆迁公告范围内的。

④产权共有的房屋,其他共有人不同意出售的。

⑤已抵押且未经抵押权人书面同意转让的。

⑥上市出售后形成新的住房困难的。

⑦擅自改变房屋使用性质的。

⑧法律法规以及县级以上人民政府规定其他不宜出售的。

(2)什么是房改房的大、小产权?

在房改房交易中经常会有人提到"大产权""小产权"等概念,这实际上是市场对房屋产权状况的通俗描述。一般来说,大产权即完全产权,包括房屋所有权证与国有建设用地使用权证。大产权的房屋在进入二级市场时,无须再缴纳国有建设用地出让金和收益收成。小产权即不完全产权,只包括房屋使用权,不包括房屋所有权。它与大产权的本质区别在于国有建设用地使用权。房改房只有产权证,无土地证,是一种小产权。房改房经交易后,由买方缴纳国有建设用地出让金,就可以变为大产权。

(3)二手房的土地使用年限如何计算?

①商品房土地使用年限。

根据我国现行法律规定,住宅用地的国有建设用地使用权出让的最高年限为70年,以出让方式取得国有建设用地使用权的,转让房地产后,其国有建设用地使用权的年限为原土地出让合同约定的使用年限减去原土地使用者已经使用后的使用年限。商品房都是以出让方式取得国有建设用地使用权的,故在商品房转让中,买方只要将卖方的国有建设用地使用权证上记载的土地使用年限开始之日减去已经使用的年限,就是所购房屋还享有的国有建设用地使用年限。

②以划拨方式取得土地的房改房。

如已购公有住房和经济适用住房的土地是以划拨方式取得的,从该地块第一套房屋首次上市交易之日起,核定其土地出让年限,最高使用年限也是70年。其他房屋上市时,依上述办法分别计算使用年限,以保证同一宗土地、同一栋楼的土地出让年限终止日相同。如某幢房屋2000年竣工,该楼第一套房屋首次入市交易日期为2002年,其土地使用年限=70年-(2002年-2000年)=68年(2070年止),如该楼第二套房屋于2003年入市交易,则其土地使用年限=70年-(2003年-2000年)=67年(2070年止)。

如已购公有住房所占土地是以出让方式取得的,则其土地使用年限按原《国有土地使用权出让合同》或转让合同和《国有土地使用证》规定的出让年限减去已使用的年期计算。

（4）二手房存在租赁、抵押的情况比较普遍，对卖方处分房屋会有一定的影响及限制，因此卖方应尽量在房屋转让前注销房屋的抵押，结束租赁关系。不能注销抵押或结束租赁的，卖方有义务在签订转让合同时将此情况如实告知买方。

买方在购买房屋前，也应注意了解所购房屋有无抵押、租赁情况，并采取相应的应对措施：如有抵押的，应该要求卖方先还清余款，注销抵押。有租赁的，要了解清楚租赁的起止时间，承租人是否已放弃优先购买权等。

◎ **案例一**　王先生看好一处房子，房东称该房为1998年建成，框架结构。王先生在看房后即匆匆在一份合同上签字并交了部分预付房款，没有注意到合同上没有关于建造年代、房屋结构等内容的约定。后来，王先生在和邻居的谈话中得知自己买的这套二手房实际上是1993年建成，也不是框架结构。王先生想到通过法律途径解决此事，就到律师事务所进行咨询，律师告诉他因为在双方签订的房屋转让合同中并没有关于房屋建造年代、结构条款等事项的约定，框架结构只是卖方对他许下的口头承诺，所以从证据上来说，很难证明房东故意隐瞒了房屋的有关真实情况，王先生要维护自己的权益有一定的难度。

　　案例提示：为避免在二手房交易时就房屋结构、建成年代发生纠纷，买卖双方应在合同中明确约定房屋结构、建成年代、朝向等具体状况。

◎ **案例二**　王、沈原为夫妻，两人离婚后，原住房由法院判归女方沈某所有。男方王某拿着已被登报声明作废的房产证，找到了不明就里的买主秦某，在骗取了8万元的首付款后，便逃之夭夭。秦某付钱后准备去接收房屋，却被沈某告知房屋早已归其所有，就赶紧找王某，但哪里还有他的踪影，只得叫苦不迭。

◎ **案例三**　曹女士购买了某花园小区一套交付使用不满两年的二手房，并签订了房屋转让合同。按照合同约定，曹女士签约当天即支付了20%的房款，入住时又支付了30%的房款，剩余的50%房款待领到产权证时支付。谁知曹女士一家乔迁新居没多久，即被房产交易中心告知，这套房屋已被法院查封。

　　无奈之下，曹女士诉至法院，要求退房并返还已付房款。曹女士最终打赢了官司。然而，由于原先的业主早已将房款挥霍一空，导致法院判决无法实际执行，所以曹女士的损失短时间之内根本无法弥补。

　　案例提示：二手房交易较为复杂，买受人在签约前，应对该二手房的房屋权属证件进行谨慎审查，并可委托律师或中介机构对房地产权利人及其权利现状做一些调查和了解,以避免纠纷。

◎ **案 例 四** 孙先生想购买城郊的一套顶层二居室楼房。经实地看房,他认为此房户型规整敞亮,面积近 70 平方米,很是满意,便在没有看房屋产权证的情况下很快与房东贾某签订了房屋转让合同,随即将 21 万元房款一次性全部付清。当办理完产权过户手续后,孙某发现房产证上注明的面积仅 36 平方米。经进一步了解,孙先生方知此房原为阁楼,原房主未经有关部门批准,私自违章改造,加盖了一层。在和贾某协商退房不成情况下,孙先生向法院起诉,要求解除合同,赔偿相应损失。经过大半年的一审、二审,孙先生的诉讼请求最终都得到了法院的支持,但他还是觉得很吃亏,因为从开始看房到最后通过法院判决退房,整整折腾了一年多,赔上了时间、精力,房子却没买成,还无缘无故惹了一场官司,真的是费时伤财。

案例提示:二手房买受人应谨慎审查房屋权属证件,并注意核对转让合同中约定的房屋建筑面积与产权证上登记的建筑面积是否一致。

5.该房屋附属设施、装饰装修、相关物品清单等具体情况。（附件一）

【概要】

本款是关于房屋附属设施、装饰装修、相关物品清单的情况说明。

【说明】

(一)房屋装修及附属设施

大多数二手房的购买者在选择二手房时,除了地段等原因外,一个很重要的因素就是看中房屋已装修,自己购买以后可以节省装修成本和时间,如果签订合同时卖方所承诺的附属设施及装饰发生损坏或灭失,会导致该房屋实际价值降低。因为房屋装饰及附属设施发生纠纷的例子不在少数,故提醒买卖双方在签订合同时注意以下三点:

(1)固定装修包括房屋墙面、门窗及无法移动的与墙面交接的橱柜、洗手间马桶、盆浴等,不包括煤气灶、热水器、油烟机、灯具等。如果对一些房屋中的专业术语不熟悉的话,建议买方将自己想要的现有房屋中的固定装修尽量详细地写在合同上,避免以后出现纠纷。

(2)详细列明已包括在房款中的设备,如水、电、煤气、有线电视、维修基金、电话、空调、油烟机等。卖方承诺送装修的,必须明确写明总房价款中已包含房屋装修费用。在合同中明确写明的房屋装饰及附属设备被损坏的,买方可以要求减少支付相应的房价款,并要求卖方支付一定的违约金。

（3）为安全起见，建议分期支付房款。二手房交易中，申请按揭贷款、办理权属证书、房屋交接往往是分头平行推进，办出权属证书和房屋交接的时间经常会不一致。从谨慎操作的角度讲，最后一笔房款的支付应在整个交易过程完结的同时进行。如果交房在先、办证在后，则宜在产证办理完毕时交付最后一笔房款；如果办证在前，交房在后，则交房同时交付最后一笔房款。这样操作，即使最后在办证或交房时出现问题，也相对有利于解决纠纷。

（4）对屋内贵重设备要详细约定。对于房屋内已包含在房价中的重要设备，因价值较大，买卖双方最好能详细约定，包括设备的品牌、新旧状况等，也可将相关设备拍照，并由双方签字认可。

（二）物业管理费、水、电、煤气、电信等其他费用的支付

水、电、煤气等费用可以根据实际使用度数结算，有线电视、宽带网络等费用一般是半年或一年缴纳，买方可据实支付给甲方相关费用。在本附件中，除应列明各项费用的名称、具体金额外，最好同时把水表、电表、煤气表、有线电视等的户号一并记录下来，将相关缴费单据保存下来，方便以后办理过户手续。

【注意事项】

（1）房屋平面图一般附于房屋产权证中，是反映房屋的地理位置、占地面积、地形、建筑面积、内部结构、建筑造型的专业性图纸，是房屋产权产籍管理的基础资料，同时也是对房屋转让标的物最直观的说明。房屋平面图可从产权证上复印，买卖双方可在附件上签字确认。平面图要尽量做到清晰、明确，四至清楚。

（2）转让合同一经签订，对买卖双方都具有约束力。卖方负有如实陈述的义务，如果房屋的实际情况和卖方在合同中陈述的情况有差异，进而影响交易的，卖方应承担相应的违约责任。而买方则应在仔细了解房屋情况的基础上谨慎做出购买决定。

◎ **案 例** 李先生看中了一套2002年新装修的二手房，卖方要价不低，但他同时口头向李先生承诺，屋内装修的铝合金门窗、地板、空调及柜子、热水器全部赠送。李先生粗略算了一下，这些装修最低值五万元，认为值得，就在合同上签了字，但合同中并没有卖方关于送屋内装修和设施的承诺内容。交房那一天，李先生到现场一看，发现铝合金门窗已被卸掉、木地板也被撬走。卖方原来承诺的空调、热水器更是不见了踪影。李先生找到卖方理论，卖方矢口否认曾承诺要将空调、热水器赠送，并声称李先生如果不满，可以退房。李先生特别生气，但考虑到房价上涨较快，这套房屋的现价比几个月前又涨了好多，只得吃了这个哑巴亏。

案例提示：为避免二手房交付时就房屋装修、附属设施发生纠纷，买卖双方应在合同中明确约定房屋装饰、装修状况及附属设施、设备，并明确上述装修及设施、设备产权随房屋一并转移。

第二条　房屋转让价格

1. 该套房屋转让总价为人民币＿＿＿＿亿＿＿＿＿仟＿＿＿＿佰＿＿＿＿拾＿＿＿＿万＿＿＿＿仟＿＿＿＿佰＿＿＿＿拾＿＿＿＿元＿＿＿＿角＿＿＿＿分(小写：＿＿＿＿元)。

2. 上述房屋转让价格【是】【否】包括装修价款。　装修价款为人民币＿＿＿＿亿＿＿＿＿仟＿＿＿＿佰＿＿＿＿拾＿＿＿＿万＿＿＿＿仟＿＿＿＿佰＿＿＿＿拾＿＿＿＿元＿＿＿＿角＿＿＿＿分(小写：＿＿＿＿元)。

(说明：本款仅指装修价款。　选择房屋转让价格包括装修价款的，必须填写装修价款；如选择房屋转让价格不包括装修价款的，装修价款可以不填写。)

3. 该房屋转让交易发生的各项税费由甲、乙双方按照有关规定承担。

【概要】

本条是关于房屋计价方式和价款的约定。

【说明】

(一)计价方式

在商品房的计价方式上通常有按建筑面积、按套内建筑面积、按使用面积、按套等多种计价方式,且目前实践中对何种计价方式能更好维护各方利益存在争论。这个问题在二手房交易中就相对简单,因为二手房的建筑面积及公摊面积均是确定的,无论使用哪一种计价方式对买卖双方来说其实质都是一样的。现实交易中,由于房屋所有权证上登记的是房屋的建筑面积,故一般交易都是以建筑面积计价,这也是符合操作惯例的。

当然,二手房也可以约定按套计价。按套计价的方式在国外比较普遍,目前国内部分专业人士也在提倡这一计价方式,认为住房中"套"是指家庭独用的空间范围(即具备起居室、厨房、卫生间的独门独户范围以内的空间),是家庭生活的基本物质单位。"套(或套数/千人·年)"是一个国际通用标准。住宅的价值取向是多方面的,例如地段、环境、室内功能分区、平面布局、面积、使用系数、层位、层高、朝向、日照、建筑密度、建筑质量、装修质量、升值前景等。买房是买一个特定生活空间的整体品质和综合功能,面积只是这个立体空间的一个指标。"平方米"作为一个平面概念,无法完整地反映作为立体空间的一套房子的整体品质和综合功能。笔者认为,这种观点在二手房交易中具有一定的可操作性,可以为买卖双方和房产中介机构所参考。

(二)房价款

二手房的交易应在公平、自愿、平等的基础上实现,房屋价格要受到市场供求关系及其他多种相关因素的影响,因此买卖双方在共同确定房屋成交价格时,可以考虑以下因素:

（1）地段。毋庸多言，这是决定二手房价格的首要和最重要的因素。一般位于市中心或交通便利、周边商业配套、设施齐全的小楼盘，价格就高，反之则价格相对较低。

（2）户型。旧房的户型落后，功能陈旧，价格相对就低。

（3）楼层。一般三、四楼价格最高，底楼和顶楼价格最低。

（4）朝向。居住者一般都喜欢坐北朝南的房屋，其他朝向的房屋价格就不理想。

（5）小区配套环境。无物业管理和非独立封闭的小区价格较低，如果房屋位于一个比较理想的学区，价格就高。

（6）折旧率。房屋竣工后即进入折旧期，房屋的建成年份和房屋结构都与折旧有关，不同结构的房屋折旧率不同，房屋建成时间越长，房屋剩余价值越低。

（7）其他因素。这其中包括房屋装修情况、房屋增值潜力等。

（三）房屋装修价款

在二手房交易中，屋内附属设施状况及室内装饰情况产生纠纷的情况很多，应引起足够的重视。随着居室装修的日益复杂和豪华，附属设施和室内装饰往往是二手房房价构成的重要因素，这一点类似于商品房中的"精装修房"。买卖双方应在合同中对房屋附属设施的名称、型号、新旧程度及室内装修情况做出明确描述。如果附属设施及室内装饰未包含在房价款中，还应就设施及装饰约定买方向卖方补偿的金额、支付时间、支付方式等。

（四）相关税费的承担

1. 二手房交易所涉相关税费

二手房交易中所涉税费大致包括契税、印花税、交易手续费等。有些费用双方都需要支付，有些则只需一方支付。这些费用是否及时缴纳会直接影响产权过户手续的办理。因此双方在交易前、交易中，应对此做充分了解，及时向有关部门缴纳。

实践中，有些卖方会要求"净价"或是"到手价"，这实际上是双方约定由买方来替卖方承担其应缴纳的税费。只要双方协商一致，这种方式也是可以的。需要注意的是，双方应在合同中对由买方承担的费用一一列明，同时最好约定如果由于政策调整或其他原因，导致出现合同约定以外的需卖方缴纳的费用，由谁承担的问题。

2. 房屋交付前后产生的其他相关费用

二手房交易从签订合同开始到产权过户及水、电、煤气、通信等设施过户完成会经历较长的时间，而因房屋使用所产生的物业管理、水、电、煤气、通信等费用的缴纳又有其自身的时间规律，所以双方需要对在此期间产生的费用承担问题做出约定。操作中，一般是遵照"谁使用、谁受益、谁承担"的原则来分担这部分费用。具体地说，就是房屋在交付使用以前产生的费用由原使用人负担，交付使用后产生的费用由新使用人负担。当然双方也可以根据实际情况，在附件中做出特别的约定。

表 5　杭州市区二手房交易税金一览表

	税种	计税金额	房屋类型	税率	
				个人	单位
买方税费	契税	转让收入	非住宅	3％	3％
			住宅	1％－2％	
			其他	3％	
	印花税	转让收入	非住宅	0.05％	0.05％
			住宅	免征(2008 年 11 月 1 日前 0.05％)	
	国有建设用地出让金	划拨用地上标准住宅转让,含房改房上市,按规定缴纳			
	税种	个人			单位
卖方税费	增值税及附加	非住宅(不含自建)	(转让收入－购入原价)×5.6％	非自建的不动产	(转让收入－购入原价)×5.6％
		非自建的不动产	(转让收入－购入原价)×5.6％		
		住宅(不含自建)	未满 2 年,转让收入×5.6％	自建的不动产	转让收入×5.6％
			超过 2 年(含),免征		
		住宅(自建)	免征		
	个人所得税	住宅	(转让收入－住房原值－合理费用－转让过程中缴纳的税金)×20％	无	
			未提供完整、准确的房屋原值凭证,按房屋转让收入的 1％核定征收		
			转让 5 年家庭唯一生活用房免征		
		非住宅	(转让收入－住房原值－合理费用－转让过程中缴纳的税金)×20％		
			未提供完整、准确的房屋原值凭证,按房屋转让收入的 1％核定征收		
	土地增值税	住宅	免征	(转让收入－扣除项目金额)×四级超率累进税率;既不能提供购房发票,又不能提供房屋及建筑物价格评估报告,按转让收入的 5％核定征收	
		非住宅	(转让收入－扣除项目金额)×四级超率累进税率		
			既不能提供购房发票,又不能提供房屋及建筑物价格评估报告,按转让收入的 0.5％征收率征收		
	印花税	非住宅	转让收入×0.05％	转让收入×0.05％	
		住宅	免征(2008 年 11 月 1 日前 0.05％)	转让收入×0.05％	

第三条　付款方式

委托银行监管支付：（委托房地产经纪机构代理的，必须委托银行监管支付）

甲乙双方同意委托【　　　　　　　】银行账号对房产交易资金进行监管支付。

双方约定按以下第_____【1】一次性付款【2】分期付款【3】贷款付款（①公积金＋商业贷款、②商业贷款、③公积金贷款）【4】其他方式支付房款。

1. 一次性付款：

本合同签订之日起_____天内，乙方一次性支付房款人民币_____亿_____仟_____佰_____拾_____万_____仟_____佰_____拾_____元_____角_____分（小写：_____元）至甲乙双方约定的银行第三方监管账户。

2. 分期付款：

本合同签订之日起_____天内，乙方支付房款首期人民币_____亿_____仟_____佰_____拾_____万_____仟_____佰_____拾_____元_____角_____分（小写：_____元）至甲乙双方约定的银行第三方监管账户；乙方须于_____前支付余款人民币_____亿_____仟_____佰_____拾_____万_____仟_____佰_____拾_____元_____角_____分（小写：_____元）至甲乙双方约定的银行第三方监管账户。

3. 贷款付款：

（1）乙方须于_____前支付首期款人民币_____亿_____仟_____佰_____拾_____万_____仟_____佰_____拾_____元_____角_____分（小写：_____元）至甲乙双方约定的银行第三方监管账户。

（2）余款乙方申请银行贷款，须于_____前向银行等有关部门提交抵押贷款申请的相关资料，办理贷款审批手续，抵押贷款金额以银行发放贷款金额为准。

（3）银行贷款人民币_____亿_____仟_____佰_____拾_____万_____仟_____佰_____拾_____元_____角_____分（小写：_____元）发放至甲乙双方约定的银行第三方监管账户；甲乙双方同意在本合同签订时从转让总价款中预留人民币_____亿_____仟_____佰_____拾_____万_____仟_____佰_____拾_____元_____角_____分（小写：_____元）作为交房保证金，此款在甲方实际交付房屋及完成房屋权属转移登记时进行结算。

（4）乙方贷款数额不足以支付房款余额，双方约定如下：

_____

4. 其他方式：

_____

上述款项甲方依据房款监管协议取得相应房款。

【概要】

本条是关于付款方式的约定。

【说明】

（一）付款方式

二手房交易以付款方式来划分，可以有以下四种：

1.买卖双方均为一次性付款购房

卖方系以一次性付款方式购得所要出售的房屋，而买方也是以一次性付款方式从卖方手中购买此房。由于交易中房屋权属证书及房款都不存在任何不便之处，此种交易是二手房交易中最简单的方式，只要双方交清房款，办理好房产证过户手续就可顺利完成交易。

2.卖方为一次性付款购房，买方以银行按揭方式购房

卖方采用一次性付款方式购得所出售的房屋。买方以按揭方式购房，需先与银行签订贷款协议，确定买方贷款额度及年限。买方需将按揭首付款交由中介公司、房地产交易中心或银行监管（目前大部分银行开展了此业务）。在房屋过户后，卖方可收到此款项。银行在办理房屋他项权证后放贷，所贷款项将由银行或中介公司一次性支付给卖方。

3.卖方以按揭方式购房，买方以一次性付款方式购房

若标的交易房屋是由卖方以银行按揭方式购得时，卖方必须先付清卖方的购房贷款余额，将贷款抵押注销，才可将房产证拿到房地产交易中心办理过户手续。与第一种方式相比，多了抵押注销手续。

4.买卖双方均以银行按揭方式购房

此种形式被认为是二手房交易中最烦琐、也较常见的形式。首先卖方需到按揭银行将贷款抵押注销（在卖方资金不足的情况下，可与买方协商，由买方出资代为注销抵押。如买方也无力一次性支付余款，则可通过融资机构的介入来解决）。其次，买方与银行签订贷款协议，确定贷款额度及年限。买方将购房按揭首付款交由中介公司、房地产交易中心或银行监管。然后，持房屋权属证书到房地产交易中心办理房产过户手续。过户后，卖方可先收到部分房款，在买方到银行办理完按揭手续后，所贷款项将由银行或中介公司一次性付给卖方。

由于该方式手续烦琐，一般都需要中介公司介入，协助办理抵押注销及房产过户手续。

（二）定金问题

定金问题是付款方式中另一类常见问题。定金是《担保法》中明确规定的一种担

保形式,根据其具体作用,又可分为签约定金、证约定金和履约定金等。定金担保需要注意两点:一是定金担保一定要有明确的书面约定,而且一定要用规范的"定金"这一文字表述;二是定金担保自定金实际交付之时起生效。

定金的法律效力体现为定金罚则,即付出定金一方违约的,定金归另一方所有;收受定金一方违约的,双倍返还定金。二手房交易中,在双方初步谈妥准备签合同以前,卖方一般会要求买方支付一定的定金,同时卖方保证不会再接受其他人的看房、谈价等要求。然而,现实中因为定金问题引起纠纷的不在少数。归纳起来,主要有以下几种:

1. 文字表述引起纠纷

很多人会将定金表述成"订金"或者"意向金""预付款"等。在缺乏明确约定的情况下,无论是订金、意向金还是预付款,均不能认定为法律上所称的"定金",不能适用定金罚则。

2. 定金交付数额引起纠纷

有些在定金条款中只笼统地约定了"买方交付卖方定金",对定金的具体数额却没有明确约定,一旦一方违约产生纠纷,定金数额就难以确认。

3. 定金交付方式引起纠纷

定金只有实际交付才能产生法律效力。但实际交易中也有由买方将定金直接交给中介公司,然后由中介公司交给卖方。中介公司收到买方定金后,有时会开具以下收据:"今收到买方某某多少意向金。如果卖方同意以某价格卖房,该意向金转为定金。"这种定金支付方式对买方较为不利:①没有与卖方直接签署定金协议;②手中没有卖方出具的定金收条;③很难证明卖方已经从中介公司处收取定金的事实;④没有明确中介公司收取定金的代收或转交责任。在此情况下,一旦发生卖方收受定金反悔不卖房或抬高房价的违约情形,买方很难要求卖方双倍返还定金,也很难追究中介公司的责任。

因此,在买方与中介公司签订的居间合同中,要明确界定中介公司收取定金的性质:如果是代收,中介公司在收取定金时应当出具卖方委托书。否则,就要明确中介公司的转交责任。当然,作为中介公司也应学会自我保护,如卖方委托代收,应要求其出具代收委托书;如是转交,在卖方收到定金后,应要求其出具收条。

第四条　交房方式

甲乙双方约定采用下列第_____项方式交房:
(1)自本合同签订之日起_____天内,甲方将房屋交付给乙方。
(2)其他方式。

查验内容：房屋腾空情况，房屋及装修、设备等情况，户口迁出情况，已发生的水、电、煤气、物业管理、租金等各项费用的付讫凭证，房屋钥匙。查验后双方签订《房屋交接单》（附件二），甲方将房屋交付给乙方。

【概要】

本条是关于对房屋交付时间及交接内容的约定。

【说明】

（一）房屋交付时间

房屋交付时间的约定可分为两种：一是附期限交付，即买卖双方之间约定一个具体的交付期限，在该期限之前进行交付。二是附条件交付，即双方约定以交易过程中某一事件为条件，达到条件后进行交付，比如双方可以约定房屋所有权证办理完毕几日内房屋交付。

对于卖方来说，在交接前要注意做好房屋提前腾空及相应的设备、票据、凭证等的更名、移交工作，避免因自己的准备工作没有做好，而影响交接工作的进度，从而导致逾期交房。尤其是对于水、电、煤、通信、物业等设施服务要注意及时申请更名或注销户名，否则将来有可能在这些费用的承担上引起纠纷。

对于买方来说，在二手房交接时，需要特别留意以下九处易疏漏的环节：①房屋内的电话是否已到电信公司办理更名手续；②是否已到煤气公司办理煤气更名手续；③是否已前往物业公司办理户名变更手续，结清卖方与物业公司的各种费用；④房屋的维修基金发票、物业管理费押金收据是否已及时交接；⑤房屋内的各种设备发票、保修卡是否已交接；⑥房屋的装修合同与装修发票、保修卡是否已交接；⑦水、电、煤气、有线电视、宽带等费用是否已结清。⑧房屋装饰、设备情况；⑨卖方是否已经将户口从该房屋迁出。

在这九个环节中，应特别注意对户口迁出情况的查验。在我国目前的国情下，户口仍然有重要作用，特别是对于孩子的入学而言尤为重要。很多买家在挑选二手房时，会将房屋所在学区好坏作为一个重要考虑因素。交易中，有一些卖家在房屋出售以后，却不愿意或不及时迁出户口，使买方无法将自己的户口迁入新居。从严格意义上说，这也是一种违约行为，它有可能导致买方的部分购房目的无法实现，造成经济和其他方面的损失。根据我国目前的户籍管理制度，户籍管理是公安部门的权职。买卖双方如果仅仅因户口问题发生纠纷，只能通过公安部门协调解决，而不能向法院起诉，仅因户口问题而向法院起诉，法院是不予受理的。所以，如果户口问题对买方是比较重要的，建议双方在合同第十三条其他约定事项中对户口迁出问题做一个特别约定，明确户口迁出的期限、违约责任等。

总之，买卖双方应当在交房时仔细检查，并注意上述相关细节。如果部分设施的过户手续比较烦琐,买卖双方可以填写委托书,请中介公司代为办理。

(二)房屋交付质量

由于二手房的房源状况和使用状况复杂,使用时间一般也较长,比新建商品房更容易出现质量问题。为了避免质量风险,在签订合同前一定要仔细查看房屋是否存在隐蔽瑕疵,多向邻居了解该房屋的有关情况,以维护自己合法权益不受侵犯。二手房常见的质量问题一般有:

(1)渗、漏。通称"六漏一渗",是指屋面漏水、水箱漏水、楼地面漏水、地下室漏水、上下水管道漏水、卫生洁具漏水和墙面渗水。

(2)堵、泛。上下水管道和卫生洁具堵塞,屋面天沟积水,阳台和卫生间地坪倒泛水,以及阳台雨后积水,造成楼地面渗漏,甚至水平管道倒泛造成粪便、污水倒灌。

(3)壳、裂。"壳"是指墙面、平顶粉刷层和楼地面等起壳;"裂"是指墙面、地面和屋面等裂缝。起壳、开裂最容易导致渗漏和面层脱落。

(4)砂、渗。"砂"是指楼地面起砂,"渗"是指住房的铝合金门窗渗水、锈蚀。这类质量问题,往往给住户带来诸多生活上的不便。

(5)粗、污。"粗"是指钢木门窗、木隔、木壁柜等制作和油漆粗糙,内外墙面粉刷、平顶粉刷和地面粗糙。"污"是指墙面、地面、门窗、上下水管道及卫生洁具、电线及配件等沾满泥浆和垃圾污染。

(6)钢门窗问题。钢门窗开启不灵活,关闭不密封,零件脱落,损坏多。这往往给居住者带来不必要的麻烦,也是一类需注意的质量问题。

(7)电器安装问题。主要有安装粗糙、缺件、凌乱、脏污、裂纹、透缝、松动、短(断)路、漏电、烧损等,这些问题都会成为居住安全隐患。

二手房出现质量问题后责任由谁承担,应视不同情况区别对待:

(1)如果卖方出售房屋时故意隐瞒房屋质量问题,买方可以要求卖方承担赔偿责任。如果卖方已如实告知或者买方在买房时明知房屋有质量问题,则卖方不承担责任。此外,对卖方也不知晓的房屋隐蔽工程质量问题,卖方也不需要承担责任。

(2)如果中介公司在提供中介服务时未如实告知房屋质量问题的,可以认定中介服务不规范,买方可以要求中介公司退还或者减少相应的中介费。

(3)如果房屋仍处于商品房质量保修期内,可以要求房屋的开发商承担保修范围内的保修责任。需要注意的是,因卖方使用不当或擅自改动结构、设备位置和不当装修等造成的质量问题,开发企业将不承担保修、保退责任,应由卖方承担相应的责任。

(4)如果该房屋出现的质量问题在共用部位,则应由物业公司负责维修,所需费用从物业维修基金账户中列支。

(三)保修责任

房屋沉降、裂缝,屋面、外墙渗漏,卫生间泛水、墙皮的面砖脱落、起壳,门窗开启不灵、关闭不严等多是表面质量问题,容易被发现,买方在房屋交接验收时就应对这类问题仔细检查并及时提出异议,如果买方在交接中发现了问题却没有提出异议,视为买方对此质量问题的认可,买方以后不能再以此向卖方主张权利。

而对如钢筋工程、预埋在混凝土中的管线和设备等隐蔽工程,其质量问题往往较难发现,卖方一般也不知情。在房屋交接后出现此类质量问题,一般来说卖方是不需要承担责任的。如果该房屋仍处于商品房质量保修期内,则应该由开发商来承担相应的维修责任。对于买方是否有权直接以自己的名义向开发商主张权利,一种观点认为向开发商主张的权利随所有权转移而转移。买方通过受让取得房屋产权后,卖方原来享有的关于该房屋的一系列权利义务也一并转让给了买方。这些权利包括当房屋出现质量问题时,要求开发商进行维修的权利;当开发商拒绝维修时,买方可以以自己的名义直接起诉开发商。买方行使这些权利时不需要通过卖方。而另一种观点认为,合同权利并不随房屋产权转移而转移。房屋产权虽然因转让行为而发生了转移,但是要求开发商维修的权利是一种基于商品房买卖合同的权利,而买方和开发商之间不存在直接的合同关系,所以买方不能直接以自己的名义主张权利,只能通过与开发商有直接合同关系的卖方主张权利。

笔者倾向于支持第一种意见,因为向买受人交付符合质量要求的商品房并在保修期内对该房屋承担维修责任是开发商必然的义务,这项义务不会随着房屋产权人的变换而发生变化。也就是说,只要房屋尚在保修期内,房屋产权人就有权向开发商主张权利,而不论产权人与开发商之间是否存在直接的合同关系。

◎ 案例一 陆小姐 2002 年买了一套二手房,在看房子的时候,觉得房子装修得还不错,没有发现什么问题。她把房子买下后进行再装修,在原来的涂料铲掉后,却发现墙壁上有很大的裂缝,下雨时还会渗水。反复追问原来的房主,他否认房屋质量有问题,称裂缝是房屋自然沉降引起的正常开裂。后来陆小姐通过邻居了解到,这幢房子由于旁边造高楼,间距太近引起房屋沉降。1999年,这幢楼的全体业主曾起诉旁边造楼的开发商,每家获得房屋损害赔偿 3 万余元。陆小姐非常气愤,她为了买这套房子出了不低的价格,原房主在签合同时却从未告诉她房屋质量有问题,到现在还矢口否认。陆小姐在咨询了律师后随即向法院提起了诉讼,要求原房主赔偿损失 3 万元。法院经开庭审理后查明,卖方在签订合同时对陆小姐隐瞒了房屋存在的质量问题,而作为买方的陆小姐对房屋的质量问题毫不知情,故以正常的市场价格买下了这套房子,法院认为卖方的行为构成了合同违约,应当赔偿原告陆小姐相应的损失。

案例提示: 二手房买受人签约前应仔细查看房屋是否有裂缝、渗漏水等质量问题或是否有重大维修记录,出卖人故意隐瞒房屋质量问题,应当承担赔偿责任。

第五条　乙方逾期付款的违约责任

乙方未按本合同第三条约定的时间付款，甲方有权按累计应付款向乙方追究违约利息，自本合同规定的应付款最后期限之第二天起至实际付款之日止，月利息按_____计算。　逾期付款超过_____天，甲方有权按下述第_____种约定追究乙方的违约责任：

（1）乙方向甲方支付违约金共计_____元整，合同继续限期履行。　若乙方在_____天内仍未履行合同，遵照下述第（2）条处理。

（2）乙方向甲方支付违约金共计_____元整，合同终止，乙方将房屋退还给甲方。　甲方实际经济损失与违约金不符时，实际经济损失与违约金的差额部分由乙方据实赔偿。

（3）_____

【概要】

本条是关于买方逾期付款的违约责任。

【说明】

交付房款是买方主要的合同义务。根据合同权利义务对等原则，既然卖方逾期交房需要承担相应的违约责任，买方在不按照合同约定的期限和数额交付房款时，也应承担相应的违约责任。买方逾期付款超过约定的期限后，卖方有权单方解除合同，并要求给付违约金。

在实践中，很多买方因为不符合银行按揭贷款条件而导致逾期付款甚至无法付款，这种情况下，如果双方没有特别约定，一般应该由买方承担相应的违约责任。但是，因为买方由于专业知识的限制，可能无法预见自己是否符合贷款条件，因此从保护自身权益的角度出发，买方也可以要求约定在此种情况下合同自动解除，双方互不承担违约责任。

第六条　甲方逾期交房的违约责任

除不可抗拒的因素外，甲方未按本合同第四条约定的时间交房的，乙方有权按累计已付款向甲方追究违约利息，自本合同规定的最后交付期限之第二天起至实际交付之日止，月利息按_____计算。　逾期交付超过_____天，乙方有权按下述第_____种约定追究甲方的违约责任：

（1）甲方向乙方支付违约金共计_____元整，合同继续限期履行。　若甲方在_____天内仍未继续履行合同，遵照下述第（2）条处理。

（2）甲方向乙方支付违约金共计＿＿＿＿＿＿＿元整，合同终止。 乙方实际经济损失与甲方支付的违约金不符时，实际经济损失与违约金的差额部分由甲方据实赔偿。

（3）＿＿＿＿＿＿＿＿＿＿＿＿＿＿＿＿＿＿＿＿＿＿＿＿＿＿＿＿＿＿＿＿＿＿＿＿

【概要】

本条是关于卖方逾期交房的违约责任。

【说明】

交付房屋是卖方一项主要的合同义务。有时卖方由于房屋无法及时腾空或是想违约加价而不及时交付房屋。卖方逾期交房,买方肯定要遭受一定的损失,比如多支出房租、交通费、利息损失等。本条款对此种违约的处理采用分期限的方法,即卖方逾期交房在双方约定期限之内的,应向买方承担金钱上的违约责任,同时合同继续履行,卖方仍需尽快向买方交付房屋。如果卖方逾期交房超出了双方约定的期限,这种情况,可能是由于卖方根本无意继续履行合同或是买方的合同目的已经无法实现。这时,买方行使单方解除合同的权利,并可以要求卖方给付违约金,实际损失大于违约金的,应据实赔偿。

此外,买卖双方可以根据实际情况,在本条款预留的空白行自行约定逾期交房的其他违约责任。

第七条　关于产权登记的约定

（1）甲乙双方同意＿＿＿＿＿＿＿＿＿＿＿＿＿＿＿＿前双方向房屋权属登记部门申请办理房屋权属转移登记手续。

（2）如因甲方的原因，乙方未能取得房屋权属证书，乙方有权退房。 乙方退房的，甲方应当自退房通知送达之日起＿＿＿＿＿＿＿天内退还乙方全部已付款，并按照＿＿＿＿＿＿＿利率付给利息；乙方不愿退房的，＿＿＿＿＿＿＿＿＿＿＿＿＿＿＿＿＿＿＿＿＿＿＿。

【概要】

本条是双方对办理产权过户及房屋权利转移的约定。

【说明】

（一）房屋产权过户登记

办理房屋产权转移登记既是交易双方的权利又是交易双方的重要义务。与动产不同,房屋作为不动产,其所有权的转移是以房屋产权登记为生效要件的。根据《城市房屋权属登记管理办法》的规定,当事人应当自房屋产权发生转让、继承、赠与、交换、分析等法律行为后向房地产管理部门申请登记,并领取新的不动产权证。这种登记一般被称为"转移登记",即通常所称的"过户登记"。同时,根据"地随房走"的原则,房屋所有权发生转移,房屋占用范围内的国有建设用地使用权也一并发生转移,因此,办理房屋产权转移登记时还要办理国有建设用地使用权转移登记。

房屋转让行为经合法登记后,房地产管理部门会颁发新的房屋所有权证书、房屋共有权证书、房屋他项权证书,房屋产权转让行为至新证颁发之日真正完成,房屋所有权也自此日起从卖方转让给买方。

二手房房屋产权过户,交易过程中有中介公司参与的,一般由中介公司办理即可,买卖双方应及时提供办理产权过户所需要的材料。主要有:①《房屋转让合同》《委托代理合同》原件;②买卖双方个人身份证、户口簿及私章;③转让前房屋所有权证书、契税完税凭证等。

在实践中,买方故意延迟交付材料的情况比较少,卖方故意拖延提供材料的情况相对较多。如果卖方不及时提供办证所需材料,导致房屋权证办理时间相应被拖延,这样会增加买方的交易风险,使买方无法行使收益和处分的权利。因此,有必要在合同中对卖方可能不及时提供材料的情况约定相应的违约责任。

(二)房屋风险责任

房屋转让一般需要1~2个月时间来办理登记权证。实际交易中,很多人会在产权过户手续完成前先将房屋交付买方使用,由其进行装修或直接居住。如果房屋在交付使用后至产权过户完成前这段时间内,因为非买卖双方的责任而发生损坏或灭失的,应该由谁来承担相应的责任呢?"非买卖双方责任"的情形一般包括不可抗力、第三方责任、意外事件等,比如房屋因遭雷击或遭遇台风而破损甚至灭失。对于这种情况,双方需要对风险责任的承担进行约定,主要是通过约定风险责任由卖方转移到买方的时间来确定。确定风险责任转移时间的标准有两种:一种是随所有权转移,即以所有权转移为风险转移的起点。以新的房屋权证核发为界,之前发生的风险责任由原产权人即卖方承担,产权过户后发生的风险责任由新产权人即买方承担。另一种是交付转移,即以房屋实际交付使用之日为风险责任转移的起点。房屋交付使用之前发生的风险责任由卖方承担,房屋交付使用之后发生的风险责任由买方承担。根据《合同法》规定,一般买卖合同都是以标的物交付作为风险责任转移的标志,但法律法规有规定或当事人有约定的,从其规定或约定。

房屋作为价值不菲的生活、生产资料,一旦遭受损害或灭失,其损失数额往往比较大。因此,双方在协商这一条款时,应充分考虑各种因素,如风险发生的可能性、各自的经济承受能力、哪方在防范此类风险中占优势地位等,进行谨慎分析和协商后,再做出明确约定。

◎ **案例一**　　陈先生一家四口住在单位分的 40 平方米的小房子里,生活很不方便,因此一直省吃俭用想买一套大一点的房子。1999 年 3 月,陈先生与金某签订协议,购买了金某一套 70 平方米的二手房,陈先生一次性付清房款后高高兴兴地搬了进去。几天后,他提出去办理产权过户,金某则说:"去房管局过户手续麻烦又要花钱,反正房子已是你的了,办不办手续都一样。"陈某一想也有道理,就一直未去办理产权过户手续。

谁知到了 2001 年 9 月,金某又与许某签订房屋转让协议,将陈先生已购买的这套房屋再次转让给了许某,并去房管部门办理了产权过户手续。陈先生得知金某"一房两卖"很是气愤,向法院起诉,要求撤销金某与许某签订的房屋转让协议。法院审理后查明,陈先生虽然与金某签订了房屋转让协议,但至今未办理产权过户,陈某并未实际取得该房屋所有权。而许某在购买该房屋之前并不知道该房屋已卖给陈先生的事实,为善意第三人,且许某已实际合法取得了该房屋产权,因此,法院驳回了陈先生的诉讼请求。

案例提示:二手房所有权转移以登记为生效要件。二手房交易时只交付不办过户登记手续不发生房屋所有权转移的效力,并存在"一房二卖"的风险,因此房屋买卖双方应当及时办妥房屋产权、国有建设用地使用权的过户登记。

◎ **案例二**　　老王在购买了一套三居室的商品房后,就把自己原来那套房子卖给了大李。双方在转让合同中约定"甲方(老王)于 2002 年 11 月 25 日前将房屋交付给乙方(大李),自此因此房屋产生的一切权责由乙方负责"。老王在签订合同后按时交了房,同时双方委托中介公司去办理产权过户。谁知天有不测风云,在 2002 年 11 月 30 日晚上,此房的相邻房屋发生火灾,在救火过程中,该房屋也受到了一定程度的损害,初步估计维修费用需要 2 万元。大李本来想找那户邻居赔偿,但邻居家里已被烧了个精光,根本没有赔偿能力。于是,大李找到老王,认为该房屋产权尚未过户完毕,实际仍是老王的财产,故这场火灾的损失应该由老王来承担。老王当然不肯,于是买卖双方最后闹上了法庭。经过审理,法院查明买卖双方在转让合同中明确约定了房屋的风险责任在交付以后由买方承担,该约定系双方真实意思表示,合法有效。据此,此次火灾的损失应由大李承担。一审判决后,大李不服提起上诉。在二审开庭前,老王主动找到大李协商,最后双方达成庭外和解:买方撤回上诉,大李承担该房屋 20％的损失。

案例提示:天有不测风云,二手房在交付使用后至产权过户完成前这段时间内的房屋损毁、灭失风险责任,建议在合同中约定。

第八条　其他约定事项

1.该房屋【有】【无】物业管理服务。

物业管理服务费用由甲方向物业管理企业结算至_____止，之后的物业管理服务费用由乙方承担。

（说明：如选择有物业管理服务的，必须明确物业管理服务费用结算的截止日期。）

2.甲方应当在_____前向房屋所在地的户籍管理机关办理完成原有户口迁出手续。如甲方未按期迁出的，应当向乙方支付_____元的违约金；逾期超过_____日未迁出的，自期限届满之次日起，甲方应当按日计算向乙方支付全部已付款万分之_____的违约金。

3._____

【概要】

本条是关于未尽事宜的约定。

【说明】

双方可以就本合同条款中没有涉及或涉及不够详细的事宜做出约定。比如，户口迁移时间及相应的违约责任,相关费用的承担问题,特殊情况下合同解除及违约责任问题。

第九条

本合同空格部分填写的文字与印刷文字具有同等效力。本合同中未规定的事项，均遵照中华人民共和国有关法律、法规和政策执行。

【概要】

本条是关于合同空格部分填写文字效力的约定。

【说明】

买卖双方可以就本合同条款中没有涉及或涉及不够详细的事宜在合同空格部分做出补充约定。补充约定与转让合同其他印刷文字具有同等的法律效力。

众所周知,房地产交易具有较强的专业性和复杂性,将转让合同中未约定或约定不详的内容结合交易的实际情况和特点进一步补充完善,是很有必要的,因此买卖双方还会在转让合同之外另行订立补充协议。补充协议的作用一般是就合同中没有约定或约定不明的内容,以及交易中出现的新情况新问题而签订的协议。补充协议作为合同的一部分,一经签署,与转让合同具有同等的法律效力。但在实践中,却有一些人利用补充约定,片面地保护自身的利益,而对对方的权益加以严格限制或免除,导致双方权利义务的失衡,这违反了平等公平的基本原则,损害了对方的合法权益,非常容易引起纠纷,产生诉讼。因此,如何订立公平合理的补充协议以充分维护买卖双方的合法权益,在二手房交易中具有重要的意义。

对买卖双方来说,在订立补充约定或者签订补充协议时,应注意以下两个原则:

(一)自愿公平原则

补充协议条款的制定并不是任何一方的单方行为,双方作为合同的当事人,具有同样平等主张、保护自身利益的合法权利。任何以单方名义制订并要求对方无条件签署的补充协议都是违背自愿、公平原则的,在法律上是无效的。

(二)合法原则

双方签订的补充协议作为合同不可分割的组成部分,约定的内容必须合法,才能产生法律效力。补充协议同样应遵守《合同法》及其他法律的约束。若补充协议的内容违反国家强制性法律、法规的规定,同样是无效的。

因此,为避免制定无效条款,双方在签署补充协议时,应根据《合同法》中有效合同的规定,拟定合法的合同条款。

第十条

甲、乙方或双方为境外组织或个人的,本合同应经该房屋所在地公证机关公证。

【概要】

本条是关于境外当事人合同公证的约定。

【说明】

甲、乙方或双方为境外组织或个人的,本合同的生效条件是经房屋所在地公证机关公证。所谓房屋买卖合同公证是指国家公证机关根据当事人的申请,依照法定程序证明当事人自愿签订的房屋买卖合同的真实性、合法性的活动。当事人申办房屋买卖合同公证,一般需向公证机关提交如下证件及材料:①买卖双方当事人的身份证明,如身份证、户口簿等;②房屋所有权证,如为共有房产还应提交共有证明;③法人买房或卖房的,应提交主管单位的批准文件;④若当事人不能亲自到公证机关办理公证,可以委托代理人,代理人应向公证处提交委托书;⑤买卖双方签订的房屋买卖合同。

有些交易双方为慎重起见,会选择合同公证后生效。特别需要指出的是:有些人以为合同经过公证后更加有效,或者本来有问题的合同只要经过公证就合法有效了,这其实是一种误解。合同是否合法有效,取决于其主题、内容及程序等是否合法,公证并不改变合同本身的效力,但是可以使合同在程序和形式上更加可靠。合同本身存在无效条款,公证机关就不会对这样的合同进行公证。

第十一条

本合同在履行中发生争议,由甲、乙双方协商解决。协商不成的,甲、乙双方同意采用以下第_____种方式解决:

1.由_____仲裁委员会仲裁。

2.向人民法院起诉。

【概要】

本条是关于争议解决方式的约定。

【说明】

当因本合同发生纠纷时,应当先由当事人进行协商,若协商不成,那么仲裁和诉讼均是当事人可以选择的法律解决途径。两者在很多方面有着较大的区别,买卖双方在选择争议解决方式前应对这两种方式有一个大致的了解。概括来说,仲裁与诉讼的区别有以下几方面:(1)管辖权的取得不同。法院对有关争议的管辖权有明确的法律规定,受到严格的级别限制,当事人对于受理法院的选择只限于法律规定的范围,不能突破。诉讼的管辖权是法定取得。而当事人申请仲裁,则必须要有仲裁协议,即合同中订立仲裁条款或纠纷发生前、纠纷发生后双方当事人达成的请求仲裁的协议。在仲裁条款中,当事人可以自行约定向哪一个具体的仲裁机构申请,仲裁的管辖权是约定取得或称为协议取得。

(2)审理者的产生方式不同。诉讼案件的审判人员由法院指定,不能由当事人选择;而仲裁案件,除双方当事人可以协商选定仲裁委员会、约定仲裁庭的组成人数外,当事人还有权选定仲裁员。

(3)开庭审理的原则不同。法院开庭审理一般公开进行,只有某些涉及国家机密或个人隐私的案件,可以不公开审理。仲裁庭审理案件则一般不公开进行,以有利于保守当事人之间的商业秘密和维护其商业信誉。

(4)审理程序及当事人的能动作为程度不同。诉讼过程中,当事人应当严格按照相关法律的规定进行。仲裁过程中,当事人则有较大的自由度,几乎每一步骤当事人都能主动作为,如约定由3名仲裁员还是1名仲裁员组成仲裁庭,是否开庭审理等都可由当事人自由选择,不得强迫。

(5)监督程序不同。我国法院实行二审终审制,对已经发生法律效力的判决,发现确有错误,可适用审判监督程序。我国仲裁委员会则实行一裁终局制,并适用司法监督程序,即:①当事人提出证据,证明符合撤销裁决条件的,可向仲裁委员会所在地中级人民法院申请撤销裁决;②被申请人提出证据,证明有不予执行条件的,经人民法院合议庭审查核实,裁定不予执行。

应该说,这两种争议解决方式各有利弊,当事人可以根据自己的实际情况进行慎重选择。需要提醒的是,如果当事人愿意选择仲裁,则最好在签订转让合同时就选择仲裁解决争议这一条。因为,仲裁的前提是必须有双方达成的仲裁协议,而一旦纠纷发生后,双方当事人往往很难心平气和地坐下来商量适用何种争议解决方式,如果此时双方不能签订仲裁协议,就不能申请仲裁。

第十二条

本合同自_____之日起生效。

1.甲、乙双方签字。

2.经_____公证。

【概要】

本条是关于合同生效时间的约定。

【说明】

根据《合同法》规定,依法成立的合同,自成立时生效。当事人对合同的效力可以约定附条件。附生效条件的合同,自条件成就时生效。当事人对合同的效力也可以约定附期限。附生效期限的合同,自期限届满时生效。在本条中,买卖双方可以选择合同自双方签字盖章即成立时生效,也可以选择附条件生效,比如经公证生效;还可以选择附期限生效,双方约定一个明确的日期或以某一必然到来的事件为期限,比如自卖方领取房屋所有权证之日起生效。

第十三条

本合同一式_____份,双方各执一份,_____各执一份。 各方所执合同均具有同等效力。

【概要】

本条是关于合同份数的约定。

【说明】

可以根据实际需要确定合同份数,一般是双方当事人各执一份、房地产交易中心一份。如果申请按揭的,还有银行、保险公司可能各需一份。各份合同均应为原件。

甲方(签章)   乙方(签章)

甲方代理人   乙方代理人

(签章)   (签章)

甲方共有权人(或上级主管部门)意见(签章):

签订日期:＿＿＿＿年＿＿＿＿月＿＿＿＿日

签订地点:＿＿＿＿＿＿＿＿＿＿＿＿＿＿＿＿

附件一:

房屋附属设施设备、装饰装修、相关物品清单等具体情况

(一)房屋附属设施设备:

1.供水:＿＿＿＿＿＿＿＿＿＿＿＿＿＿＿＿＿＿＿＿＿

2.供电:＿＿＿＿＿＿＿＿＿＿＿＿＿＿＿＿＿＿＿＿＿

3.供燃气:【天然气】【煤气】:＿＿＿＿＿＿＿＿＿＿

4.空调:【中央空调】【自装柜机＿＿＿＿台】【自装挂机＿＿＿＿台】:＿＿

5.电视馈线:【无线】【数字】:＿＿＿＿＿＿＿＿＿＿

7.电话:

8.互联网接入方式:【拨号】【宽带】【ADSL】:＿＿＿＿＿＿

9.其他:＿＿＿＿＿＿＿＿＿＿＿＿＿＿＿＿＿＿＿＿＿

(二)房屋家具、电器、用品情况:

＿＿＿＿＿＿＿＿＿＿＿＿＿＿＿＿＿＿＿＿＿＿＿＿＿＿

(三)装修装饰情况:

＿＿＿＿＿＿＿＿＿＿＿＿＿＿＿＿＿＿＿＿＿＿＿＿＿＿

(四)关于该房屋附属设施设备、装饰装修等具体约定:

＿＿＿＿＿＿＿＿＿＿＿＿＿＿＿＿＿＿＿＿＿＿＿＿＿＿

甲方(签章)   乙方(签章)

甲方代理人   乙方代理人

(签章)   (签章)

甲方共有权人（或上级主管部门）意见（签章）：

签订日期： _____年_____月_____日

签订地点：_____

附件二：

房屋交接单

甲方：_____ 乙 方：_____ 于 _____ 年

_____月_____日，就坐落于_____房屋履行交接手续

完毕。

甲方（签章）   **乙方（签章）**

甲方代理人   **乙方代理人**

（签章）   **（签章）**

签订日期： _____年_____月_____日

签订地点：_____